本书得到国家社会科学基金项目"'产业-价值-环境'三链耦合协调视角下数字金融促进制造业转型升级研究"(编号:22XJY011)与重庆社会科学院自主项目"重庆发展开放型经济研究"(编号:2021D0306)的资助。

贸易便利化、进口中间品与企业出口绩效

TRADE FACILITATION, IMPORTED INTERMEDIATE GOODS AND ENTERPRISE EXPORT PERFORMANCE

程凯 著

社会科学文献出版社
SOCIAL SCIENCES ACADEMIC PRESS (CHINA)

序

　　年轻学者科研水平的提高是我国社会科学研究可持续发展的关键，是一个科研机构核心竞争力的最集中体现。近年来，华东理工大学商学院博士培养的质量和社会声誉快速提升，我的博士程凯也圆满地完成了他的博士学位攻读生涯，开始了他不断研读、不断进步，从事专门的科学研究的人生新阶段。他的博士学位论文《贸易便利化、进口中间品与企业出口绩效》经过不断完善和修改，今天终于与更广范围的专家学者和读者们见面了。作为他的导师，我深深地感到，现在呈现给大家的"作品"，不仅促进了他作为一名年轻学者的专业化发展，更是他自身对科研工作不断地进行思考与研究、总结与反思，通过撰写著作进行理论提升的一个产物。

　　从程凯攻读博士学位之初，我们就一直在策划他的研究方向和毕业论文，最终我们确定以贸易便利化和企业出口绩效为研究对象，从贸易便利化对企业进口中间品的影响、贸易便利化对企业出口产品质量的影响、贸易便利化对企业出口二元边际的影响，以及贸易便利化对企业出口持续时间的影响等角度，实证分析其中的理论机制和逻辑关系。为了这样一个目标，程凯潜心研究，不知道查阅了多少文献，包括大量的外文文献。一遍遍构造论文框架，一次次推翻、又重新确定理论基础，无数次演算和实证检验……他对一个观点、一个理论、一种学术思想的执拗，最终也证明了他的严谨和对学问追求的恒心，所以他一定是一个有潜力、有能力、有爆发力的有为研究者。

　　他在阅读了大量的中外有关文献后认为，自WTO在全球倡导贸易便利化以来，中国不仅积极参与全球贸易便利化行动，致力于削减这类

"贸易非效率"问题，而且还在国内大力推进贸易便利化改革，这极大地提高了中国贸易便利化水平。但是在中国贸易便利化水平提高的同时，中国企业出口绩效却并未达到理想状态，尤其是经济发展进入新常态后，企业出口赢利能力下降，产品的出口竞争力较低。为此，他执着地将这个问题作为自己研究的重要选题开展了深入细致的研究。

程凯终于在详细、严谨研究的基础上，得出了他的结论：贸易便利化对企业进口中间品种类、数量和质量均存在显著稳健的提升作用，但是对企业进口中间品价格存在抑制作用；贸易便利化对企业出口产品质量总体上表现为提升作用；贸易便利化对企业出口二元边际总体上表现为提升作用。这些研究结论，不仅在定性分析的演绎中逻辑合理与严谨，并且在一系列的实证检验中都得到了证实。

我同意他的观点和结论，我也乐意为他的专著作序，我希望他在学术、教育教学的道路上不断取得更大的辉煌！

杨逢珉

目 录

第一章 绪论 ………………………………………………………… 001
 第一节 研究背景、意义和目的 …………………………………… 001
 第二节 研究内容与研究框架 ……………………………………… 009
 第三节 研究方法 …………………………………………………… 014
 第四节 主要的创新点 ……………………………………………… 014

第二章 文献综述与理论梳理 ……………………………………… 016
 第一节 文献综述 …………………………………………………… 016
 第二节 理论梳理：从传统贸易理论到新新贸易理论 …………… 042

第三章 中国贸易便利化发展：政策回顾、定量测度与特征性事实 …………………………………………………………… 048
 第一节 中国贸易便利化发展：对外贸易政策的回顾 …………… 048
 第二节 中国省级地区贸易便利化：定量测度 …………………… 052
 第三节 中国省级地区贸易便利化：特征性事实 ………………… 054
 第四节 本章小结 …………………………………………………… 061

第四章 贸易便利化对企业进口中间品的影响：基于价格、种类、数量与质量四重维度的实证研究 ………………………… 062
 第一节 特征性事实与理论分析 …………………………………… 062
 第二节 模型设定、变量说明与资料来源 ………………………… 076
 第三节 模型检验与结果分析 ……………………………………… 085
 第四节 贸易便利化对企业中间品进口持续时间的影响 ……… 102

第五节　本章小结……………………………………………………　106

第五章　贸易便利化对企业出口产品质量的影响：基于进口
　　　　中间品视角的理论分析与实证研究……………………………　109
　　第一节　特征性事实与理论分析……………………………………　110
　　第二节　模型设定、变量说明与资料来源…………………………　127
　　第三节　模型检验与结果分析………………………………………　132
　　第四节　进一步分析…………………………………………………　150
　　第五节　本章小结……………………………………………………　154

第六章　贸易便利化对企业出口二元边际的影响：基于进口
　　　　中间品视角的理论分析与实证研究……………………………　156
　　第一节　特征性事实与理论分析……………………………………　157
　　第二节　模型设定、变量说明与资料来源…………………………　179
　　第三节　模型检验与结果分析………………………………………　184
　　第四节　进一步分析…………………………………………………　200
　　第五节　本章小结……………………………………………………　204

第七章　贸易便利化对企业出口持续时间的影响：基于进口
　　　　中间品视角的理论分析与实证研究……………………………　207
　　第一节　特征性事实与理论分析……………………………………　208
　　第二节　模型设定、变量说明与资料来源…………………………　216
　　第三节　模型检验与结果分析………………………………………　221
　　第四节　进一步分析…………………………………………………　238
　　第五节　本章小结……………………………………………………　241

第八章　结论与政策建议………………………………………………　244
　　第一节　结论与政策建议……………………………………………　244
　　第二节　研究不足……………………………………………………　251

参考文献……………………………………………………………………　253

第一章 绪论

第一节 研究背景、意义和目的

一 研究背景

在多边贸易体制的约束下,传统贸易壁垒(如关税)被不断削减,全球贸易自由化程度达到较高水平,尤其是自20世纪80年代以来,在世界贸易组织的倡议下,各成员积极推动贸易自由化,全球范围内的关税水平大幅下降,大量非关税壁垒被削减。根据世界银行数据库统计,世界加权平均关税总水平由1996年的33.96%下降到2012年的2.88%;中国加权平均关税水平由1996年的19.76%下降到2011年的4.1%。同时,各国(地区)积极通过双边、多边和区域等多层面的谈判达成诸多区域贸易与合作协定,从而进一步提高了贸易自由化程度。根据世界贸易组织数据库统计,截至2021年,全球范围内的区域贸易协定高达568个,其中处于实施状态的有350个,中国参与的有19个。参与区域贸易协定的成员间关税水平降到0.1%以下,甚至一些区域贸易协定基本实现了人员和要素的自由流动。然而,这导致了另一个问题的产生:单纯依靠削减关税这一措施实现全球贸易扩张已显现出动力不足的弊端(Shepherd and Wilson, 2009),且技术障碍、复杂的海关程序、监管保护措施等日益成为制约全球贸易深入发展的新型壁垒(Baldwin et al., 2000),严重损害社会福利(Yue and Beghin, 2009)。为此,世界各国政府积极寻求解决方案,并于2014年11月由WTO牵头签订了《贸易便利化协定》,开启了由口岸效率、规制环境、海关环境等方面的一系列贸易便利化措施推动全球贸易发展的新篇章。当然，贸易便利化对全球经济发展的贡献也是显而易见的，根据 2015 年 WTO 秘书处的测算，贸易便利化将进出口货物通关时间分别降低 47% 和 91%，使全球贸易成本削减 14.3%。

中国作为世界上最大的发展中国家，始终致力于推动全球贸易发展与变革，并于 2015 年 9 月成为《贸易便利化协定》的第 16 个接受国。自此，贸易便利化的推进与相关合作不仅是中国参与双边与多边贸易协定的重要内容，更是"后关税时代"中国加强区域合作的重点内容之一。在贸易便利化为中国贸易发展提供新机遇的同时，我们也必须清醒地认识到，尽管中国已经尽可能地提升自身的贸易便利化程度，但与《贸易便利化协定》的具体要求仍存在相当大的差距，尤其是在该协定对各成员的透明度、进出口法律法规、建立国际贸易"单一窗口"等方面提出新的更高要求的背景下，中国在透明度、口岸机构管理和海关行政裁定等方面的改革仍面临着巨大挑战。对此，中国政府努力采取各种措施积极应对，以自贸区为例，中国在全面深化改革和发展高层次开放型经济等战略思想指导下，采取了设立自由贸易试验区的重大战略举措，以适应经济全球化新趋势以及全面深化改革和构建开放型经济新体制的客观要求，探索和确立符合国际高标准贸易便利化规则的贸易监管制度，形成具有国际竞争力的口岸监管服务模式，从而不断提升本国的贸易便利化水平。截至 2021 年，中国先后设立了 21 个自由贸易试验区，初步形成了为"一带一路"倡议服务的自贸试验区网络，并在单一窗口、口岸营商环境、海关预裁定制度建设等贸易便利化改革方面形成和积累了丰富的实践经验，为中国全面实施《贸易便利化协定》提供了参考。在此期间，中国的贸易便利化指数由 2017 年的 61.94 提升至 2019 年的 77.60，提升了 15.66，达到世界中上水平[①]，缩短了和《贸易便利化协定》高标准间的差距。

自企业出口绩效理论在 20 世纪末被提出来之后，有学者针对中国企业出口绩效问题进行了一系列研究，发现中国企业出口绩效水平并未达

---

① 《中国贸易便利化年度报告（2020）》。

到理想状态（宗慧隽，2019）。如图 1.1 所示，中国全球竞争力排名虽然由 2006 年的 34 名上升到 2019 年的 28 名，但是从 2009 年开始到 2019 年排名一直在 26~29 名徘徊，并未取得大的提高。此外，自 2014 年中国经济发展进入新常态后，中国企业的赢利能力持续下降，2015 年规模以上工业企业利润总额比上年下降 2.3%，企业平均利润率为 3.3%，其中有 19.8% 的企业利润率为负（CEES 研究团队，2017）。在此背景下，如何提升中国企业的赢利能力和国际竞争力，推动中国企业实现出口贸易可持续发展，便成了当前国际贸易领域研究的重要课题。针对此问题，学者们普遍认为中国应该从"出口导向型"贸易模式向"优进优出型"贸易模式转变。商务部在 2017 年颁布的《对外贸易发展"十三五"规划》中对中国的贸易模式及方式做出明确要求，强调必须加大关键零部件、先进技术等的进口，积极推动企业引进新技术，并在消化吸收的基础上实现再创新，最终推动国内产业结构的快速升级。2018 年，国务院办公厅在其转发的《关于扩大进口促进对外贸易平衡发展的意见》中再次明确提出上述观点。由此可知，进口中间品将是推动中国企业出口绩效提高的重要切入点，尤其是中国成为《贸易便利化协定》接受国，进入贸易便利化改革新阶段，这为企业进口中间品提供了优厚的便利化条件，因此有必要从进口中间品视角研究贸易便利化对企业出口绩效的影响。针对该课题，本书拟基于以下四个特征事实展开研究。

第一个特征事实：随着贸易便利化水平的不断提高，中国的进口贸易整体呈增长趋势（见图 1.2）。截至 2018 年，中国的进口贸易额达到 21061.26 亿美元，比 1995 年多出 19746.41 亿美元。中间品进口额的增长速度也十分惊人，截至 2018 年，增长到 15663.54 亿美元，实现了年均 15% 的增长率。2018 年，中国中间品进口额占总进口额的 74.371%，中间品进口贸易俨然已经成为中国经济发展的重要支柱。在经济全球化进程不断加快、全球垂直专业化分工不断演进和加深的背景下，中间品贸易更是成为促进中国对外贸易转型升级的重要助力（王兰忠，2019）。因此，我们不禁产生如下疑问：贸易便利化和进口中间品之间是否存在明显的相关关系？贸易便利化水平的不断提升

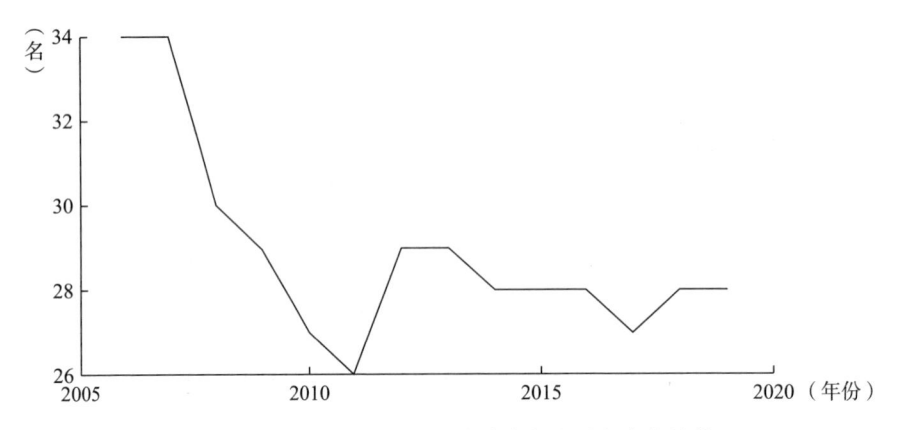

图 1.1　2006～2019 年中国全球竞争力排名变化趋势

资料来源：世界经济论坛发布的历年《全球竞争力报告》。

是否推动了中间品进口贸易的发展，其在价格、质量、数量、种类 4 个不同维度下的作用是否一致？其内在的作用机制又是什么？这是现阶段中国政府在推动贸易便利化改革实践中要明确的重要问题，也是本书所要研究的第一个重要议题。

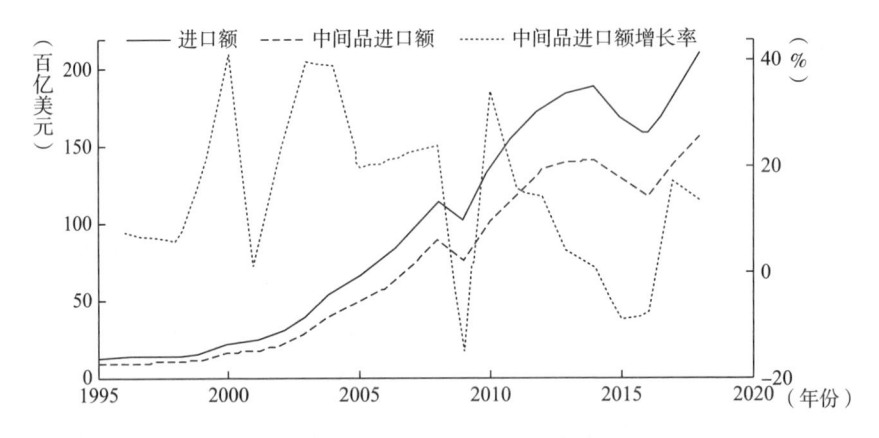

图 1.2　1995～2018 年中国进口额、中间品进口额及增长率

资料来源：联合国商品贸易数据库。

第二个特征事实：自成为《贸易便利化协定》接受国以来，中国同世界的联系日益紧密，出口迅猛增长，占国际市场的份额稳步提升，货物出口额由 2015 年的 14.12 万亿元增长到 2019 年的 17.23 万亿元，

增长22.03%（见图1.3）。但在充分肯定贸易便利化对出口贸易规模扩张存在显著正向促进作用的同时（Fontagne et al.，2016），我们必须清醒地认识到，与出口产品规模相比，出口产品质量往往才是决定一国出口竞争优势的关键因素（徐明君和黎峰，2015）。因此，我们不禁要问：贸易便利化在促进出口产品"量"增加的同时，是否同样带来了"质"的提升？基于此，本书以异质性企业贸易理论为基础，在中国国际贸易模式从"出口导向型"转向"优进优出型"的现实背景下，选取微观企业样本，从进口中间品视角细致探讨贸易便利化对企业出口产品质量的影响及其作用机制，这也是本书重点研究的第二个议题。

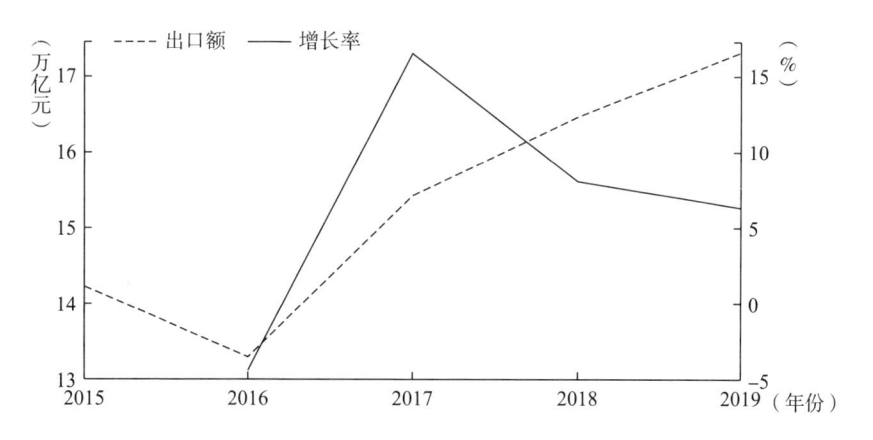

图 1.3 2015~2019年中国货物出口额及增长率

资料来源：中华人民共和国国家统计局。

第三个特征事实：目前中国制造业主要是以垂直型产业内国际分工的方式融入全球生产网络，且仍处于全球价值链的低端环节，尤其是加工贸易型企业更是具有典型的"两头在外"特征，导致中国进口中间品与出口产品联动增长（见图1.4）。因此，出口产品越多的中国企业往往使用的进口中间品也会越多（Monova and Zhang，2012），尤其是在现阶段，大量中国企业还深受"国产中间品的品质偏低""缺乏国产关键零配件"等条件限制，而为突破这些限制，企业不得不采取"为出口而进口"的策略（张杰等，2014）。中国贸易便利化改革的不断推进，为企业的进出口提供了便利条件，因此有必要从进口中间品视角探讨贸易便利化对企业出口规模（即企业出口二元边际）的影响。对该问题的研究有助于我们深入了解企业出口增长的微观内在动因，提高企业出口能力，并为中国政府制定贸易便利化改革措施和扩大进口战略提供决策依据。基于此，这是本书所要研究的第三个重要议题。

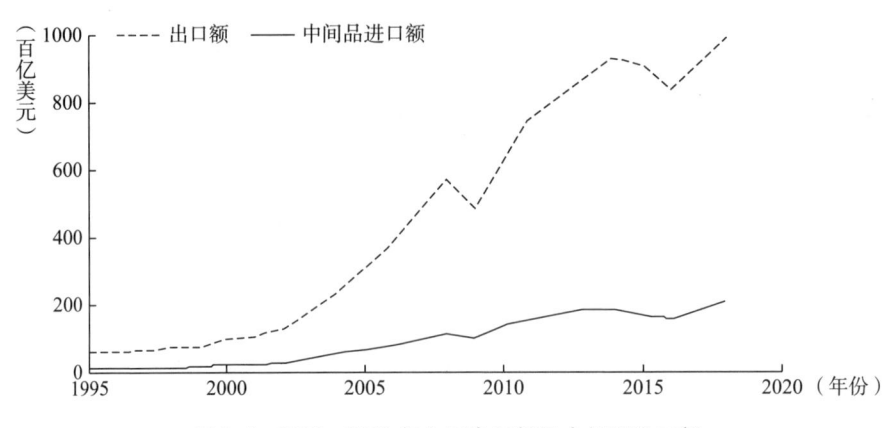

图 1.4　1995~2018 年中国出口额及中间品进口额

资料来源：联合国商品贸易数据库。

第四个特征事实：贸易摩擦、人口红利消失、要素成本上升、人民币升值等问题的接连出现，恶化了中国企业在海外市场的生存环境，使企业面临的出口风险明显提高。众多学者研究发现，中国企业出口持续时间相对较短，均值和中位数均不超过 3 年，如陈勇兵等（2012）和许昌平（2013）研究得出，中国企业出口持续时间均值分别为 2 年以内和 2.5 年，而中位数分别是 3 年和 2 年。在此背景下，如何有效提升中国企业出口持续时间，推动其实现出口贸易可持续发展，是当前政府进一步扩大对外开放所必须解决的重要问题。基于此，在贸易便利化改革持续推进和国际贸易模式转型的背景下，从进口中间品视角研究贸易便利化对中国企业出口持续时间的影响就显得意义深远，而对此问题的研究也有助于帮助中国企业实现出口贸易的可持续发展，增强企业持续赢利能力。因此，这是本书所要重点研究的第四个议题。

综上所述，本书研究的企业出口绩效主要包含企业出口产品质量、出口二元边际和出口持续时间，所关注的问题是：贸易便利化是否会对企业进口中间品和企业出口绩效产生影响，如果存在影响，两者是否存在相关性，即贸易便利化是否会通过影响进口中间品来影响企业出口绩效，其内在的作用机制又如何？在"后关税时代"和中国国际贸易模式从"出口导向型"转向"优进优出型"的现实背景下，对上述问题的解答，可以从理论与实证两个层面为企业出口产品质量升级、出口二元边际提升和出口持续时间延长探索一条重要的影响途径。特别是在现阶段，在中美经贸摩擦不断升级的背景下，本书的研究对于提高中国贸易便利化水平，削减国际贸易领域的制度性成本，做好"六稳"工作，推动出口企业更快、更稳地攀升全球价值链中高端环节有着重要的现实意义。

二 研究意义

（一）理论意义

新新贸易理论是前沿的国际贸易理论，主要关注企业生产率异质性、企业生产率的经济效应等，本书对新新贸易理论加以拓展，不仅考察了贸易便利化对企业进口中间品四重维度（价格、种类、数量与质量）的影响，而且在此基础上从进口中间品视角深入研究了贸易便利化对企业出口产品质量、出口二元边际和出口持续时间的影响，从而在一定程度上丰富了新新贸易理论的研究视角。

本书在新新贸易理论的基础上，从进口中间品视角分别构建贸易便利化影响企业出口产品质量、出口二元边际和出口持续时间的研究框架，为新的贸易便利化改革背景下企业出口绩效的研究奠定了理论基础。此外，本书还弥补了前人研究只考虑企业出口财务绩效的不足，同时用企业出口财务绩效和企业出口战略绩效来衡量企业出口绩效，并将新新贸易理论的最新进展纳入企业出口绩效的研究中，利用企业出口二元边际衡量企业出口财务绩效，利用企业出口产品质量和出口持续时间衡量企业出口战略绩效，在一定程度上拓展了企业出口绩效理论的研究范畴。

贸易便利化的基本原理是降低国际交易成本，而进口中间品的基本原理是明确不同经济体的国际分工，因此本书的研究涉及对交易成本理论和国际分工理论的进一步深化。

本书是区域经济学、国际贸易学、世界经济学和产业经济学交融的基础研究，把国际贸易研究从宏观层面延伸到微观层面，在一定程度上扩展了新新贸易理论的研究范围。

（二）现实意义

中国始终致力于贸易便利化的改革实践，尤其是成为《贸易便利化协定》接受国后，更是做了大量的尝试，但是贸易便利化改革究竟对企业进口中间品、企业出口产品质量、企业出口二元边际和企业出口持续时间有什么影响？对这一系列问题的解答有助于理解近年来中国企业出口绩效在多个层面上的变化趋势。此外，本书的研究还从微观视角客观评价了中国贸易便利化改革的"得"与"失"。

本书测度了中国省级地区的贸易便利化改革实践，有助于了解中国各地区的贸易便利化改革推进程度，从而为政府制定相关措施提供参考建议。

本书通过理论与实证两方面研究了贸易便利化对中国企业进口中间品与企业出口绩效的影响，并得出了较为可靠的结论，为企业出口产品质量升级、出口二元边际提高以及出口持续时间延长提供了新的经验证据，从而对中国出口贸易模式的成功转型和新时期出口可持续增长提供理论支撑和参考价值。此外，本书的研究结论对中国"扩大进口促进对外贸易平衡发展"战略也具有一定的参考价值。

三　研究目标

本书的研究目的是在理论分析与实证研究的基础上，从"后关税时代"和中国国际贸易模式从"出口导向型"转向"优进优出型"的现实背景出发，从进口中间品视角研究贸易便利化对企业出口绩效的影响，为中国贸易便利化政策的推进与实施提供理论指导与经验证据，以准确识别促进或抑制中国企业出口绩效提升的关键因素，促进中国企业出口绩效有效提升。具体研究过程如下。

（1）系统归纳和梳理与本书研究相关的文献和理论，在新新贸易理论的框架下分析贸易便利化对进口中间品与企业出口绩效的影响机制，并提出一系列研究假设，一方面为实证研究奠定了理论基石，另一方面拓展了新新贸易理论的研究范畴。

（2）借鉴 Wilson 等（2003，2005）的研究，将贸易便利化分为口岸效率、规制环境、电子商务及交通基础设施四个领域。根据已有研究分别测算规制环境（蒋为和蒋柳，2015）、口岸效率（殷宝庆等，2016）、电子商务（李波和杨先明，2018）和交通基础设施（Démurger，2001；刘秉镰和刘玉海，2011）的指标，将各个指标进行标准化处理之后求取平均值，构建省级贸易便利化综合指标。

（3）实证检验贸易便利化是否会对中国企业进出口贸易产生影响，即验证贸易便利化是否会对中国企业进口中间品的价格、种类、数量和质量产生影响，在此基础上从进口中间品视角研究贸易便利化对企业出口产品质量、出口二元边际与出口持续时间的影响，从而说明贸易便利化能否提高企业出口绩效。

（4）基于理论分析与实证研究得出的结论，结合计量模型中的主要经济变量，为提高企业出口绩效提出相应的政策建议，同时对中国推进贸易便利化改革的得失进行评价，进而为中国贸易便利化改革的推进提供微观证据支持。

第二节　研究内容与研究框架

一　研究内容

本书以新新贸易理论中的两个核心理论（异质性企业理论与企业内生边界理论）为基础，选取中国制造业企业作为研究对象，通过中国工业企业数据库和海关贸易数据库的匹配数据，基于固定效应模型，研究了贸易便利化对中国企业进口中间品的影响，并在此基础上从进口中间品视角探讨了贸易便利化对企业出口绩效的影响，同时根据各因素影响机制的不同，就如何提升中国企业出口绩效和中国省级地区贸易便利化水平提出合适的政策建议。

第一章为绪论，主要分四部分内容：一是研究背景、意义和目的；二是研究内容与研究框架；三是研究方法；四是主要的创新点。

第二章为文献综述与理论梳理。首先，介绍贸易便利化的测度及其经济效应的有关文献。这部分主要分为两个层面的文献研究：第一个层面是关于贸易便利化测度的研究；第二个层面是关于贸易便利化的经济效应的研究。其次，对进口中间品的测度及其经济效应进行研究。该部分也主要包含两个层面的研究：一是对进口中间品测度的研究；二是对进口中间品带来的经济效应的研究。再次，对企业出口绩效的测度及其带来的经济效应进行研究。该部分主要包括利用企业出口产品质量、企业出口二元边际和企业出口持续时间来衡量企业出口绩效，在此基础上对它们各自的经济效应进行分析。最后，对本书研究涉及的理论进行梳理，跨度为从传统贸易理论到新新贸易理论，在新新贸易理论最新研究的基础上对其进行一定程度的理论拓展。

第三章为"中国贸易便利化发展：政策回顾、定量测度与特征性事实"。在本章中，首先，回顾了改革开放以来中国对外贸易政策的演进过程；其次，测度了中国省级地区贸易便利化的四个二级指标及其综合指标。在此基础上，利用软件分别绘制了贸易便利化各二级指标的散点图和贸易便利化综合指标的核密度图，并特别给出了2008年前后贸易便利化综合指标及其相关领域的测度值。

第四章为"贸易便利化对企业进口中间品的影响：基于价格、种类、数量与质量四重维度的实证研究"。本章侧重从价格、种类、数量和质量四重维度考察贸易便利化对进口中间品的影响。第一步，对中国企业进口中间品的现状进行简单的描述统计，并从理论层面分析贸易便利化对进口中间品的影响机制。第二步，基于理论分析构建了相应的基准回归模型，并交代了研究所涉及的变量如何测度，同时对资料来源和数据处理进行了详细说明。第三步，运用2007~2013年中国工业企业数据库与海关贸易数据库的数据对基准回归模型进行实证分析，以检验贸易便利化对进口中间品的影响。第四步，分析了企业贸易方式异质性、贸易便利化地区异质性、进口来源国异质性和企业出口强度异质性对本章基准回归结果的影响。第五步，利用双边缩尾、双边截尾、变量替换以及工具变量法对本章的基准回归结果进行一系列稳健性检验。第六步，利用生存分析模型考察了贸易便利化对中国企业中间品进口持续时间的影响。

第五章为"贸易便利化对企业出口产品质量的影响：基于进口中间品视角的理论分析与实证研究"。本章侧重从进口中间品的视角考察贸易便利化对企业出口产品质量的影响。第一步，对企业出口产品质量的现状以及贸易便利化对企业出口产品质量的影响机制进行分析。第二步，基于理论分析构建相应的基准回归模型，并交代研究所涉及的变量如何测度。在此基础上，对各个变量进行描述性统计，绘制贸易便利化与企业出口产品质量的散点图，并对资料来源和数据处理过程进行了详细说明。第三步，运用2007~2013年中国工业企业数据库与海关贸易数据库的数据对基准回归模型进行实证分析，以检验贸易便利化对企业出口产品质量的影响，并利用中介效应模型检验二者内在机制的合理性。第四步，分析在企业所有制和贸易方式异质性、企业所处地区异质性、企业所处行业技术水平异质性和企业出口状态异质性下，贸易便利化对企业出口产品质量的影响。第五步，利用双边缩尾、双边截尾、变量替换以及工具变量法对本章的基准回归结果进行一系列稳健性检验。

第六章为"贸易便利化对企业出口二元边际的影响：基于进口中间品视角的理论分析与实证研究"。本章侧重从进口中间品的视角考察贸易便利化对企业出口二元边际的影响。第一步，分析中国企业出口二元边际的特征性事实，以及贸易便利化对企业出口二元边际的影响机制。第二步，基于理论分析构建相应的基准回归模型，并交代研究所涉及的变量如何测度。在此基础上，对各个变量进行描述性统计，绘制贸易便利化与企业出口二元边际的散点图，并对资料来源和数据处理过程进行了详细说明。第三步，运用 2007～2013 年中国工业企业数据库与海关贸易数据库的数据对基准回归模型进行实证分析，以检验贸易便利化对企业出口二元边际的影响，并利用中介效应模型检验二者内在机制的合理性。第四步，分析在企业所有制异质性、企业所处地区异质性、企业所处行业通关时间敏感度异质性和企业出口目的国异质性下，贸易便利化对企业出口二元边际的影响。第五步，利用双边缩尾、双边截尾、变量替换以及工具变量法对本章的基准回归结果进行一系列稳健性检验。

第七章为"贸易便利化对企业出口持续时间的影响：基于进口中间品视角的理论分析与实证研究"。本章侧重从进口中间品的视角考察贸易便利化对企业出口持续时间的影响。第一步，对企业出口持续时间的特征性事实进行统计分析，并从理论层面分析贸易便利化对企业出口持续时间的作用机制。第二步，基于理论分析构建相应的基准回归模型，交代研究所涉及的变量如何测度。在此基础上，对本章涉及的各个变量进行描述性统计，分析各个变量的大概数据结构，并利用生存函数和风险函数估计贸易便利化与企业出口持续时间的关系。第三步，运用 2007～2013 年中国工业企业数据库与海关贸易数据库的数据对基准回归模型进行实证分析，以检验贸易便利化对企业出口持续时间的影响，并利用中介效应模型检验二者内在机制的合理性。第四步，分析在企业所有制和贸易方式异质性、企业所处地区异质性、企业所处行业技术水平异质性和企业出口产品异质性下，贸易便利化对企业出口持续时间的影响。第五步，利用双边缩尾、双边截尾、变量替换以及两步法对本章的基准回归结果进行一系列稳健性检验。

第八章为结论与政策建议。首先，总结全书，论述本书研究的主要观点；其次，结合研究时关注的问题，提出推进贸易便利化改革和提升企业出口绩效两方面的建议，从而为微观企业进出口提供优质的政策环境；最后，指出研究的不足，提出下一步可能拓展的方向。

二 研究框架

本书研究框架如图1.5所示。

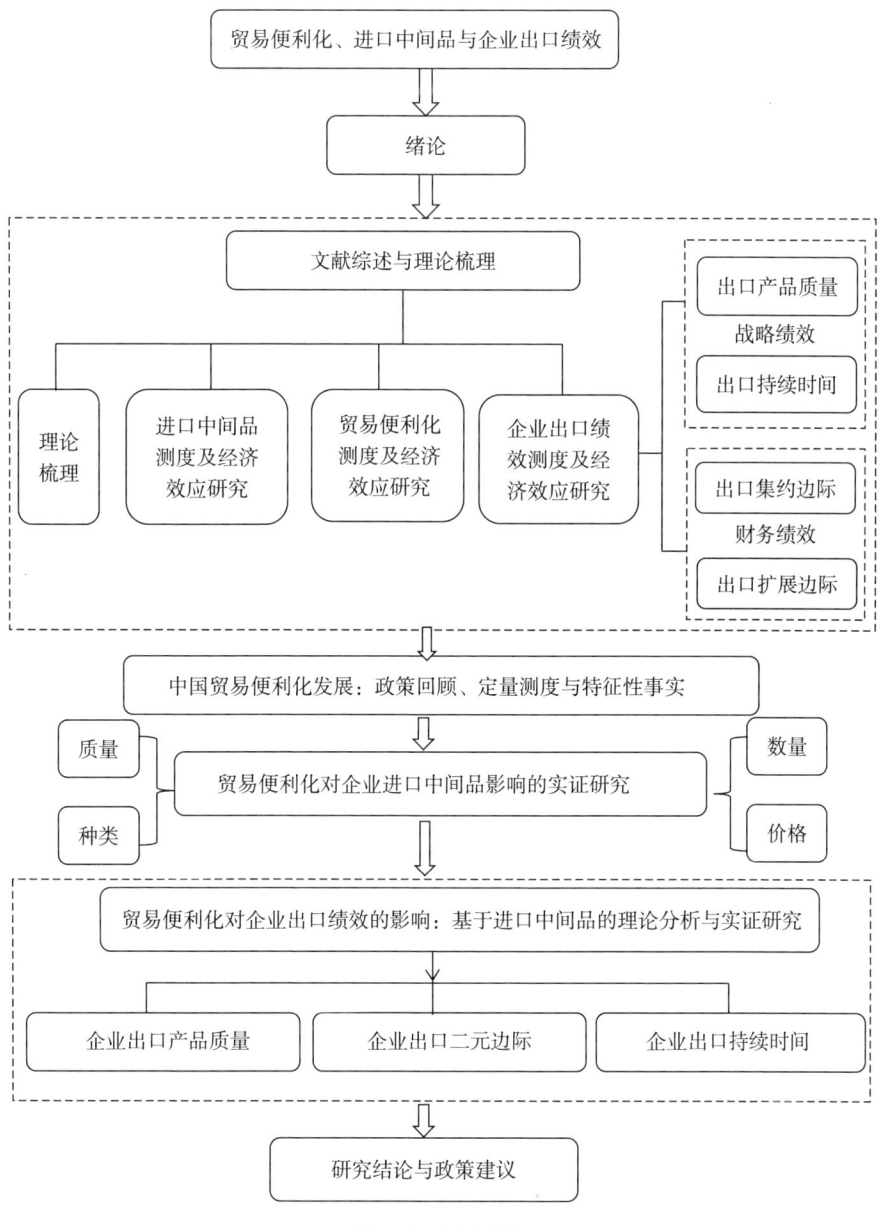

图 1.5 研究框架

第三节 研究方法

一 理论分析与实证检验相结合

本书首先将贸易便利化对进口中间品的影响机制与制约条件进行了理论层面的论证，在此基础上从进口中间品视角分析了贸易便利化对企业出口绩效的影响，再根据理论分析结果提出与本书研究相关的研究假设，然后基于研究假设设定适当的计量模型进行实证检验，从而实现了理论分析与实证检验的有机统一。

二 定性分析与定量分析相结合

在分析贸易便利化对进口中间品与企业出口绩效的影响渠道和作用机制时，主要采用定性分析方法。为了更加细致地刻画文中的作用机制，主要采用定量分析方法。首先搜集与本书研究相关的数据信息，然后对数据进行简单的描述，再构建计量模型，最后利用回归分析软件实现回归系数的估计，从而得到本书各个变量之间的作用方向和影响程度。

三 比较分析和综合分析相结合

本书研究了贸易便利化、进口中间品与企业出口绩效之间的关系，鉴于不同样本间的变量影响存在异质性，我们采取了比较分析法论证不同样本下变量实际影响的差异性。此外，在阐述贸易便利化、进口中间品与企业出口绩效的总体状况和发展趋势时，又主要采用综合分析法。

第四节 主要的创新点

在研究视角方面，本书从贸易便利化角度出发，揭示其对企业出口绩效的影响，在一定程度上对影响企业出口绩效的新因素进行了理论探索，拓展了企业出口绩效理论和新新贸易理论的研究范畴。此外，本书还将进口中间品这一因素作为中介纳入研究框架，从而尽可能保证本书研究视角的独特性。

本书从进口中间品视角研究贸易便利化对企业出口绩效的影响这一主题时，尝试性地探讨了贸易便利化对企业出口绩效影响的技术匹配效应和滞后效应，同时从时间特征层面和企业自身技术特征层面考察企业进口中间品转化能力的差异对本书研究结果的影响，进而为企业制定中间品进口决策提供参考借鉴，在一定程度上拓展了对进口中间品经济效应的研究。

考虑到贸易便利化对企业的进出口行为均存在影响，本书将企业进口与出口同时纳入研究框架，以求更全面地考察贸易便利化对中国企业开展国际贸易的影响，从而弥补现有文献仅考虑出口层面的不足。

在对企业出口绩效的衡量上，打破前人仅采用出口财务绩效来衡量企业出口绩效的方法，尝试性地引入了出口战略绩效，在研究中既利用出口财务绩效考察企业的出口赢利能力，又利用出口战略绩效考察企业的出口竞争力，弥补了既有文献仅从出口财务绩效角度进行研究的缺陷，赋予了企业出口绩效更丰富的内涵。

在衡量进口中间品时，弥补了前人简单地利用四重维度中的部分维度来衡量进口中间品的不足，尝试性地同时将价格、种类、数量和质量四重维度作为进口中间品的衡量指标，以求全面准确地考察进口中间品的经济效应。

第二章 文献综述与理论梳理

本章首先从以下三个方面对已有的研究成果进行归纳和评述：第一，贸易便利化的测度及其带来的经济效应；第二，进口中间品的测度及其带来的经济效应；第三，企业出口绩效的测度及其带来的经济效应。通过对这三方面文献的梳理，可以归纳总结出本书的研究思路与拓展方向。随后，本章梳理了与本书研究具有密切联系的经济理论，具体梳理范围从传统贸易理论到新新贸易理论，进而为本书的研究奠定理论基础。

第一节 文献综述

一 贸易便利化的测度及其经济效应

对贸易便利化，目前尚未有明确的定义，不同学者、不同组织机构的定义各不相同。WTO 与联合国贸易和发展会议均认为，贸易便利化是国际贸易程序的简化和协调。联合国欧洲经济委员会的定义是，在国际合理的准则上，用全面且一体化的方法减少贸易成本，并保证所有贸易都以透明方式开展。OECD 认为，贸易便利化是通过使用新科技、新政策等方式，简化贸易程序，提高贸易效率，从而降低贸易成本，推动各国开展国际贸易。由于对贸易便利化的定义不同，对其的度量方法便存在显著的差异性。学者们最初往往采用单一指标来衡量贸易便利化，如 Wilson 等（2003）利用引力模型分析了亚太地区贸易便利化水平与贸易流量的关系，研究发现提升港口效率、改善海关环境和开展电子商务能够提高国际贸易流量,而监管障碍会抑制国际贸易。同时,他们认为港口效率是其中最重要的因素。在此基础上,Feenstra 和 Ma(2014)研究了贸易便利化与出口产品种类的关系,结果发现提升港口效率对出口产品种类的增加存在显著的促进作用。Amin 和 Haidar(2014)研究了国家规模与贸易便利化的关系,研究发现国家规模越小,则其贸易便利化水平会越高。Martinez-Zarzoso 和 Marquez-Ramos(2008)利用世界银行营商环境数据来衡量贸易便利化,探讨贸易便利化对贸易流量的影响,研究发现贸易便利化会通过降低运输成本和交易所需天数来扩大一国的贸易流量。Felipe 和 Kumar(2010)采用世界银行的物流绩效指数(LPI),并基于引力模型,重新检验了双边贸易流量与贸易便利化之间的关系,研究发现贸易便利化水平的提高会对贸易增长产生显著的促进作用。

随着研究的深入,部分学者开始发现用港口(口岸)效率、进出口文件数、营商环境和物流绩效指数等单一指标来衡量贸易便利化存在局限性,不能全面衡量贸易便利化水平,因此他们提出将贸易便利化涉及的众多领域分别计分,再将各个指标合并为贸易便利化综合指标。比如,OECD 将贸易便利化涉及的各领域分为事先裁定、治理与公正、费用与收费等 11 个领域,并针对每个不同的领域分别计分,进而测算贸易便利化综合指标。又比如,Wilson 等(2003,2005)选取了电子商务、海关环境、口岸效率、规制环境四大领域,对其所对应的各个小领域进行计分,进而求出贸易便利化综合指标。Wilson 等(2003,2005)提出的方法使用最为普遍,被众多学者所接受。比如,杨逢珉和程凯(2019)利用《全球竞争力报告》中的指标,采用 Wilson 等(2003,2005)的方法测算了贸易便利化综合指标,研究发现贸易便利化与出口产品质量之间存在显著的负相关关系。与此类似,Portugal-Perez 和 Wilson(2012)研究了"软"基础设施和"硬"基础设施的总指标对发展中国家出口绩效的影响,其中"软"基础设施和"硬"基础设施指的就是 Wilson 等(2003,2005)提出的贸易便利化四个领域,他们首先测算了 2004~2007 年 100 多个国家贸易便利化的四个指标,在此基础上研究得出发展中国家的出口绩效和贸易便利化水平之间存在显著的正相关关系。但是，"硬"基础设施改善对出口的边际效应有所下降，相比之下，信息和通信技术对出口的影响似乎越来越重要。值得注意的是，上述学者虽然都采用了多领域计分法较为完整地衡量贸易便利化水平，但是他们都只测度了国家层面的贸易便利化水平，而国家层面的研究过于宏观，无法精确考察贸易便利化带来的经济效应。因此，李波和杨先明（2018）提出了测度省级地区贸易便利化水平的方法，他们参考蒋为和蒋柳（2015）的方法，利用《中国市场化指数——各地区市场化相对进程2011年报告》中的数据测度了规制环境，参考殷宝庆等（2016）的做法，利用《中国口岸年鉴》中的数据测度了口岸效率，参考Démurger（2001）与刘秉镰和刘玉海（2011）的方法，测度了基础设施建设（海关环境），最后利用《中国信息化发展指数统计监测年度报告》中的数据测度了电子商务。这为本书贸易便利化的测度提供了一个参考依据。

关于贸易便利化带来的经济效应，现有文献主要考察了其对贸易规模和贸易福利的影响。在贸易规模方面，Wilson等（2005）以2000~2001年75个国家的一组分类制成品为样本，研究了贸易便利化与贸易流量的关系，发现贸易便利化提高了双边贸易流量，从而认为相关领域的贸易便利化改革可以在很大程度上促进进出口贸易。Shepherd和Wilson（2009）通过引力模型实证检验发现，东南亚的贸易流量受到了信息通信技术及交通基础设施的显著影响。Iwanow和Kirkpatrick（2010）研究发现，贸易便利化水平每提高10%，出口贸易量就会增加5%。Portugal-Perez和Wilson（2012）、Fontagne等（2016）等也得出过类似的结论。温雪等（2019）选取广西贸易流量作为研究对象，采用面板数据模型实证检验了东盟的贸易便利化与广西贸易流量之间的关系，研究发现两者之间存在显著的正相关性，东盟国家的贸易便利化水平每提升1%，广西的出口额就会增加约4.5%。孙林和倪卡卡（2013）考察了东盟贸易便利化对其他国家农产品出口额的影响，发现东盟口岸效率、海关环境、基础设施以及电子商务等方面的贸易便利化措施会促进他国将农产品出口到东盟。李豫新和郭颖慧（2013）从边境贸易便利化的视角切入，具体讨论了新疆边境贸易流量与边境贸易便利化之间的关系，研究得出两者之间存在显著的正相关关系。李斌等（2014）进一步利用 Wilson（2003）构建的贸易便利化指标体系，研究发现服务贸易出口也会受到贸易便利化的正向促进作用。曾铮和周茜（2008）以中国的出口额为研究对象，采用层次分析法测算了贸易便利化指标，研究得出贸易便利化与中国出口额之间存在显著的正相关性。此外，单君兰和周苹（2013）、宋良伟和贾秀录（2018）、方晓丽和朱明侠（2013）等在研究中均得出了贸易便利化水平的提升有助于贸易规模扩张的结论。

在贸易福利方面，Walkenhorst 和 Yasui（2009）分析了贸易便利化的经济影响，并讨论了各国潜在利益的分布，与早期研究不同，该分析强调了贸易交易成本的差异是由于管理效率、交易商品的特征和种类以及交易业务的规模和类型不同。在此基础上，他们还进行了实证检验，结果发现贸易便利化降低全球贸易交易成本的 1%，则全球总福利增加约为 400 亿美元。杨军等（2015）实证研究了贸易便利化对中国经济的影响，发现贸易便利化水平的提升不仅对中国社会整体福利水平提高存在显著的正向促进作用，同时对贸易伙伴国的社会经济福利水平也存在明显的促进作用。佟家栋和李连庆（2014）研究了贸易政策透明度与贸易便利化的关系，发现贸易政策透明度与贸易便利化有类似的作用，两者都可以增加社会经济福利和贸易利得。具体来说，当亚太地区的贸易政策透明度达到世界透明度水平的均值时，全球经济福利将会增加 2000 亿美元，且各国国内生产总值、资本存量、进出口贸易规模等都会发生正向变化。Moise 和 Sorescu（2013）研究表明，发展中国家贸易便利化水平的提升会使其贸易成本降低 15% 以上，而发达国家贸易便利化水平的提升会降低 10% 以上的贸易成本，同时还发现，贸易成本每降低 1%，收入会增长 400 亿美元。Hertel 等（2001）采用全球一般均衡模型（GTAP）分析了日本和新加坡之间自由贸易协定的经济效应，研究发现，实行通关便利化措施会提高两国经济福利。Feenstra 和

Romalis（2014）、Francois 等（2005）也得出了相同的研究结论。

二 进口中间品的测度及其经济效应

自 20 世纪 90 年代以来，随着经济全球化的深入发展，越来越多的产品生产因国际分工而形成全球价值链（GVC），并被分工为不同经济体的增加值活动，各国的贸易收益由国际分工地位决定。目前，中间品贸易已经成为国际贸易的主流，对其的测度方法主要有三类，第一类是采用投入产出法计算进口中间品所占的比重，在这类测算方法中，垂直专业化指标被学者们普遍采用（Hummels et al.，1998，2001）。该方法具体可分为两种，一种是前向垂直专业化：

$$VS1_{kt} = \frac{DVA\_{rex} + RDV + DD}{E}$$

其中，$VS1_{kt}$ 指前向垂直专业化，DVA_{rex} 为出口中间产品所获得的国内增加值，RDV 是被本国吸收的国内增加值，DD 是国内纯重复计算的部分。另一种是后向垂直专业化：

$$VS_{kt} = \frac{FVA\_{FIN} + FVA\_{INT} + FD}{E}$$

其中，VS_{kt} 指后向垂直专业化，FVA_{FIN} 是出口最终品实现的国外增加值，FVA_{INT} 是出口中间品实现的国外增加值，FD 是国外纯重复计算的部分，E 是出口总额。该指标主要用于衡量一国参与国际分工和国际贸易的程度，通过这种方法测算得出的中间品贸易指标主要是二分位的行业数据。第二类方法由 Ng 和 Yeats 提出，根据国际贸易标准分类法（SITC），将所有零件、部件等中间品按照名称进行加总，从而算出中间品总数，但是有些中间品并没有包含在所有名称目录中，因此该方法容易低估中间品贸易量。第三类方法是 BEC 法，即根据联合国编制的经济大类分类标准，将产品分为中间品、资本品和消费品，再将 BEC 中间品与海关 HS 编码对应，最后得到 HS 编码表示的中间品，这样既减少了低估现象，又可以对产品在更为微观的层面进行研究。

进口中间品带来的经济效应主要分为两个层面：第一个层面是其对全要素生产率、技术创新、出口绩效、人均产出、企业加成率、出口增加值率、企业存续年限、国际分工收益、出口产品质量等的影响；第二个层面是信贷约束、贸易自由化、要素价格负向扭曲等对其的影响。关于第一个层面中进口中间品对全要素生产率的影响，学者们形成了统一的观点，都认为进口中间品能促进全要素生产率提升。曹亮等（2012）、陈勇兵和李燕（2012）、熊力治（2013）利用2000~2005年微观企业数据研究了进口中间品与全要素生产率的关系，均发现企业可以通过大量使用进口中间品来提升全要素生产率。得出类似结论的还有Blalock和Veloso（2007）、Kasahara和Rodrigue（2008）、Kasahara和Lapham（2013）、Halpern等（2015）。随后，张翊等（2015）在研究中进一步指出，在理论上，企业全要素生产率的提升可能会受到进口中间品数量效应、价格效应、种类效应的影响，但在实证检验中发现，企业全要素生产率的提升不会明显受到进口中间品种类效应和数量效应的影响，至于进口中间品的价格效应，其对出口依赖度较高的企业影响不明显，但对出口依赖度较低的企业存在明显的作用。刘海洋等（2016）研究发现，中间品的贸易自由化和企业全要素生产率之间存在显著的正相关性。钟建军（2016）、郑亚莉等（2017）以及林正静和左连村（2018）均选择从产品质量这一视角切入，研究得出进口中间品质量的提升能够显著提升企业全要素生产率，且该效应会随着企业所有制、贸易方式、进口来源国经济水平的不同而不同。与此类似，Ethier（1982）、Grossman和Helpman（1992）以及Aghion和Howitt（1992）研究发现，进口更高质量的中间品会提高企业全要素生产率。魏浩等（2017）率先尝试将进口来源地作为切入点，研究发现中间品进口来源地数目的增加能够显著提升企业全要素生产率。李平和郭娟娟（2017）选取企业不同的出口强度作为判断依据，将企业具体划分为内销企业和出口企业两类，研究发现这两类企业的中间品进口均能够显著提升企业全要素生产率。姜青克等（2018）研究得出，外国研发资本能够通过进口中间品的技术溢出实现企业全要素生产率的提升。

第一个层面中直接将进口中间品与技术创新联系起来的文献相对也比较丰富，但是尚未形成统一的结论。Goldberg 等（2009）研究发现，使用高质量、多种类的进口中间品可以促使企业引进吸收再创新，进而实现企业技术进步。魏浩和林薛栋（2017）基于 Heckman 两步法研究了进口中间品与异质性企业创新的关系，结果发现进口中间品促进了劳动密集型行业和竞争激烈行业的技术创新，而对资本密集型行业和垄断型行业的技术创新存在抑制作用。纪月清等（2018）发现，进口中间品会通过水平和垂直技术溢出效应促进企业技术创新。沈国兵和张勋（2018）以行业生产网络为切入点，探讨了进口中间品对中国企业技术创新的影响，研究得出两者之间存在显著的正相关性，且主要是通过行业间的后向联系这一途径实现的。耿晔强和郑超群（2018）从进口多样性的视角，利用 2003~2007 年中国工业企业数据和海关贸易数据研究了企业创新的影响因素，结果表明进口多样性显著激励了企业创新。虽然上述文献都认为进口中间品会促进企业技术创新，并且还提供了详细的实证证据，然而，也有学者认为进口中间品不利于企业创新。比如，Gereffi（2005）从全球价值链角度出发研究了进口中间品与企业创新的关系，研究得出企业如果过多依赖进口中间品，则极易形成进口依赖，从而对企业的技术创新产生抑制作用。Liu 和 Qiu（2016）也进一步强调了企业极有可能会通过进口中间品来实现对企业内部技术创新的替代，从而削弱了企业技术创新的动力。

此外，关于第一个层面，还有如下研究。席艳乐和胡强（2014）基于异质性企业理论框架，实证研究了中间品进口与企业出口绩效之间的关系，研究发现中间品进口可以提高企业的出口额、增加出口种类和延长出口持续时间，而且这种影响的显著性随着中间品进口种类和数量的增加而提高。耿晔强和史瑞祯（2018）在产品质量的视角下，利用中国微观数据研究了进口中间品质量对企业出口绩效的影响，研究发现进口中间品质量升级对企业出口绩效具有促进作用，但该结果会随着企业贸易方式、融资约束和行业技术水平的不同而存在显著差异。王苍峰（2007）采用制造业数据，将中间品进口分为垂直型和水平型两个维度，研究发现中国制造业人均产出水平的提升受到垂直型中间品进口的促进作用，而受到水平型中间品进口的抑制作用。胡春田等（2013）和石峰等（2018）先后研究了中间品贸易对中国货币政策的影响，都发现中间品贸易会通过影响本国中间品产出和消费品价格来影响中国货币政策。诸竹君（2017）利用中国工业企业数据和海关贸易数据，基于倍差法研究了进口中间品对中国企业加成率的影响，研究发现进口中间品抑制了企业加成率的提升。诸竹君等（2018）采用动态和静态相结合的方法，以产品质量为切入点，研究发现进口中间品质量升级抑制了企业出口增加值率的提高，且对于加工贸易企业而言作用更加明显。与上述研究不同的是，彭支伟和张伯伟（2017）从出口角度研究了中间品贸易对国际分工收益的影响，研究发现中间品出口数量的增加提高了国际分工收益，而这主要得益于中间品出口在国外价值链中嵌入度的提升。

  与第一个层面的研究相比，第二个层面的研究还比较匮乏，现有研究主要包含四篇中文文献。武力超和刘莉莉（2018）基于世界银行企业调研数据，以信贷约束为切入点，研究发现信贷约束不仅能够有效地减少企业进口中间品的数量，还能够有效地抑制企业使用进口中间品，尤其是对于出口型企业而言，这种抑制作用更明显。Bas 和 Berthou（2012）、Fauceglia（2014）、Aristei 和 Franco（2014）等在研究中也得出了同样的结论。余淼杰和李乐融（2016）从贸易自由化角度出发，利用 Khandelwal（2010）的产品质量测算方法，基于 2000～2005 年高度细化的海关数据对进口产品质量进行了测度，并创新性地利用倍差法研究了贸易自由化对其的影响，研究结果表明两者之间存在显著的正相关关系。与之相似，施炳展和张雅睿（2016）也发现，贸易自由化会通过降低中间产品的贸易成本和相对价格，促使企业提高进口中间品质量，且这种作用对于持续进口的企业与基础设施完善、市场化水平高、经济集聚程度高的地区而言更为显著。耿伟和廖显春（2016）研究了要素价格负向扭曲对中国企业进口中间品多样性的影响，发现要素价格负向扭曲抑制了中国企业的进口中间品多样性，且该抑制作用在外资企业、私营企业、东部地区企业和一般贸易企业中更明显。

三 企业出口绩效的测度及其经济效应

早期出口绩效的概念主要包含出口效率、出口参与（即出口倾向）、出口强度（即出口密度）、出口有效性（Aaby and Slater，1989）。随着研究的不断深入，目前企业出口绩效增加了新的含义，大多数学者选择利用出口销售指标来衡量出口绩效，如企业出口金额（Malmberg et al.，2000）、企业新产品和新市场的出口（Coviello and Munro，1995）、企业出口交货值（孙天阳和成丽红，2020）、企业出口规模（刘灿雷和盛丹，2018；张夏等，2019）、企业出口增长率（Donthu and Kim，1993）、企业出口参与度（王永进和黄青，2017）等。也有部分学者利用出口利润指标衡量企业出口绩效，如企业出口利润（Samiee and Walters，1990）、企业出口销售收入（蓝海林等，2018）、企业出口利润率（祝树金和汤超，2020）等。总体来看，当前衡量企业出口绩效的指标可以大致归结为企业的出口财务绩效指标。

自 Melitz（2003）开创性地提出新新贸易理论以来，众多学者研究发现，企业不仅在生产率上存在异质性，而且在出口产品质量（施炳展和邵文波，2014）、出口持续时间（何树全和张秀霞，2011）、出口产品技术复杂度（刘竹青等，2014）、出口国内增加值（张杰等，2013）、出口二元边际（李梦洁和杜威剑，2018；岳云嵩和李兵，2018）、出口加成率（Melitz and Ottaviano，2008）、出口产品范围（胡贝贝和靳玉英，2020）、出口动态（黄先海和卿陶，2020）等方面均存在异质性。其中，部分企业异质性是企业出口产品在国际市场中的竞争力和竞争地位及技术升级等战略目标实现程度的体现。比如，企业出口产品质量越高，越有利于跨过市场准入门槛，产品的市场竞争力也越强；又比如，企业出口持续时间越长，证明企业在国际市场中的竞争地位越高。此外，还有部分企业异质性是企业出口赢利目标、销售目标等财务目标实现程度的体现。比如，企业出口二元边际衡量了企业出口产品数量、出口产品种类、出口市场范围等，其直接与企业销售赢利成正比；再比如，就企业出口加成率而言，高效率企业有能力制定更高出口价格，因此更容易提升企业的经营利润，增强企业赢利能力。

综上，本书将企业出口绩效理论与新新贸易理论结合起来，把新新贸易理论研究的最新进展纳入企业出口绩效理论的研究范畴，并选择把企业出口产品在国际市场中的竞争力和竞争地位及技术升级等战略目标实现程度定义为企业的出口战略绩效。顺着这一思路，为了全面完整地衡量企业出口绩效，本书同时通过企业出口财务绩效和企业出口战略绩效两方面来衡量企业出口绩效。其中，出口财务绩效指企业出口销售指标、出口市场份额和出口利润指标（Cooper and Kleinschmidt，1985），而出口战略绩效指出口产品在国际市场中的竞争力和竞争地位及技术升级等战略目标的实现程度（雷日辉，2013）。同时，根据新新贸易理论研究的最新进展，本书将企业出口财务绩效归为企业出口二元边际，将企业出口战略绩效归为企业出口产品质量和企业出口持续时间，从而将企业出口绩效的经济效应分析转换为企业出口二元边际、企业出口产品质量和企业出口持续时间的经济效应分析。

（一）出口产品质量的经济效应

近年来，随着新新贸易理论的发展，世界经济学、国际贸易学等多种不同学科领域均开始将出口产品质量作为研究的前沿问题之一（Hallak，2006；Verhoogen，2008；Khandelwal，2010；Hallak and Schott，2011）。在出口产品质量测度方面，早期文献多使用单位价格作为产品质量的代理变量。Schott（2004）研究发现，美国制造业进口产品的单位价值差异很大，具体来说，资本和技能丰富的国家出口产品的单位价值更高。Hummels 和 Klenow（2005）用单位价值表示质量，研究大国贸易的"量"和"质"是否都会超越小国，结果发现，越富裕的国家越会以较高价格出口更多产品，因此富裕国家出口产品的质量会更高，数量也会更多。Hallak 和 Schott（2011）提出一种方法，即利用贸易余额中包含的信息将各国观察到的出口价格分解为质量与质量调整的组成部分，保持观察到的出口价格不变，则可以得出贸易顺差国家的出口产品质量高于贸易逆差国家。同时，他们在考虑了横向和纵向差异引起的贸易平衡变化后，利用1989~2003年的数据进行实证检验，回归结果表明观察到的双边单位价值比率可能近似等于双边相对质量的差值。上面三篇文献均是使用单位价值来衡量质量，然而，随着学者们对产品质量问题的研究日益深入，他们发现使用单位价值衡量产品质量存在很大的偏误，因为产品的单位价格不仅受质量的影响，还会受到生产成本、出口市场的需求、消费者偏好等因素的影响。于是，许多学者开始研究衡量出口产品质量更为科学的方法。Grossman 和 Helpman（1991）、Kremer（1993）提出了强调同种产品的质量差异是如何影响该产品市场份额的垂直质量模型，该方法大多被用于解释国家之间的生产、消费和收入差距。Verhoogen（2008）提出了一种新的质量升级机制，该机制将发展中国家的工资不平等关系和国际贸易进行有效衔接，并以此为基础，采用墨西哥制造厂的数据实证检验了生产率和产品质量之间的关系，研究发现企业生产率与其产品质量呈正相关关系。Khandelwal（2010）提出，质量专业化可以削减国际贸易中所隐含的商品和要素的价格，从而帮助发达国家的工人免受低收入国家工人的竞争。他构建理论模型研究发现，低收入国家的竞争劣势随着产品市场垂直差异程度的提高而降低。为了检验该预期的合理性，他利用价格和市场份额信息来衡量各国的出口产品质量，这与仅使用价格信息的早期衡量方法形成了对比。Verhoogen（2008）和 Khandelwal（2010）假设质量是效用的线性函数，他们的方法更强调产品质量的重要性。随着研究的深入，Hallak 和 Sivadasan（2009）、Krugler 和 Verhoogen（2012）、Piveteau 和 Smagghue（2013）等在新新贸易理论的框架下，利用异质性企业动态模型研究企业出口产品质量的决定机制，最终提出了反事实推理的方法，该方法假设产品的数量和质量都能给消费者带来效用，并将质量引入常替代弹性效用函数（CES），从而进行产品质量的测度。该方法是当前比较普遍的产品质量测度方法，被许多学者所采用，如 Piveteau 和 Smagghue（2013）、施炳展和邵文波（2014）、谢建国和章素珍（2017）等。

随着出口产品质量测度方法的不断完善，学者们开始不断探索企业出口产品质量的新影响因素，到目前为止，研究视角已经比较全面，接下来本书将对影响企业出口产品质量的不同视角进行综述和简要评论。

1. 贸易便利化的视角

目前，直接将贸易便利化与出口产品质量结合起来研究的文献相对比较匮乏。杨逢珉和程凯（2019）利用2007~2015年CEPII数据库中行业层面的贸易数据测算了中国制造业的出口产品质量，并对贸易便利化可能影响出口产品质量的途径进行梳理，然后采用数据进行实证检验，结果发现理论上提出的两条影响途径都是合理的，同时还发现贸易便利化对出口产品质量的影响总体表现为促进作用，该结果经过一系列稳健性检验和内生性检验后依旧是稳健的。然而，这篇文献仍存在三个问题：①使用的贸易便利化指标是国家层面的数据，因此研究不够精细；②使用的出口产品质量数据是行业-国家-年度层面的数据，没有细化到企业层面；③在影响途径的分析中没有考虑到进口层面，但实际上贸易便利化水平的提高不仅会便利企业开展出口贸易，也会方便企业开展进口贸易。基于此，我们将在本书研究中做进一步的改进，以弥补原有文章的缺陷。具体来说，首先，采用中国省级层面的贸易便利化指标，从而更为精确地考察中国贸易便利化的推进对中国企业出口产品质量的影响；其次，使用中国工业企业数据和海关贸易数据的研究样本，将测度的出口产品质量指标从行业-国家-年度层面精细到企业-行业-国家-年度层面，以求更为微观、准确地衡量中国企业出口产品质量的真实情况；最后，同时分析贸易便利化对中国企业进出口的影响，考虑到进口中间品质量、数量等都会影响企业出口产品质量（李秀芳和施炳展，2016；刘海洋等，2017a；许家云等，2017），因此本书将进口中间品纳入了研究框架。

2. 进口中间品的视角

汪建新等（2015）研究发现，进口中间品质量对企业出口产品质量的提升作用并不是完全线性的，而是存在"拐点"，且在不同行业中存在明显的异质性。李方静（2016）利用中国工业企业和海关贸易的匹配数据，实证检验了进口中间品对企业出口产品质量的影响，研究发现两者之间存在显著的正相关性，且该作用在低收入国家中表现得更为突出。马述忠和吴国杰（2016）在其研究中进一步指出这种作用的存在，同时还强调对于加工贸易型企业而言，这种作用更为显著。刘海洋等（2017a）考虑到进口中间品可能会引起内生性问题，因此进行了倾向得分匹配和双重差分处理以控制内生性问题，回归结果同样说明两者之间存在显著的正相关性。但是上述文献均未对具体影响途径进行详细分析和实证检验，于是许家云等（2017）和邓国营等（2018）提出进口中间品对出口产品质量的影响途径，并实证检验了该路径的合理性，得出进口中间品促进了企业出口产品质量升级，但该作用因企业生产率、所有制、融资约束、贸易方式、进口来源国和进口中间品技术含量的不同而表现出明显的异质性。李秀芳和施炳展（2016）从进口中间品多样性的角度考察了其对中国企业出口产品质量的影响，研究发现进口中间品多样性会通过边际成本、固定成本等途径提高企业出口产品质量。

3. 其他视角

除了上述视角以外，还有部分学者从目的国经济政策不确定性、人力资本结构、自由贸易协定、出口加工区、反倾销、基础设施建设、对外直接投资、企业生产率、企业所有制、贸易自由化等视角分析企业出口产品质量升级的决定因素。在目的国经济政策不确定性方面，张兵兵和田曦（2018）利用 2000～2013 年美国等 11 个目的国的经济政策不确定性指数与海关贸易数据，研究发现目的国经济政策不确定性促进了企业出口产品质量升级，该结果经过稳健性检验后依旧是合理的。在人力资本结构方面，程锐和马莉莉（2019）基于 1970～2014 年 135 个国家的面板数据，利用广义最小二乘法进行实证分析，发现人力资本结构高级化对出口产品质量存在显著的促进作用。此外，他们通过中介效应检验还发现，人力资本结构高级化会通过促进技术进步和产业升级来提升出口产品质量。在自由贸易协定方面，王明涛和谢建国（2019）利用中国出口到自贸协定成员国的 HS4 分位产品数据，研究了自由贸易协定对出口产品质量的影响，研究结果表明：中国出口的农产品质量会因加入自由贸易协定而出现上升趋势；从进口国层面来看，自由贸易协定对中低收入国家和亚洲国家的产品质量具有比较大的提升作用；从产品类型来看，自由贸易协定对出口产品质量的影响因产品技术类型、与世界质量前沿的距离和出口竞争力的不同而不同。在出口加工区方面，徐美娜等（2019）将倍差法和倾向得分匹配法两种方法有效结合，实证发现出口加工区的建立抑制了所在城市企业出口产品质量升级。在反倾销方面，谢建国和章素珍（2017）实证得出反倾销调查抑制了中国出口产品质量升级。在基础设施建设方面，马淑琴等（2018）在异质性框架下研究了中国大陆 31 个省份[①] 2006～2015 年基础设施建设与地区出口产品质量的关系，研究结果显示基础设施建设会通过引致效益和跃升路径来提升出口产品质量。陈少铭和邱婉馨（2017）选取"一带一路"沿线国家作为研究对象，采用跨国面板数据实证检验了基础设施建设对出口产品质量的影响，同样发现基础设施建设提高了企业出口产品质量。在对外直接投资方面，杜威剑和李梦洁（2015）基于中国微观企业数据检验了对外直接投资对出口产品质量的影响，得出对外直接投资提升了企业出口产品质量。程凯和杨逢珉（2019a）在其研究中也得出了相同的结论。在企业生产率方面，施炳展和邵文波（2014）利用中国微观企业数据研究了出口产品质量的影响因素，发现企业生产率的提升促进了其出口产品质量的提升。在企业所有制方面，张杰等（2015a）利用中国海关贸易数据，研究发现私营企业出口产品质量表现出轻微下降趋势，但其他所有制企业均表现为上升趋势。王海成等（2019）以国有企业改革为切入点，研究发现国有企业改革提高了企业出口产品质量。在贸易自由化方面，学者们多采用进口关税来度量贸易自由化，Bas 和 Strauss-Kahn（2015）与汪建新（2014）利用中国海关 HS6 分位数据，实证检验了进口关税削减和地区出口产品质量之间的关系，研究发现关税削减提高了前沿产品的出口质量。得出类似结论的还

[①] 本书中"省份""省"意指中国大陆 31 个省级地区，包括省、自治区、直辖市，后文不再赘述。

有刘晓宁和刘磊（2015）、赵春明和张群（2016）、苏理梅等（2016）。

（二）出口持续时间的经济效应

Besedes（2008）基于SITC4分位的产品编码数据，选取东亚、南美、中美洲、加勒比4个地区46个国家的出口持续时间作为研究对象，发现46个国家的出口持续时间中位数在1~2年，且国家间存在显著差异性，发达国家的平均出口持续时间要高于发展中国家，但也很少能持续5年。随后，Besedes和Blyde（2010）选取拉丁美洲国家的出口持续时间作为研究对象，研究发现这类国家的平均出口持续时间较短，但拉丁美洲南部国家的出口持续时间要长于北部国家。在企业层面，Martincus和Carballo（2008）在其研究中指出，出口持续时间能够超过4年的企业只占很小的比例，绝大多数企业的出口持续时间是短于4年的，比如，西班牙的企业中有近50%的企业出口持续时间仅为1年。Martincus和Carballo（2008）则研究表明，匈牙利出口持续时间超过4年的企业占整个国家全部出口企业的比例高达75%。Estave-Pérez和Rodríguez（2013）通过分析西班牙企业层面的数据发现，西班牙企业出口持续时间的中位数是2年，有近50%的企业会在出口1年后终止出口行为。

近年来，对出口持续时间问题的研究也受到了国内学者的青睐。邵军（2011）利用生存分析模型，基于1995~2007年HS6分位的编码出口数据测度了中国产品的出口持续时间，发现其中位数是2年，平均数是2.84年，整体而言，中国产品出口持续时间相对较短。随后，陈勇兵等（2012）也研究得出，中国制造业企业的出口持续时间较短，中位数和平均数分别为3年和2年，且不同所有制类型或处于不同区域的企业存在明显异质性。周世民等（2013）得出中国企业出口持续时间的中位数为3年，但有近67%的企业出口持续时间处于1.6年的水平，且因企业所在行业、企业所有制、出口目的地的不同而表现出明显差异。林常青和张相文（2014）利用Kaplan-Meier估计法测算了中国产品出口持续时间，发现中国产品出口持续时间的中位数仅为1年，平均数为2.41年，有近50%的企业在1年后终止出口行为，且同质化产品的出口持续时间要低于异质化产品。冯等田等（2017）采用联合国商品贸易数据中的 HS5 分位数据进行分析发现，中国产品出口持续时间偏短，均值为 4.13 年，5 年内会有 65.1% 的产品退出出口市场。但也有学者提出不同意见，如张鹏辉（2018）在研究中指出，中国企业的出口持续时间中位数为 4 年，且企业在出口的第 1 年有较高的风险率，而一旦企业出口持续时间超过 4 年，其出口风险率便会呈现快速下降趋势。

综合国内外文献，本书认为影响出口持续时间的因素主要可以概括为以下三类。

1. 国家特征层面

Besedes（2008）在 Cox 比例风险模型中引入了汇率水平和交通成本变量，研究发现，进口国货币对美元贬值有助于提升该国的进口持续时间，但交通成本的增加会缩短该国的进口持续时间。邵军（2011）利用产品-目的国维度下的 HS6 分位数据，实证检验得出，出口持续时间与出口目的国的人均 GDP 及 GDP 规模两个指标之间存在显著的正相关性。陈勇兵等（2012）利用离散时间生存分析模型具体讨论了哪些因素会对出口持续时间产生作用，发现出口目的国是否沿海、是否有共同语言、是否有共同边境、市场经济规模大小等特征均会影响出口持续时间，且如果出口目的国是高风险市场，则出口贸易的风险率会极大提高。此外，其进一步研究得出，企业出口产品种类、企业规模、初始贸易规模等同样对出口持续时间存在正向促进作用。具体到某一特定国家，Esteve-Pérez 和 Rodríguez（2013）研究发现，国家的政治风险缩短了西班牙企业的出口持续时间，并且只有强化信息披露能力，才能有效提升企业与高风险国家出口贸易的可持续性。Fugazza 和 Molina（2016）利用 Cox 比例风险模型、Probit 模型、扩展的 Cox 模型探讨了不同引力因素对一国贸易持续时间的影响，研究发现，共同语言和共同边界对贸易中断风险存在负向影响，地理距离提高了贸易中断风险，是否为内陆国家对贸易中断风险的影响则不确定。毛其淋（2013）对贸易自由化究竟能否影响企业出口持续时间这一问题进行了细致研究，最终发现，最终产品的关税降低对企业出口持续时间的作用不明显，但投入品关税的降低能够显著延长企业出口持续时间。佟家栋等（2016）采用2000～2007年的工业企业数据，研究得出人民币有效汇率升值对企业出口持续时间存在抑制作用。赵瑞丽等（2016）采用1998～2007年的工业企业数据，在控制企业和城市层面的特征变量后，研究发现最低工资能够通过提高企业生产率来延长企业出口持续时间。冯等田等（2017）发现，出口目的国的收入水平与企业出口持续时间存在明显的正相关关系。许和连等（2018）研究，发现出口信息网络对企业出口持续时间存在延长作用。

2. 产品特征层面

目前，产品特征层面影响出口持续时间的因素主要包括产品差异化程度、单位价值、进口中间品、初始贸易额等。Rauch（1999）与Rauch和Watson（2003）根据差异化程度将产品划分为差异化产品、具有价格参考产品、同质化产品等，并通过搜索成本模型分析了产品差异化程度对贸易持续时间的影响。随后，Besedes和Prusa（2006）仍然采用搜索成本模型，选取了初始贸易额和产品差异化程度两个指标，探讨其对贸易持续时间的影响，主要结论有两个：一是与同质化产品相比，差异化产品的出口持续时间更长；二是初始贸易额越小，则出口持续时间越长。Tomohiko等（2017）则持相反意见，其强调企业生产差异化的产品会极大地刺激企业开展大量前期投资，而这种前期投资会缩短企业出口持续时间。蒋灵多和陈勇兵（2015）进一步选用2000～2006年中国海关和工业企业匹配数据，利用离散时间生存分析模型检验发现，对于多产品出口企业而言，出口持续时间较长的是其核心产品，而非核心产品的出口持续时间通常较短。在进口中间品方面，席艳乐和胡强（2014）在其研究中指出，企业进口中间品有助于提高企业持续出口的可能性。许家云和毛其淋（2016）也发现，中间品进口可通过"成本节约效应"和"技术溢出效应"推动企业出口持续时间的延长。

Besedes和Prusa（2006）进一步选取了初始贸易额这一指标，并对其做加权处理，研究发现经过处理之后的初始贸易额能够有效延长出口贸易的持续时间。Besedes（2008）进一步将初始贸易额这一变量引入计量模型，验证了初始贸易额和贸易持续时间之间的正相关关系。Nitsch（2009）同时将产品替代弹性和单位价值变量引入模型，研究发现产品单位价值延长了贸易持续时间，这是因为产品单位价值提高能进一步提升产品复杂度，促使出口产品的可替代性变弱，增加出口产品在目的国市场的不可替代性，进而维持市场份额，增强贸易稳定性。邵军（2011）则持相反的意见，其强调单价高的产品会降低购买率，因此产品单位价值会削弱企业出口产品竞争力，从而抑制企业出口持续时间的延长。众所周知，高价格往往意味着高质量和高技术复杂度，那么产品质量或技术复杂度会不会对企业出口持续时间存在影响呢？张俊美（2019）考察了企业出口产品质量与其出口持续时间的关系，发现产品质量与出口持续时间存在明显的正相关关系。冯等田等（2017）、赵瑞丽等（2017）选取了出口技术复杂度特征变量，分析其对产品出口持续时间的影响，发现出口产品技术复杂度提升能够帮助企业更好地抵御外部冲击，有效规避低端竞争，降低企业出口风险，延长企业出口持续时间。

3. 企业特征层面

Roberts 和 Tybout（1997）最早采用动态 Probit 模型，选取哥伦比亚制造业企业数据，基于成本视角对企业参与出口和退出出口策略进行分析，发现企业在进入出口市场时需要支付出口固定成本，但在企业成功进入出口市场后则只需支付可变成本。Bernard 和 Jensen（2004）从企业沉没成本出发考虑美国制造业企业的进入与退出决策。但是上述两篇文献均未提出进出口持续时间的概念，更多的是从企业所具有的历史特征角度进行分析。基于此，Ilmakunnas 和 Nurmi（2010）以及陈勇兵等（2013）以企业规模为切入点，研究其对企业贸易稳定性的影响，发现中小企业初始规模扩大能够促进企业贸易持续时间延长，而小微企业则相反；进一步分析表明，企业所有制对贸易持续时间的影响不明显，外资企业出口贸易时间较长更多的是依靠初始规模，而非所有制本身。另外，还有学者发现资本密集度、生产率和企业年限也与企业出口持续时间存在正相关关系（Ilmakunnas and Nurmi，2010；Békés and Muraközy，2012）。阳佳余和徐敏（2015）利用2000~2007年中国微观企业数据，研究企业融资能力对其出口模式可持续性的影响，研究发现企业融资能力的提升能够增强企业出口模式的可持续性。

（三）出口二元边际的经济效应

现阶段，对二元边际，学术界并没有给出统一的定义和测算标准。但是随着新新贸易理论的提出，对二元边际的研究更加微观化，主要集中在产品、国家、企业三个层面（Hummel and Klenow，2005；Felbermayr and Kohler，2006；Eaton et al.，2008）。

Hummel和Klenow（2005）与Bernard等（2010）在产品层面对贸易的二元边际给出了明确的定义，其强调扩展边际主要通过出口产品的多元化来界定，而集约边际则主要通过市场现有产品出口额的变动来界定。之后，国内众多学者对这一界定方式做出了完善和补充，如钱学锋等（2013）、施炳展（2010）将集约边际看作在位出口产品的出口额或者出口数量的变动，扩展边际则是出口新产品的出口额或出口数量的变动。

Felbermayr和Kohler（2006）强调出口扩展边际反映在国家层面就是双边贸易关系数量的增减变化，以新产品出口到新目的国的数量增减变动来表示，集约边际则是在已经建立了贸易合作关系的国家之间出口额的增减变动情况。进一步，Helpman和Rubinstein（2008）将一国新建立的贸易伙伴国之间所发生的贸易流量的变动情况视为出口扩展边际的变化，将与已有贸易往来的出口目的国之间的贸易流量变动看作出口集约边际的变化。具体到产品-国家维度，Amurgo-Pacheco和Pierola（2007）将产品进入或退出市场的情形具体划分为四种不同类型：新产品-老市场、老产品-新市场、老产品-老市场、新产品-新市场。其中老产品-老市场类型下贸易流量的变动可被看作出口集约边际的变动，其余的可被看作出口扩展边际的变动。钱学锋等（2010）、盛斌和吕越（2014）认为，扩展边际主要是产品-国家这对关系新开始或者结束时所引起的贸易额的变化，集约边际主要是原有产品－国家这一维度下出现的贸易额的变动。

目前，在企业层面探讨出口二元边际的文献主要分为两类，一是对企业出口贸易进行分解。比如，Hausmann 和 Klinger（2006）、张杰和郑文平（2015）、陈雯和孙昭吉（2016）等将企业出口扩展边际看作企业在产品－目的国层面的出口数量变动情况，将集约边际看作企业在产品－目的国层面的出口额变动情况。二是从双边贸易关系角度出发，对一国的贸易额进行分解。比如，Eaton 等（2008）将企业出口扩展边际看作新进入目的国市场的出口企业出口额的变动，将企业出口集约边际看作目的国市场中已有出口企业出口额的变动。又比如，Helpman 和 Rubinstein（2008）与 Manova 和 Zhang（2009）在考虑企业异质性理论后，认为企业出口集约边际是每家企业平均出口贸易流量的变动，企业出口扩展边际是出口企业数量的变化。再比如，Bernard 等（2010）在对美国的出口增长进行分解的过程中，提出通过企业出口产品种类或出口目的国数量来衡量企业出口扩展边际，而企业出口集约边际则可被看作出口产品数量边际。

本书选择企业层面的第二类测度方法，将 HS6 分位层面的企业出口产品种类之和表示为出口扩展边际，而将企业出口的所有产品数量之和表示为出口集约边际。此外，由于贸易便利化能够有效地降低贸易成本，且本书主要的研究关键词是贸易便利化、进口中间品与企业出口绩效，因此本部分文献综述将主要从贸易便利化、进口中间品、贸易成本及其他因素四个层面分析企业出口二元边际的经济效应。

首先，贸易便利化对出口二元边际的影响研究。

第一，国家和产品层面。随着异质性企业贸易理论的不断发展，有关贸易便利化对出口二元边际影响的研究得到越来越多学者的关注。目前，关于贸易便利化对出口二元边际影响的研究更多的是集中在国家和产品层面以及扩展边际层面（涂远芬，2020）。比如，Shepherd 和 Dennis（2011）基于 2005 年 118 个发展中国家出口到欧盟的 HS8 分位贸易数据，选取出口成本作为贸易便利化的衡量指标，发现贸易便利化对出口扩展边际存在显著促进作用。Persson（2013）在研究中将产品分为同质产品和异质产品，并选取出口所需天数作为贸易便利化的衡量指标，研究发现每当出口所需天数减少1%，同质产品和异质产品的扩展边际将分别增长0.6%和1%。Beverelli等（2015）选取发展中国家作为研究对象，将出口目的国数目和出口产品种类数目作为出口扩展边际的衡量指标，研究发现贸易便利化水平提升能显著促进出口扩展边际的增长。Lee和Kim（2012）借鉴Hummels和Klenow（2005）的做法，以2007年出口至欧盟的150个国家的SITC5分位贸易数据为研究对象，在对贸易便利化的测度中主要利用物流绩效这一变量，并最终研究发现，一国出口扩展边际的增长会受到贸易便利化的显著影响，但集约边际的增长受其影响不明显。Feenstra和Ma（2014）进一步选取港口效率作为贸易便利化的衡量指标，采用1988~2005年跨国面板数据展开研究，发现贸易便利化水平每提升10%，出口集约边际能增长0.2%~1%，而出口扩展边际能增长1.5%~3.4%。

第二，企业层面。目前，从企业层面出发探讨影响出口二元边际增长的因素的文献还是相对较少。Fontagne等（2016）具体探讨了贸易便利化水平对企业出口二元边际的影响，并得出两者之间存在显著的正相关关系。涂远芬（2020）基于出口企业-目的地层面，采用海关数据库和OECD编制的TFIs指数，研究贸易便利化对企业出口二元边际的影响，发现贸易便利化降低了企业出口集约边际，但增加了企业出口扩展边际。

其次，贸易成本对出口二元边际的影响研究。Melitz（2003）基于异质性贸易模型，研究得出生产率高的企业才能承担出口的固定成本，从而进入出口市场。Kanes（2007）在Krugman（1980）构造的贸易模型基础上进行拓展，做了垄断竞争和收益递增的假设，发现降低可变贸易成本和固定贸易成本均能促进出口，但可变贸易成本的作用更大。在此基础上，钱学锋（2008）与钱学锋和熊平（2010）研究发现，可变贸易成本和固定贸易成本均会影响企业的出口二元边际。进一步，项松林（2015）与魏浩和郭也（2016）也发现，固定贸易成本对企业出口集约边际和扩展边际的增长均存在显著的抑制作用。此外，田聪颖和肖海峰（2018）从关税的视角出发，指出关税下降带来的贸易成本降低会增加中国企业的出口二元边际。

再次，进口中间品对出口二元边际的影响研究。现有文献大多聚焦于进口中间品对出口集约边际的影响。Amiti 和 Konings（2007）利用 1991~2001 年印度尼西亚的制造业企业数据，研究发现进口中间品会增加企业出口集约边际。Bas 和 Strauss-Kahn（2015）选取法国的进出口贸易数据进行实证研究，发现进口中间品种类的增加能够帮助企业增加出口集约边际。张杰等（2014）与戴枫等（2020）均认为，"进口引致出口机制"是中国出口奇迹产生的重要原因。巫强和刘志彪（2009）以本土企业为考察对象，认为本土企业存在明显的"为出口而进口"的行为，本土企业可以通过大规模地进口原材料、关键零配件、机器设备等来补足自身质量短板，从而实现出口增长。部分学者单独从企业出口产品种类多样化（扩展边际）视角展开研究，比如程惠芳和詹森华（2018）选取中国多产品出口企业作为研究对象，实证考察了进口中间品贸易自由化对其的影响，研究发现削减中间品进口关税能显著提升企业出口产品种类的多样化水平，但该效应会因企业所有制类型和要素密集度差异而存在异质性。此外，还有学者同时将企业出口二元边际纳入研究范围，比如戴翔和张二震（2010）认为，在产品内分工这一大背景下，企业能够有效地借助进口中间品实现自身出口二元边际的快速扩张。与此类似，席艳乐和胡强（2014）与康志勇（2015）均指出，进口中间品能够提高企业出口集约边际。王维薇（2015）选取中国电子行业零部件进口作为研究对象，利用 CEPII BACI 数据库 2003~2010 年数据，研究发现电子行业内部对零部件的进口能够推动其出口扩展边际的增长。宗毅君（2017）利用 1996~2014 年中国制造业数据展开研究，发现进口中间品能够明显促进出口集约边际的增长以及制约出口扩展边际的增长。

最后，其他因素对出口二元边际的影响研究。国内外学者还从其他视角对出口二元边际增长的影响因素展开了深入研究，主要包括国家政策、金融发展、集聚经济、专利国际化、外商直接投资、环境规制、国际移民网络、出口产品质量、外部冲击、经济政策不确定性等几个方面。

第一，国家政策。近年来，国家政策作为影响企业出口二元边际增长的因素被越来越多的学者所认同。比如，Rose（2007）、Bernard 等（2009）、苏振东等（2012）、许和连等（2017）认为，补贴政策对企业出口二元边际的增长存在促进作用，财政补贴可以间接地降低企业进入国际市场所需支付的成本，推动企业更好地参与国际贸易。张杰和郑文平（2015）发现，财政补贴和企业出口扩展边际增长之间存在倒 U 形关系。

第二，金融发展。万璐、李娟（2014）从金融发展视角、Manova（2008）从金融自由度视角以及杜运苏和曾金莲（2016）从效率、机构、规模三个金融维度出发，实证检验金融发展与出口二元边际的关系，发现两者之间存在显著的正相关性。项松林（2015）从金融市场化角度出发，研究得出金融市场化的滞后值对出口集约边际的增长存在抑制作用，而对出口扩展边际的增长存在促进作用。

第三，集聚经济。孙楚仁等（2015）、王永培（2016）研究发现，集聚经济对出口二元边际的增长存在显著的促进作用。李健等（2017）从专业化和多元化两个维度得出，出口二元边际与专业化集聚经济存在倒 U 形关系，而出口集约边际与多元化集聚经济存在负相关关系。

第四，专利国际化与外商直接投资。邓兴华和林洲钰（2016）、黄远浙等（2017）分别选取 186 个国家和地区 1992～2010 年的专利和贸易流量数据与 2000～2006 年微观企业数据展开研究，发现专利国际化和外商直接投资均能提高出口扩展边际，但对出口集约边际的影响不显著。

第五，环境规制。张胜满和张继栋（2016）采用两步系统 GMM 估计方法，以环境规制为切入点，探讨其对出口二元边际的影响，发现环境规制与出口集约边际存在正相关关系，但与出口扩展边际存在倒 U 形关系。

第六，国际移民网络。范兆斌和张若晗（2016）利用中国和34个OECD国家2000~2013年的贸易与移民数据展开研究，并将国际移民网络划分为流量和存量两个维度，研究发现移民流量制约了出口集约边际的增长，而移民存量促进了出口集约边际的增长，但两者对出口扩展边际的影响均不显著。

第七，出口产品质量。Crozet等（2012）利用法国葡萄酒出口企业数据实证检验出口产品质量对企业出口二元边际的影响，结果表明企业出口的葡萄酒质量越高，企业出口的深度边际和广度边际增长越明显。施炳展等（2013）从企业产品质量视角出发探讨其与企业出口绩效的关系，研究发现企业出口产品质量提高了其出口绩效。

第八，外部冲击。Bernard等（2019）选取1年作为界限，划分出短期数据和长期数据两种类型，研究得出外部冲击对短期波动和长期波动的影响分别是通过集约边际和扩展边际实现的。Dutt和Mihov（2013）研究加入WTO会对一国企业的出口二元边际产生何种影响，结果表明一国加入WTO后可以有效地降低出口固定成本，从而提高出口扩展边际、抑制出口集约边际。进一步，盛斌和吕越（2014）选取中国2001~2010年对外贸易数据，研究发现短期内外部冲击会通过抑制出口集约边际而阻碍中国出口贸易。另外，杨媛（2014）在研究中发现，出口扩展边际可能会因外部冲击而对贸易成本更敏感，进而对外生经济冲击的抵抗力会更强。

第九，经济政策不确定性。魏友岳和刘洪铎（2017）研究发现，经济政策不确定性抑制了出口扩展边际的增长，但对出口集约边际的作用不确定。

四 研究评述

基于上述文献梳理，我们可以总结出以下几点。

第一，自从贸易便利化被提出以来一直尚未有统一的定义，不同的组织、机构和学者对其的定义各不相同，因此测度方法也较多，早期的测度方法主要是用港口效率、物流绩效指数、进出口文件数等单一指标衡量。但是随着研究的深入，学者们发现单一指标并不能全面衡量贸易便利化，因此他们提出将贸易便利化涉及的众多领域分别计分，再将各个指标合并为贸易便利化综合指标。尽管该方法在一定程度上克服了单一指标局限性的问题，能够比较完整地对地区贸易便利化水平进行测度，但是绝大多数学者是以国家作为研究对象，这在一定程度上存在研究过于宏观的问题，没有微观细致考察省、市或县级地区贸易便利化水平对企业进出口的影响。到目前为止，只有李波和杨先明（2018）在省级层面考察了贸易便利化对异质性企业的影响。此外，关于贸易便利化带来的经济效应研究，主要分为两个方面：一方面，对贸易规模的影响；另一方面，对贸易福利的影响。关于贸易便利化对出口产品质量、出口持续时间等企业出口战略绩效指标的影响，目前的文献还较为缺乏。

第二，对进口中间品测度及其经济效应的研究。对进口中间品主要有三类测度方法，第一类方法是采用投入产出法计算进口中间品所占的比重，但是该方法测度出的是二分位层面的数据，导致现有研究过于宏观，不能准确细致考察进口中间品的经济效应。第二类方法是 Ng 和 Yeats 提出的，根据国际贸易标准分类法，将所有零件、部件等中间品按照名称进行加总，从而算出中间品总数，但是有些中间品并没有被包含在所有名称目录中，因此该方法容易低估中间品贸易量。第三类方法是 BEC 法，根据联合国编制的经济大类分类标准，将产品分为中间品、资本品和消费品，再将 BEC 中间品与海关 HS 编码对应，最后得到 HS 编码表示的中间产品，这样既降低了进口中间品测度被低估的现象，又可以在更为微观的层面进行研究。对于进口中间品带来的经济效应，现有研究主要分为两个层面：第一个层面是其对全要素生产率、技术创新、出口绩效、人均产出、企业加成率、出口增加值率、企业存续年限、国际分工收益、出口产品质量等的影响；第二个层面是信贷约束、贸易自由化、要素价格负向扭曲等对其的影响。

第三，对企业出口绩效的研究。大多数学者采用企业出口销售额、出口利润等财务绩效指标衡量企业出口绩效，而随着新新贸易理论的发展,一些企业异质性被引入国际贸易研究领域,这为我们衡量企业出口绩效提供了新的视角。本书将新新贸易理论的最新进展纳入企业出口绩效的研究范畴,用企业出口产品质量和出口持续时间衡量企业出口战略绩效,用企业出口二元边际衡量企业出口财务绩效。在此基础上,同时利用企业出口财务绩效和出口战略绩效来衡量企业出口绩效。对企业出口绩效经济效应的研究主要分为以下三个方面。

一是对出口产品质量经济效应的研究。出口产品质量的测度方法不唯一,反事实推理的方法是当前比较科学的产品质量测度方法,被广大学者所接受。对出口产品质量经济效应的研究,主要集中于政府政策、贸易自由化、工资(收入)上升、人民币汇率、进口中间品、企业自身特征、双向直接投资、融资约束、环境规制、产业集聚等视角,除了本书作者参与撰写的一篇文章外,尚未有学者将贸易便利化与其结合起来研究,因此这将是本书研究的视角之一。

二是对出口持续时间经济效应的研究。国内外研究出口持续时间的文献已经相对比较丰富,且主要从国家特征层面、产品特征层面和企业特征层面研究出口持续时间的影响因素。但仍存在以下不足:首先,从进口中间品视角展开研究的相关文献还较少,目前中国知网仅有两篇公开发表的文章,即席艳乐和胡强(2014)与许家云和毛其淋(2016),且这两篇文献仅考虑进口中间品种类和数量对出口持续时间的影响,而并未将进口中间品价格和质量纳入研究范围;其次,鲜有文献从贸易便利化的视角进行研究,大多数文献从信息搜寻成本(Rauch and Watson,2003)、出口商固定成本(陈勇兵等,2013)等方面研究出口持续时间的影响因素,而尚未有学者直接将贸易便利化与企业出口持续时间结合起来研究。综上,本书将贸易便利化、进口中间品、企业出口持续时间三者进行结合,从进口中间品价格、种类、数量和质量四重维度的视角,讨论贸易便利化对企业出口持续时间的影响,从而在一定程度上弥补现有相关领域的研究空白,进一步丰富和完善现有相关理论体系。

三是对出口二元边际经济效应的研究。目前对出口二元边际的测度主要集中在产品、国家和企业三个层面,但是企业层面的测度更为微观细致,因此为了准确考察出口二元边际的经济效应,本书选择在企业层面测度出口二元边际。此外,学术界对出口二元边际影响因素的研究已经相对比较成熟,对贸易便利化与企业出口二元边际、进口中间品与企业出口二元边际的关系均已进行大量研究,并形成了众多成果。然而,不足之处在于现有文献较少同时考虑贸易便利化对进出口的影响。基于此,本书将贸易便利化、进口中间品与企业出口二元边际三者结合起来研究,并在此基础上提出:如果将进口中间品看作中介变量,那么贸易便利化对企业出口二元边际究竟存在哪些影响?对该问题的解答无疑会有效弥补现有研究领域的空白,进一步丰富和完善现有研究理论体系,为企业制定出口决策奠定坚实的理论基础。

第二节 理论梳理:从传统贸易理论到新新贸易理论

1776 年亚当·斯密发表《国富论》,标志着经济学正式成为一门系统化的科学。传统国际贸易理论的发展还要早于这一时间。从 16 世纪开始,传统国际贸易理论中的重商主义思想就已经兴起,被许多人(如银行家、政府官员、商人等)所推崇,他们认为财富的积累就是金银的积累,一国应该奖励出口而限制进口,从而在增加金银流入的同时减少金银的流出。然而,从直观来看,全球所有国家的出口都超过进口是不可能实现的,因此重商主义又极力鼓吹经济民族主义,认为各个国家的根本利益是相互冲突的,国际贸易是一种"零和博弈"。直到 1776 年,亚当·斯密才在《国富论》中对"重商主义"思想进行反驳,强调一国开展国际贸易是为了获取利益,如果国际贸易是一种"零和博弈",那么就会促使利益受损的国家放弃开展国际贸易,因此从这个角度来看,国际贸易应该是一种"正和博弈"。基于此,他提出了一种新的国际贸易理论——绝对优势理论,该理论认为两个国家生产两种产品,两国相比,一国在一种商品生产上具有绝对优势,而在另一种商品生产上具有绝对劣势,那么两个国家可以生产自己具有绝对优势的商品,并利用该商品交换自己具有绝对劣势的商品。这样就使得两国资源实现了优化配置，使得两种商品的生产都得到很大的增长。由于重商主义和绝对优势理论一个倡导"零和博弈"，一个倡导"正和博弈"，因此两种理论下国家的贸易政策不同：在重商主义下国家会制定政策强行限制进口贸易，以实现出口大于进口，最终增加国家财富的积累；在绝对优势理论下国家会强调自由贸易，政府应该尽可能减少对市场的干预，提高世界资源的配置效率，使世界福利实现最大化。从总体上看，绝对优势理论所倡导的显然比重商主义更为科学，但是该理论也存在着很明显的缺陷，其只能对少部分国际贸易行为进行解释（如发展中国家和发达国家间的贸易），而对大部分国际贸易行为（如发达国家之间进行的贸易往来）无法做出有效解释。大卫·李嘉图为了弥补绝对优势理论的缺陷，在1817年出版的《政治经济学及赋税原理》一书中提出了一种新的理论：比较优势理论。该理论强调即使一个国家在生产两种商品中都具有劣势，但其仍然可以通过选择出口其绝对劣势相对较小的商品，进口其绝对劣势相对较大的商品，而参与国际贸易活动。该理论从提出开始被沿用至今，具有很强的适用性，许多学者对其进行了经验性检验，发现除劳动成本之外的因素（如贸易壁垒、政治关系等）并不能破坏相对劳动生产率与出口比例之间的联系。以李嘉图为首的古典经济学家尽管对比较优势理论做了假定，但是并没有很好地解释劳动生产率和国家间比较优势之间的差别，这导致其很难解释生产要素可以从国际贸易中获取利润这一现象。因此，赫克歇尔和俄林于1919年提出了一种新的理论：要素禀赋理论。该理论强调一国是否具有比较优势的根本原因是要素的丰裕度，一国应该出口使用相对丰裕要素生产的商品，进口使用相对稀缺要素生产的商品。然而，里昂惕夫用1947年的美国数据第一次检验要素禀赋理论时，却发现了与该理论相反的结果，即"里昂惕夫之谜"。对于美国而言，其作为资本密集型国家，理论上其应该对劳动密集型商品有着较高的进口需求，对资本密集型商品有着较高的出口需求，然而，事实却与此完全相反。从这也可以发现，要素禀赋理论也存在一定局限性，还需要学者不断进行深入研究。

20世纪80年代以来，保罗·克鲁格曼等一批经济学家开始从实证的视角出发，尝试对贸易格局做出新的解释，从而填补传统贸易理论的逻辑空白。随后，其思想逐渐发展成为新贸易理论，主要包含两大部分内容：不完全竞争市场和规模经济。马歇尔在1938年出版的《经济学原理》一书中对"规模经济"做了解释，并将其划分为两种类型：内在规模经济和外在规模经济。具体来说，内在规模经济是指当企业产量提高时，其生产平均成本会降低，利润率会增加；外在规模经济主要是强调产业内各个企业的平均成本会随着产业整体产量的增加而出现下降趋势。具体到规模经济在国际贸易中的应用，克鲁格曼和艾瀚南在1985年出版的《市场结构与对外贸易》一书中率先提出了规模经济贸易理论，该理论强调国际贸易的基础是规模报酬递增，若一国在产品生产上表现出规模报酬递增，那么随着产品产量的扩大，生产单位产品的成本会递减，该国生产这种产品会获得比较优势，从而促使该国专业化生产这种产品并出口。

具体地，我们假定存在生产要素、消费者偏好、长期平均成本曲线和生产某种产品的技术四个方面都相同的两个国家（A和B）。根据要素禀赋理论可知，A、B两国并没有开展国际贸易的基础。但是如果放松要素禀赋理论的约束条件，假定A国国内市场较大，其能够内部消化大量的产品，而B国国内市场狭小，对自己产品的内部消化能力有限，因此与B国相比，A国更易产生规模经济。如图2.1所示，不难发现，对于A、B两个国家而言，其长期平均成本曲线是重合的，但是A国的企业产量和生产成本分别为Q_2和C_2，B国企业产量为Q_1，生产成本为C_1，并且由图中曲线还可以发现，随着企业产量的增加（Q_2大于Q_1），其生产成本会越来越低（C_2小于C_1）。因此，与B国相比，A国实现了规模经济，成本低于B国，当两国开展国际贸易时，A国将出口这种实现了规模经济的产品，进口被规模经济改变而处于劣势的产品。

此外，赫尔普曼和克鲁格曼等通过放松要素禀赋理论的假设，还提出了产业内贸易的概念，认为不完全竞争市场下往往存在价格歧视，厂商可以在一定程度上决定商品价格，即使出售同样的产品，该产品的价格也会因为市场或消费者的不同而不同。如果海外市场满足价格歧视这

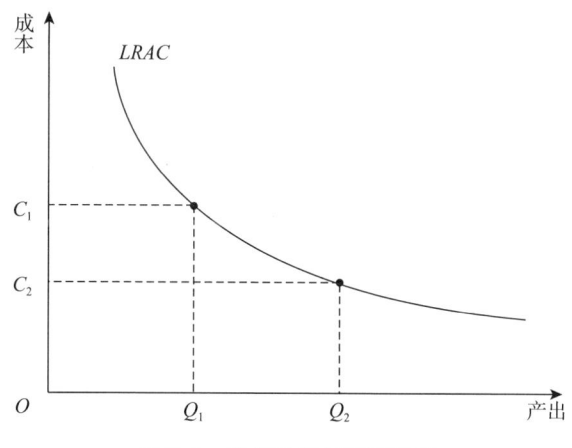

图 2.1 规模经济与国际贸易

一条件，企业就会有充分的动机通过出口来实现利润最大化。对于海外同类企业来说，当市场满足价格歧视时也会采取类似行为，从而形成行业内贸易。新贸易理论在探讨国际贸易的动因时主要是从技术差距、供需等视角展开的，但也存在两方面的问题：一方面，研究集中在宏观层面，因此不够精细，不能完全准确地反映微观企业生产和贸易的真实情况；另一方面，企业同质性假设是新贸易理论及传统贸易理论中很重要的假设，但随着研究的不断深入，企业之间的异质性逐渐被广大学者发现。比如，Bernard 等（1995）、Hwang 和 Aw（1995）分别利用美国制造业企业数据和中国台湾电子企业数据进行实证研究，发现出口企业的生产率、资本密集度等都要高于非出口企业。显然，企业同质性假定的科学性受到了挑战，以往的贸易理论对此无法做出解释。基于此，突破企业同质性假定，弥补传统贸易理论和新贸易理论的缺陷，成了学者们的研究重点。学者们逐渐开始将研究聚焦于企业层面，尝试从这一层面对国际贸易和国际投资做出解释，这一理论研究被称为新新贸易理论，其主要包含异质性企业理论和企业内生边界理论。此后，许多学者对该理论进行了扩展。Antras（2003）、Antras 和 Helpman（2003）探讨了企业异质性对企业边界、外包以及内包战略选择的影响，研究发现由于企业异质性的存在，企业才会选择不同的所有权结构、组织形式乃至中间投入品生产地等。此外，其在研究中进一步强调，对进口中间品依赖度较高的行业往往存在较大的生产率差异，而对总部密集度高的产业而言，其对进口中间品的依赖度会相对较低。综上可以看出，进口中间品是企业内生边界理论研究的核心问题之一，对进口中间品经济效应的国内研究主要集中在两个方面：一方面是贸易自由化、劳动成本、关税等对其的影响（余淼杰和李乐融，2016；赵伟和钟建军，2013；赵春明和张群，2016）；另一方面是其对出口产品质量、企业生产率、技术创新、性别工资差距等的影响（马述忠和吴国杰，2016；陈梅和周申，2017；魏浩和林薛栋，2017；赵春明等，2017）。尚未有学者将贸易便利化与其结合起来研究，因此本书的研究也是对企业内生边界理论的一个拓展，丰富了国际贸易领域关于该理论的研究。

异质性企业理论是由 Melitz（2003）提出的，该理论认为对于高生产率企业而言，其更容易跨过国际市场准入门槛而进入出口市场，但是低生产率企业会选择退出出口市场，这会使整个出口市场中的企业生产率大幅提升。在此过程中，企业进入出口市场的现象被称为"自我选择效应"，与之对应的是企业的"出口干中学效应"，即企业通过出口提高自身生产率。上述结论与以往众多学者的研究不谋而合，例如，Bernard 和 Jensen（1999）、Aw 等（2000）、Clerides 等（1998）分别利用美国、中国台湾、哥伦比亚的数据进行实证研究，均发现企业效率越高，越倾向于选择进入出口市场。Chaney（2005）首次将流动性约束与企业出口结合起来研究，发现流动性约束小的企业更有能力开展出口贸易。孙灵燕和李荣林（2011）利用中国微观企业数据进行研究也发现了类似的结论。其他国内学者如张杰等（2010）、张睿等（2018）、林正静和左连村（2018）分别从市场分割、基础设施建设、进口中间品质量等视角对异质性企业理论进行了拓展。

与此同时，与本书研究主题相关的企业出口绩效问题在学者们对异质性企业理论进行拓展的过程中也不断出现，企业出口绩效开始成为新新贸易理论研究的重要问题，本书从绩效视角分析中国出口贸易，也为相关理论研究提供了一个来自正在转型中的经济体的经验证据。本书对企业出口绩效的衡量主要从出口财务绩效和出口战略绩效两个维度展开，其中前者主要是考察企业出口二元边际，后者则主要是考察企业出口产品质量和出口持续时间。在早期的研究中，学者们更多地关注企业生产率异质性这一点，但是随着新新贸易理论的发展，他们发现企业出口产品质量、出口二元边际、出口持续时间等出口绩效指标也具有异质性，认为出口产品质量越高、出口二元边际越大或者出口持续时间越长，则企业出口产品竞争力越大，企业出口赢利能力越强（Baldwin and Harrigan，2011；蒲艳萍等，2018；郑方辉和刘晓婕，2020；吕冰和陈飞翔，2020）。进一步，李梦洁和杜威剑（2018）、罗胜强和鲍晓华（2018）、耿晔强和史瑞祯（2018）、程凯和杨逢珉（2019b）、张鹏杨等（2019）、白东北等（2019）研究了反倾销、进口中间品质量、人民币汇率、产业政策、产业集聚等对企业出口绩效相关指标的影响，但是除了本书作者以外，尚未有学者将贸易便利化纳入影响企业出口绩效的范畴，因此本书的研究拓展了异质性企业理论。

综上可知，随着学者们不断研究，在传统贸易理论到新新贸易理论的发展过程中，国际贸易理论得到了不断完善和丰富，已经成为具有极强普适性的经济学理论。随着新新贸易理论的发展，从微观企业层面探讨企业出口绩效和进口中间品的研究已经发展到了一个新的阶段，为我们研究贸易便利化、进口中间品与企业出口绩效的关系提供了新的思路。因此，本书的研究对新新贸易理论的两个核心理论均存在一定程度的拓展作用。

第三章 中国贸易便利化发展：政策回顾、定量测度与特征性事实

近年，在 WTO、世界银行等国际组织的积极倡议下，许多国家开始推动本国贸易便利化建设。但是贸易便利化涉及的领域众多，由 2013 年 OECD 研究报告可知，贸易便利化涉及事先裁定、风险评估、税收安全、不同机构之间的合作与协调等 11 个领域，因此其建设也是一项浩大的工程，这为各国贸易便利化建设提出了较大的挑战。本章将着重分析中国贸易便利化现状、发展趋势等，从而找出中国贸易便利化发展的薄弱环节，并提出有益的政策建议。

第一节 中国贸易便利化发展：对外贸易政策的回顾

自改革开放以来，中国经历了一场深刻的对外贸易变革。在改革开放之前，中国长期实行计划经济下的进口替代贸易战略，该战略强调经济的自力更生，在进口关键技术和设备的同时，努力提高产品本土化比例，重视产品内销，而忽视产品出口行为，因此其抑制了中国市场与世界经济的联系。在改革开放之后，中国对外贸易政策发生了很大的变化，经历了五个阶段的改革，即：兼顾进口保护与出口鼓励的对外贸易政策→出口导向型贸易政策→履行入世承诺的对外贸易政策→为应对金融危机而调整的对外贸易政策→以高质量发展为核心的全方位开放政策。随着对外贸易政策的改革，中国对外开放程度逐渐提升，为随后中国对外贸易的蓬勃发展埋下了伏笔。中国对外贸易政策改革的五个阶段

具体如下。

第一阶段：1978~1991年实行兼顾进口保护与出口鼓励的对外贸易政策。1978年，十一届三中全会决定将工作重心转向经济建设和实行改革开放，在此指引下，中国对外开放政策发生了历史性的变化，主要体现在以下三方面。第一，打破国家计划经济体制下的贸易政策，赋予地方政府和企业外贸经营权，鼓励开展工贸结合和进出口代理制，推行对外贸易承包责任制，有效激发企业参与国际贸易的动力。第二，建立经济特区。中国政府于1980年分别选取了厦门、深圳、汕头、珠海四个城市作为经济特区，八年之后又选取了海南省设立经济特区，以期通过削减关税等手段营造良好的营商环境，吸引外商投资、引进先进技术和科学管理方法等。第三，开放沿海城市。中共中央和国务院在1984年5月做出了进一步开放沿海港口城市的重大决策部署，并相继开放了天津、上海等14个沿海港口城市。六年之后，中共中央进一步决定在上海设立外高桥保税区，积极推动转口贸易的发展，并于1992年继续增加了14个保税区，还特别设置了一个经济开发区，允许该经济开发区享有保税区的一系列优惠政策。

在此期间，中国还出台了一系列政策以发展加工贸易，从而通过进口替代保护政策促进国内工业发展。比如，国务院在1979年连续颁布了两项政策《开展对外加工装配和中小型补偿贸易办法》和《以进养出试行办法》，在税收、资格审批等众多方面给出了优惠政策，以促进加工贸易的良好发展；又比如，政府曾几次降低国内无力生产的零部件、设备、稀缺原料等的进口关税，而调高国内可以生产的零部件、设备、易获得原料等的进口关税。

第二阶段：1992~2000年实行出口导向型贸易政策。首先，党的十四大在1992年顺利召开，会议中明确提出了建立社会主义市场经济体制的目标，积极推动国际贸易领域的市场化改革进程。会议强调，科研院所、私营企业、外资企业等相关单位要率先获取自营进出口权，积极督促这类相关单位发展成为对外贸易的主体，同时逐渐改革国营外贸企业，使其实现自负盈亏，取消企业出口补贴和出口指令性计划。其次，1994年颁布《对外贸易法》，首次对外贸经营者、货物进出口、服务贸易等在法律法规层面做出明确规定，使中国外贸管理进入法制化时代。再次，设立进出口银行、基金与协会，为对外贸易提供金融支持，并在1994年实现人民币汇率并轨，建立单一的浮动汇率制度，强调该浮动汇率制度必须以市场供求为基础，表现出单一、可管理的特征，同时还指出要对出口外汇流程进行废除，由银行专门统一负责结售汇相关业务。最后，1992~1995年期间取消全部进口调节税，并于1992年和1993年对关税进行了两次大幅度削减，结束了中国40多年的高关税期。

第三阶段：2001~2007年实行履行入世承诺的对外贸易政策。中国自2001年加入WTO开始，便始终积极执行和贯彻入世时做出的相关承诺，努力加大对外贸易政策调整力度。2004年修订《对外贸易法》，将外贸经营权由审批制改为备案制，即所有企业、个人或集体均可获得对外贸易权。入世前三年，根据WTO规章和入世承诺，修改或废除了2300多项法律法规。同时，设立WTO通报咨询局（即商务部WTO司），使得对外贸易政策公开透明化。此外，为了能够更好地建立与WTO规则相适应的法律体系，中国政府还于2004年对《反倾销条例》《反补贴条例》《保障措施条例》等规章制度进行了相应修改。对《商标法》《专利法》《著作权法》等相关的知识产权法做出进一步修正，并分别于2003年、2005年成立中央级别的知识产权领导小组及国家保护知识产权工作组，实施知识产权保护专项行动。中国政府在2005年把进口许可证、进口配额等歧视性贸易政策全部取消，实施自动进口许可、非自动进口许可等新的制度，并且将在加入WTO时所做出的针对关税和非关税壁垒的减让承诺于2007年底全部完成。中国在加入WTO时做出的服务贸易领域的对外开放承诺水平要远远高于发展中国家的平均水平，其中针对银行、保险、通信等服务部门设置的股权限制、地域限制等在2006年要实现基本取消。

第四阶段：2008~2012年实行为应对金融危机而调整的对外贸易政策。2008年金融危机席卷全球，中国政府为了稳定和扩大出口而被迫调整对外贸易政策，以求通过进一步扩大对外开放来刺激出口。在这个阶段，实行了以提高通关服务水平、削减审批程序、健全法律法规等为主的贸易便利化措施，以及以促进贸易融资、提高出口退税为主的支持性措施。在这样的背景下，中国的对外贸易政策更加注重调整结构和纠正失衡。《对外贸易发展"十二五"规划》是商务部在2012年印发的一份重要文件，强调"稳增长、调结构、促平衡"是中国对外贸易的重点，中国对外贸易发展模式必须要以质量和效益的提高为核心。随后，国务院发布《关于加强进口促进对外贸易平衡发展的指导意见》，进一步强调通过进口促进出口，从而实现优进优出的目标，进口的主要对象则是先进零部件、设备、稀缺原料等。

第五阶段：2013年至今实行以高质量发展为核心的全方位开放政策。积极推动货物的进口，从而快速实现进出口贸易的平衡发展，最终推动经济高质量增长。诸多重要的政策文件（如《对外贸易发展"十三五"规划》等）都强调必须要以中间投入品的进口为途径实现企业生产率的提升，最终推动企业出口产品质量升级。在投资自由化方面，2019年出台《外商投资法》，明确提出必须加大对外资工作的保护力度，重点对外资实施准入前国民待遇与负面清单管理制度。在区域贸易合作方面，2013年习近平提出"一带一路"倡议，这是中国引领国际新型经贸合作的重大举措，旨在开展国际产能合作，促使中国出口结构转型升级。在开放模式方面，2013年成立上海自由贸易试验区，2015年增设广东、天津、福建三个自由贸易试验区，并将上海自由贸易试验区扩区。2016年，国家再次增加自由贸易试验区的数量，将重庆、四川、陕西、浙江、河南、湖北、辽宁设置为新的自由贸易试验区。2018年，将海南设置为新的自由贸易试验区。2019年，进一步增加广西、山东、黑龙江、河北、云南和江苏六个新的自由贸易试验区。2020年，国家不仅对原有的浙江自由贸易试验区的范围进行拓展，同时增加了安徽、湖南、北京三个新的自由贸易试验区。截至2020年，中国已经形成了相对比较成熟的自由贸易试验区建设网络。

值得一提的是，中国以往的对外开放主要集中在贸易自由化方面，而随着关税水平的持续降低和新型贸易壁垒的出现，贸易自由化的政策效果逐渐被削弱。为此，推动贸易便利化改革降低贸易成本及提高贸易管理效率将是新时期中国对外开放的重要选择。党的十九大报告中明确提出，要促进贸易和投资的自由化、便利化，促使全球经济始终朝着开放、包容、普惠、平衡、共赢的方向发展，这对中国贸易便利化改革提出了新的发展要求，有助于推动中国贸易便利化水平向更高层次迈进。基于此，结合本书的研究目的和背景，本章参考已有贸易便利化的相关研究，将贸易便利化归结为口岸效率、规制环境、电子商务与交通基础设施四个领域，然后在此基础上构建贸易便利化的指标测度体系，从而对中国贸易便利化的现状、发展趋势等进行详细的描述性分析。

第二节　中国省级地区贸易便利化：定量测度

通过第二章中已经梳理的贸易便利化测度的相关文献可知，Wilson 等（2003，2005）的方法被众多学者使用，是目前较为科学的贸易便利化测度方法。具体来说，他们将贸易便利化四个领域的指标分别计算出来，再合并为贸易便利化综合指标。虽然该方法较为完整地衡量了贸易便利化，但只测度了国家层面的贸易便利化，而国家层面的研究过于宏观，无法精确考察贸易便利化带来的经济效应，因此本书参考李波和杨先明（2018）提出的方法，测度中国省级地区的贸易便利化。

借鉴 Wilson 等（2003，2005）的研究，本书把贸易便利化涉及的领域分为四个：口岸效率、规制环境、电子商务及交通基础设施。口岸效率衡量了一国海关口岸的运行效率，如果一国口岸效率低，那么就会延迟商品进出口清关时间，最终抑制企业开展进出口贸易（Olofsdotter and Persson, 2013）。参考殷宝庆等（2016）的做法，本书利用《中国口岸年鉴》中各省份通过口岸进出口总额与进出口总额的比值衡量各省份口岸效率。规制环境反映了一国或地区的政策环境与制度框架的透明度、规范度，规制环境好的国家或地区能促进国际贸易的发展，规制环境差的国家或地区会抑制国际贸易的发展（Hoekstra，2013）。进一步，有学者研究发现，规制环境不仅能够影响一国或地区的进出口贸易流量，还能影响企业的出口扩展边际和集约边际（Nunn，2007；蒋为和蒋柳，2015）。对规制环境的测度，本书参考蒋为和蒋柳（2015）的做法，利用《中国市场化指数——各地区市场化相对进程 2011 年报告》中的市场中介组织的发育和法律制度环境指标来衡量。该报告是由樊纲等在 2011 年撰写的，采用相对比较法转换数据，运用主成分分析法计算权重，最后计算得到各个指标的数据。电子商务可用于衡量一国或地区的互联网普及程度和电子信息技术的发展水平，Wilson 等（2005）研究发现，电子商务能促进一国贸易增长，并且对贸易增长的贡献度达 41%。与此类似，茹玉骢和李燕（2014）也得出电子商务能增加企业的出口强度和提升出口参与度。此外，Portugal-Perez 和 Wilson（2012）还发现，电子信息技术可以降低交易成本，从而提高生产率和效率。对电子商务的测度，本书参考李波和杨先明（2018）的方法，将《中国信息化发展指数统计监测年度报告》中的信息化发展指数作为电子商务的代理指标，由于该报告目前只更新至 2012 年，因此本书用《中国信息社会发展报告 2015》中全国各省份信息社会发展情况数据表中的 2013 年数据代替 2013 年电子商务指标。交通基础设施指一国或地区铁路、公路、内河航道等基础设施建设水平，已有研究发现，交通基础设施建设可以在宏观层面提高一国贸易流量（Donaldson et al.，2008），并增加该国开展贸易的可能性（Francois and Manchin，2007）。在微观层面，交通基础设施会降低企业出口成本，从而提升企业出口扩展边际和集约边际（盛丹等，2011）。对交通基础设施的测度，本书参考 Démurger（2001）与刘秉镰和刘玉海（2011）的测度方法，将各地区铁路里程数、公路里程数和内河航道里程数加总，再除以地区土地面积后乘以 1000，便得到了每 1000 平方千米的交通网络密度，具体公式是：交通基础设施 =（铁路里程 + 公路里程 + 内河航道里程）× 1000/土地面积。最后，将贸易便利化的四个指标数据进行标准化处理之后求取算术平均值，构建省级贸易便利化综合指标。具体标准化过程按照式 (3.1) 进行处理：

$$\overline{z_{dt}} = \frac{z_{dt} - \min z_{dt}}{\max z_{dt} - \min z_{dt}} \tag{3.1}$$

其中，z_{dt} 为标准化对象，$\overline{z_{dt}}$ 为标准化后的指标。经过标准化的各指标可以进行跨期加总和比较。

第三节 中国省级地区贸易便利化：特征性事实

根据上节的测度方法，本节对贸易便利化各项分指标以及综合指标进行了测度。同时，为更准确地说明中国贸易便利化发展的特征性事实，本节对 2000~2013 年中国贸易便利化综合指标和标准化后的各分类指标的发展趋势用作图的方式进行了分析。如图 3.1 所示，中国贸易便利化综合指标值总体呈上升趋势，从 2000 年的 6[1] 上升到 2013 年的 7。其中包含四个阶段：2000~2008 年，中国贸易便利化综合指标值稳步上升，从 2000 年的 6 上升到 2008 年的 9；2008~2009 年，中国贸易便利化综合指标值从 9 下降到 8；2009~2012 年，中国的贸易便利化综合指标值呈稳步增长趋势，到 2012 年增长到 10；2012~2013 年，贸易便利化综合指标值存在下降趋势，从 10 下降到 7。中国贸易便利化综合指标值之所以呈现这种复杂的变化趋势，与中国贸易便利化四个领域的发展密切相关。首先，口岸效率指标值的发展比较稳定，存在缓慢波动增长趋势，从 2000 年的 8.5 增长到 2013 年的 10.5。其次，规制环境指标值整体显著提高，从 2000 年的 6 增加到 2013 年的 10.5，但是在 2008~2009 年出现较大幅度的下降，这可能是因为，2008 年全球金融危机导致了经济萧条，各地区将恢复经济作为主要任务，以期通过放松市场规

---

[1] 中国 2000 年的贸易便利化综合指标值之所以达到 6，主要是由于我们在计算中国整体贸易便利化综合指标值时，将各个省份经过标准化后的贸易便利化综合指标值进行了简单加总处理，所以才会导致中国整体贸易便利化综合指标值超过 1。

制刺激经济增长，经济复苏后，地方政府重新将规制环境建设纳入了政府工作任务，从而规制环境变得严格，于是2009年之后规制环境指标值又开始呈现稳步增长。再次，交通基础设施指标值总体呈波动增长，从2000年的2.5增长到2013年的4，总体增长幅度不大，主要是因为中国领土广阔，铁路里程、公路里程和内河航道里程的增量相对于广阔的领土面积显得十分小，因此交通网络密度不高。最后，电子商务指标值存在显著的异常，2000～2012年呈现高速增长，从6.5增长到16，然而，从2012年开始却表现出急剧下降趋势，从2012年的16下降至2013年的5。这可能是由于电子商务指标的数据来自两个数据库，2000～2012年数据来自《中国信息化发展指数统计监测年度报告》，而2013年数据来自《中国信息社会发展报告2015》，两个数据库中信息化发展情况的统计口径、指标等不同，导致上述差异。

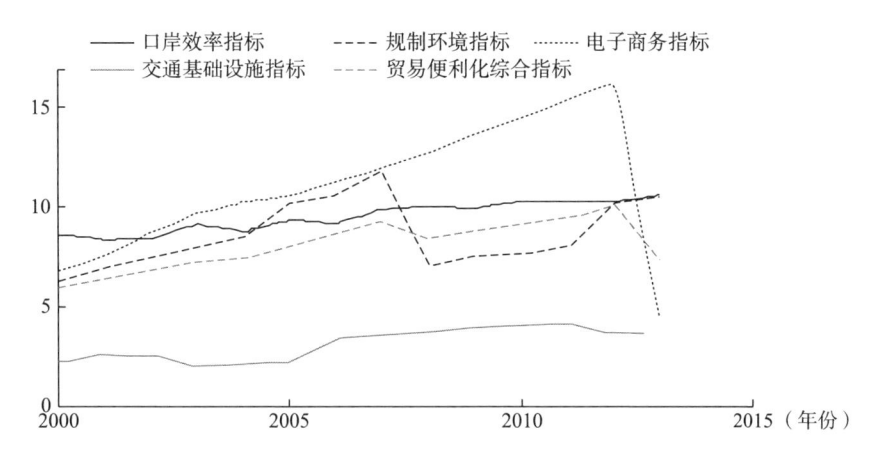

图3.1 2000～2013年中国贸易便利化综合指标值以及标准化后的各分类指标值

综上所述，由于2000～2008年交通基础设施、电子商务、规制环境和口岸效率指标值总体呈上升趋势，因此贸易便利化综合指标值也表现出稳步提升态势，由于规制环境指标值在2008～2009年存在显著的下降，因此贸易便利化综合指标值在此期间也存在下降态势，但是从2009年开始到2012年又稳步提升。此外，贸易便利化综合指标值在2012～2013年骤然下降，主要是因为电子商务指标值在此期间出现急剧下降。考虑到这段时期电子商务指标值的急剧下降是由于资料来源的不同，而2013年的指标又处于本书样本时间段（2000~2013年）的最外侧，因此我们忽略电子商务指标值在2012~2013年引起的中国贸易便利化综合指标值转折问题，默认中国贸易便利化综合指标值只在2008~2009年转折了一次。

进一步，我们通过核密度估计分析2000~2013年中国地区贸易便利化的演变过程。首先，从2000年开始到2013年每三年确定一个观测时间点，具体选择2000年、2003年、2006年、2009年和2012年为观测年份。其次，利用中国省级地区贸易便利化指标来刻画中国整体层面的贸易便利化发展情况。图3.2为核密度估计结果，从中可以发现，贸易便利化综合指标的核密度曲线由"高"变"矮"、由"瘦"变"胖"，贸易便利化综合指标的核密度曲线随着时间的增长而逐渐向右移动，并且峰值逐年下降，分布越发均匀。这一方面说明中国贸易便利化水平整体上逐渐提高，这与图3.1的分析一致；另一方面说明中国贸易便利化水平的地区差异在逐渐缩小。

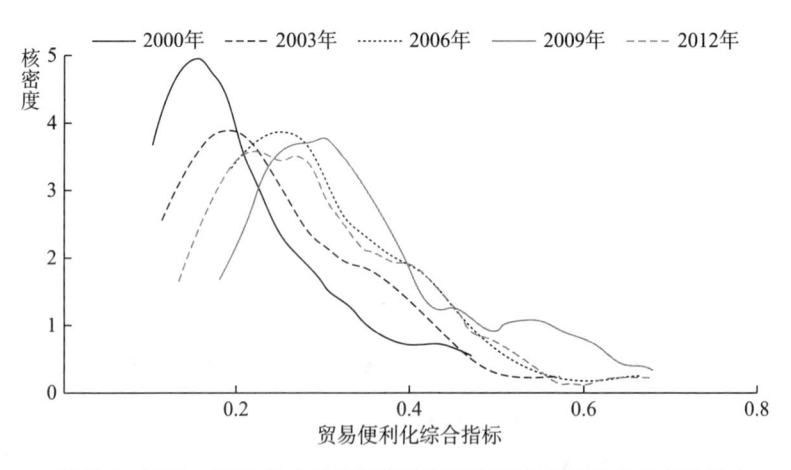

图 3.2　2000~2013年中国地区贸易便利化综合指标的核密度估计

我们从2000~2008年和2009~2013年两个阶段出发，从省级地区层面考察贸易便利化综合指标和四个领域的发展情况，具体结果如表3.1所示。从中可以发现，贸易便利化的四个领域存在显著的地域差异，无论是在2000~2008年还是2009~2013年，中国省级地区贸易便利化各个领域的发展都以东部沿海地区为主，而中部地区和西部地区相对较弱。我们主要以口岸效率为例进行详细分析，2000~2008年东部地区口岸效率的指标值平均值是0.445，而中部地区和西部地区分别是0.140和0.249，表明东部地区的口岸效率更高。具体来说，东部地区中上海、天津、辽宁、福建、广东的口岸效率指标值都超过了0.500，其中上海和天津分别位列全国省级地区的第一和第二，指标值分别达到0.961和0.822；中部地区尚没有一个省级地区的口岸效率指标值超过0.500，其中指标值最高的湖北仅为0.249；西部地区中口岸效率指标值超过0.500的仅有内蒙古，且仅为0.621。同时我们还发现，排在后四位的省级地区河南、山西、贵州、宁夏都属于中西部地区。综上我们可以发现，2000~2008年，东部地区的口岸效率要远高于中西部地区。2008年以后，东部、中部和西部地区的口岸效率指标值均有明显提升，东部地区从2000~2008年的0.445提升到2009~2013年的0.469，中部地区从0.140提升到0.173，西部地区从0.249提升到0.293。但是2008年之后还是呈现东部地区的口岸效率指标值远高于中西部地区的状态，2009~2013年，东部地区口岸效率指标值超过0.500的省份有五个，分别是广东、辽宁、山东、上海、天津，而中西部地区只有两个，分别是内蒙古和广西，并且排在后面四位的省份贵州、青海、宁夏和山西都属于中西部地区。综上可以发现，2008年之后东部地区的口岸效率依旧高于中西部地区。同时，根据各个省级地区2009~2013年与2000~2008年的平均指标值之差还可以发现，中国各个省份的口岸效率随着时间的推移而提升，说明各级政府正在稳步提升本省的口岸效率。

此外，我们也简单介绍一下其余三个领域的贸易便利化发展情况。首先，就规制环境来说，与口岸效率相似，东部地区的规制环境指标值远高于中西部地区，具体可从以下两点表现出来：一是比较东、中、西部三个地区的规制环境指标值，2000~2008年和2009~2013年，东部地区的规制环境指标值分别是0.394和0.430，而中部地区分别是0.234和0.223，西部地区分别是0.204和0.189，很明显可以看出，东部地区的规制环境指标值远高于中西部地区；二是比较三个地区中各省份的具体指标值，从表3.1可知，2000~2008年，规制环境指标值排在前三位的三个省份（广东、上海和浙江）都位于东部地区，而排在最后三位的甘肃、贵州和青海都位于西部地区，这也能在一定程度上说明东部地区的规制环境优于中西部地区。与口岸效率指标值不同的是，规制环境指标值在2008年后出现下降，从表中前后之差基本为负即可看出，这也与图3.1的分析结果相一致。其次，电子商务指标值也表现出东部高和中西部低的特点。根据表3.1可知，从宏观层面看，2000~2008年和2009~2013年，东部地区电子商务指标值分别为0.419和0.534，而中西部地区在这两个阶段的指标值最高才0.374；从微观层面看，电子商务指标值排在前列的北京、上海、天津、广东和浙江都属于东部地区，而指标值较低的贵州、云南、青海、甘肃和河南均属于中西部地区。同时，2009~2013年与2000~2008年电子商务指标值之差也反映出电子商务指标值呈现随着时间的推移而增加的趋势。最后，就交通基础设施指标值来说，2000~2008年，东部地区高于中西部地区，东部地区的指标值为0.111，而中西部地区分别为0.059和0.091。但是2009~2013年，东部地区低于西部地区，高于中部地区，在这个阶段，东部地区的指标值仅为0.134，而中西部地区分别提高到0.111和0.151。同时，根据2009~2013年与2000~2008年交通基础设施指标值之差可知，交通基础设施指标值基本上也随着时间的推移而增加，说明各省份（海南除外）交通基础设施正逐渐变得完善。

中国省级地区贸易便利化综合指标的发展趋势基本与其四个领域的分指标相一致，总体上东部地区的贸易便利化水平高于中西部地区。同时根据表3.1中2009~2013年与2000~2008年贸易便利化综合指标的差值可以发现，整体上全国各地区（内蒙古除外）贸易便利化水平正在逐渐提高，政府并没有因为2008年全球金融危机导致规制环境的放松而停止推进贸易便利化。

第三章 中国贸易便利化发展：政策回顾、定量测度与特征性事实 | 059

表3.1 2000~2013年贸易便利化综合指标及其相关领域的测度

地区	省份	口岸效率指标 (1)	(2)	(3)	规制环境指标 (1)	(2)	(3)	电子商务指标 (1)	(2)	(3)	交通基础设施指标 (1)	(2)	(3)	贸易便利化综合指标 (1)	(2)	(3)
东部	北京	0.354	0.321	−0.033	0.465	0.623	0.158	0.709	0.869	0.160	0.097	0.128	0.031	0.406	0.485	0.079
	福建	0.513	0.473	−0.04	0.341	0.354	0.013	0.378	0.506	0.128	0.047	0.070	0.023	0.320	0.351	0.031
	广东	0.524	0.535	0.011	0.540	0.502	−0.038	0.444	0.575	0.131	0.073	0.106	0.033	0.395	0.429	0.034
	海南	0.332	0.485	0.153	0.223	0.171	−0.052	0.289	0.403	0.114	0.629	0.437	−0.192	0.369	0.374	0.005
	河北	0.207	0.237	0.03	0.257	0.153	−0.104	0.293	0.362	0.069	0.042	0.078	0.036	0.200	0.208	0.008
	黑龙江	0.197	0.284	0.087	0.284	0.246	−0.038	0.328	0.392	0.064	0.015	0.032	0.017	0.206	0.238	0.032
	吉林	0.222	0.204	−0.018	0.269	0.232	−0.037	0.342	0.399	0.057	0.032	0.056	0.024	0.216	0.223	0.007
	江苏	0.275	0.290	0.015	0.433	0.765	0.332	0.393	0.551	0.158	0.100	0.165	0.065	0.300	0.443	0.143
	辽宁	0.563	0.551	−0.012	0.329	0.261	−0.068	0.393	0.496	0.103	0.038	0.065	0.027	0.331	0.343	0.012
	山东	0.479	0.525	0.046	0.317	0.284	−0.033	0.337	0.439	0.102	0.070	0.144	0.074	0.301	0.348	0.047
	上海	0.961	0.936	−0.025	0.687	0.685	−0.002	0.619	0.769	0.150	0.156	0.227	0.071	0.606	0.654	0.048
	天津	0.822	0.855	0.033	0.441	0.534	0.093	0.481	0.604	0.123	0.087	0.127	0.040	0.458	0.530	0.072
	浙江	0.333	0.400	0.067	0.536	0.779	0.243	0.438	0.577	0.139	0.062	0.109	0.047	0.342	0.466	0.124
	小计	0.445	0.469	0.024	0.394	0.430	0.036	0.419	0.534	0.115	0.111	0.134	0.023	0.342	0.392	0.050
中部	安徽	0.121	0.194	0.073	0.250	0.337	0.087	0.265	0.374	0.109	0.063	0.110	0.047	0.175	0.254	0.079
	河南	0.090	0.224	0.134	0.235	0.218	−0.017	0.258	0.326	0.068	0.071	0.145	0.074	0.164	0.228	0.064
	湖北	0.249	0.289	0.040	0.255	0.234	−0.021	0.329	0.427	0.098	0.074	0.139	0.065	0.227	0.272	0.045
	湖南	0.167	0.205	0.038	0.211	0.211	0.000	0.304	0.377	0.073	0.054	0.112	0.058	0.184	0.226	0.042

续表

地区	省份	口岸效率指标 (1)	口岸效率指标 (2)	口岸效率指标 (3)	规制环境指标 (1)	规制环境指标 (2)	规制环境指标 (3)	电子商务指标 (1)	电子商务指标 (2)	电子商务指标 (3)	交通基础设施指标 (1)	交通基础设施指标 (2)	交通基础设施指标 (3)	贸易便利化综合指标 (1)	贸易便利化综合指标 (2)	贸易便利化综合指标 (3)
中部	江西	0.123	0.205	0.082	0.217	0.162	-0.055	0.282	0.336	0.054	0.044	0.083	0.039	0.167	0.197	0.030
中部	山西	0.088	0.145	0.057	0.235	0.175	-0.060	0.308	0.405	0.097	0.045	0.079	0.034	0.169	0.201	0.032
中部	小计	0.140	0.173	0.033	0.234	0.223	-0.011	0.291	0.374	0.083	0.059	0.111	0.052	0.181	0.230	0.049
西部	甘肃	0.126	0.270	0.144	0.157	0.136	-0.021	0.263	0.328	0.065	0.016	0.020	0.004	0.140	0.189	0.049
西部	广西	0.495	0.538	0.043	0.217	0.189	-0.028	0.271	0.325	0.054	0.031	0.038	0.007	0.254	0.272	0.018
西部	贵州	0.087	0.102	0.015	0.176	0.142	-0.034	0.215	0.321	0.106	0.117	0.197	0.080	0.149	0.190	0.041
西部	内蒙古	0.621	0.514	-0.107	0.241	0.166	-0.075	0.291	0.384	0.093	0.009	0.016	0.007	0.291	0.270	-0.021
西部	宁夏	0.060	0.119	0.059	0.182	0.075	-0.107	0.285	0.371	0.086	0.018	0.032	0.014	0.136	0.149	0.013
西部	青海	0.118	0.129	0.011	0.136	0.097	-0.039	0.256	0.347	0.091	0.459	0.750	0.291	0.242	0.331	0.089
西部	陕西	0.168	0.311	0.143	0.205	0.222	0.017	0.344	0.467	0.123	0.028	0.067	0.039	0.186	0.267	0.081
西部	四川	0.208	0.269	0.061	0.271	0.288	0.017	0.300	0.382	0.082	0.067	0.143	0.076	0.212	0.271	0.059
西部	云南	0.240	0.284	0.044	0.209	0.200	-0.009	0.231	0.308	0.077	0.101	0.102	0.001	0.195	0.223	0.028
西部	重庆	0.365	0.397	0.032	0.243	0.372	0.129	0.328	0.422	0.094	0.064	0.141	0.077	0.250	0.333	0.083
西部	小计	0.249	0.293	0.044	0.204	0.189	-0.015	0.278	0.366	0.088	0.091	0.151	0.060	0.206	0.250	0.044

注：表中的 (1)、(2) 和 (3) 列分别对应 2000～2008 年指标的平均值，2009～2013 年指标的平均值以及 2009～2013 年指标平均值与 2000～2008 年指标平均值之差；东部、中部和西部地区小计为该地区所有省份的平均值，表中省份数量缺失，表中的数据都是基于标准化后的指标测算而来，因此全部小于 1。需要特别说明的是，囿于本书研究样本中某些省份数据缺失，表中省份数量不足 31 个。后文诸表同。

第四节　本章小结

本章首先从对外贸易政策视角对中国贸易进程进行了简要回顾，并归纳了改革开放以后中国对外贸易五个阶段的政策特征。考虑到以往研究在国家层面测算贸易便利化的方法过于宏观，因此本书选择在省级层面分别测度贸易便利化四个领域的指标，以求在微观层面准确考察贸易便利化的经济效应，并在此基础上利用软件分析贸易便利化四个领域的相关数据，描述它们各自的基本现状和变化趋势，以便得到一些有价值的统计结论，为后文第四至第七章的实证分析打下坚实的统计基础。具体地，基于中国省级地区贸易便利化的四个二级指标及其综合指标，通过绘图软件分别绘制了散点图和核密度图，发现除了2008年金融危机导致中国贸易便利化水平出现短暂下降以外，整体上中国贸易便利化水平逐渐提高，并且地区差异逐渐缩小。在此基础上，利用软件将测度得出的指标取省级层面的平均值，得到2000～2008年和2009～2013年贸易便利化综合指标及其相关领域测度值，最终发现贸易便利化的四个领域存在显著的地区差异，东部地区高于中西部地区，并且无论是2000～2008年还是2009～2013年，中国省级地区贸易便利化各个领域的发展，东部地区都相对较强，而中部地区和西部地区相对较弱。

第四章 贸易便利化对企业进口中间品的影响：基于价格、种类、数量与质量四重维度的实证研究

正如第三章所述，2000年以来中国贸易便利化水平总体呈提升趋势，这使得进口贸易成本不断削减，中国企业进口贸易得到了长远的发展。《对外贸易发展"十三五"规划》中明确强调，中国在对外贸易过程中必须加大对关键零部件、先进技术的进口力度，增强企业的消化吸收及再创新能力，努力推动中国产业结构优化升级，从而不断提升中国在国际分工中的地位。发展中国家企业可以通过模仿新产品的设计和生产工艺来实现增长，而这些模仿过程正是通过进口更多新的、质量更高的中间品来实现的（Grossman and Helpman，1991）。那么，我们不禁会问：贸易便利化水平的提升是否会同时影响企业进口中间品的价格、种类、数量与质量？本章将围绕这个问题展开深入研究。

第一节 特征性事实与理论分析

一 特征性事实

我们根据下文第二节中各指标的测度方法测得进口中间品四重维度的指标，并在式（4.1）的基础上，将进口中间品四重维度的指标在本维度内实现跨截面加总及比较、跨时间加总及比较。具体公式如下所示：

$$TI = \frac{im\text{-}value_{inkt}}{\sum_{inkt \in \upsilon} im\text{-}value_{inkt}} IM_{inkt} \qquad (4.1)$$

其中，TI 是进口中间品在各个层面的整体水平；υ 是某一层面的所有样本集合，比如加工贸易企业层面、一般贸易企业层面、省级地区层面等；IM_{inkt} 是进口中间品（包含价格、种类、数量和质量）；$im\text{-}value_{inkt}$ 是进口中间品价值。

根据式（4.1），我们绘制出了中国进口中间品四重维度的整体趋势图（见图4.1），从中可知进口中间品四重维度整体上都表现出随着时间的推移而提高（增加）的趋势。主要的原因有两个：一是随着经济全球化的深入发展，国际分工不断加强，全球价值链逐渐形成，不同经济体的国际分工更加明确，中间品贸易成为国际贸易的主流之一，而中国以其低成本的劳动力和丰富的资源禀赋，作为"世界工厂"不断融入全球价值链，因此中国进口中间品的四重维度表现出整体提高（增加）趋势；二是改革开放以来，中国经济取得了举世瞩目的成绩，但是中国制造业仍处于大而不强、核心技术缺失的境地，一些全球领先的高新技术仍主要被以美国为首的发达国家控制，它们为了维持技术上的核心优势会选择对中国进行技术封锁（吕越等，2018），这迫使中国大量进口高价格、高质量和多元化的中间品，以求通过进口中间品带来的技术溢出突破发达国家的技术封锁，最终实现自身生产技术升级。

根据图4.1，我们得出了中国进口中间品价格、种类、数量和质量都呈现整体提高（增加）趋势。但是考虑到不同所有制和贸易方式的企业的进口中间品四重维度可能存在差异性，因此我们基于不同企业所有制和贸易方式再次考察各自层面进口中间品四重维度的发展趋势。具体结果如表4.1所示，该结果也验证了图4.1，即中国进口中间品价格、种类、数量和质量整体上都表现为提高（增加）趋势。

就进口中间品价格而言，在不同企业所有制和贸易方式下，进口中间品价格都表现出随着时间的推移而提高的趋势，其中加工贸易企业进口中间品价格的增速最快，达到32.399%。加工贸易是指国内企业从

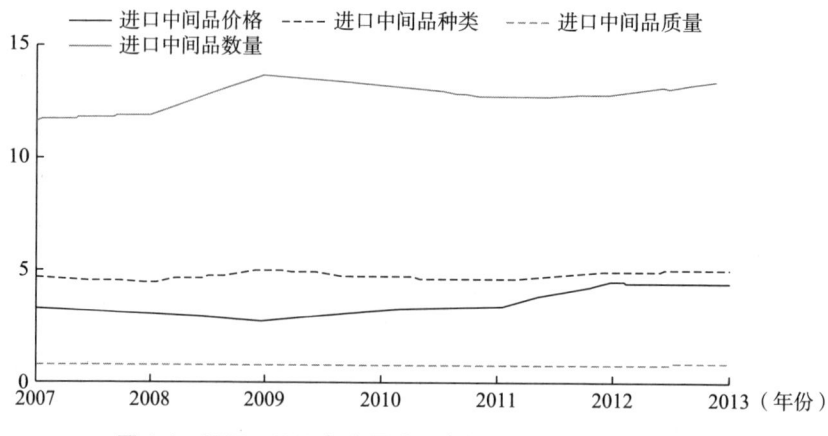

图 4.1　2007～2013 年中国进口中间品四重维度的整体趋势

国外进口原材料，在本地加工，再将产成品出口到国外，因此加工贸易企业对进口中间品的依赖程度较高，即对进口中间品存在刚性需求，这使得其在中间品进口活动中议价能力较弱，因此加工贸易企业进口中间品价格的增速最快。与加工贸易企业相比，一般贸易企业由于只进行单边出口或者单边进口，对进口中间品不存在刚性需求，对进口中间品价格的谈判能力较强，因此进口中间品价格增速低于加工贸易企业。国有企业进口中间品价格的增速低于非国有企业（即私营企业和外资企业），仅为 7.897%，这可能是因为国有企业有政府政策上的扶持，在进口贸易中的谈判议价能力较强，因此进口中间品价格增速缓慢。

就进口中间品种类而言，加工贸易企业进口中间品种类的增长率（3.313%）大于一般贸易企业（1.453%），主要是因为加工贸易企业具有两个特征：一是面临激烈的海外市场竞争，二是对进口中间品的依赖程度较高。第一个特征会促使其增加出口产品种类，以分散面临的竞争压力，第二个特征使其选择通过增加进口中间品种类来实现出口产品种类增加，因此加工贸易企业进口中间品种类的增速较快。私营企业进口中间品种类增长率（6.744%）大于国有企业（5.927%），而外资企业进口中间品种类却表现为负增长（-3.215%）。

就进口中间品数量而言，加工贸易企业进口中间品数量的增长率（9.816%）大于一般贸易企业（-1.195%），这与一般经济理论相一致,因为加工贸易企业比一般贸易企业更加依赖进口中间品,因此加工贸易企业进口中间品数量的增长率大于一般贸易企业。国有企业进口中间品数量的增长率(6.192%)大于私营企业(4.029%)和外资企业(-4.474%)。存在这种差异的原因可能是国有企业得到政府的扶持最多,其往往表现为资金充足但技术升级动力缺乏,与外资企业和私营企业相比,其更有能力也更需要增加进口中间品数量,因此国有企业进口中间品数量增长率大于私营企业和外资企业。

就进口中间品质量而言,加工贸易企业进口中间品质量的增速(2.025%)大于一般贸易企业(-2.088%)。如上文所述,加工贸易企业具有两个特征,第一个特征会促使其提升出口产品的质量水平,第二个特征使其选择通过进口高质量中间品来实现出口产品质量升级,因此加工贸易企业进口中间品质量的增速较快。与加工贸易企业相比,一般贸易企业的产成品主要销往国内市场,面临的市场竞争相对较小,对进口中间品的需求也较小,进行产品质量升级的动力不足,因此一般贸易企业进口中间品质量增速低于加工贸易企业。国有企业进口中间品质量的增速(7.710%)大于私营企业(1.064%)和外资企业(-2.253%),可能的原因是:与私营企业和外资企业相比,国有企业具有资金充足但技术升级动力缺乏的特点,在面临日益加剧的市场竞争时,其倾向于选择通过进口高质量中间品来提高出口产品质量。

表 4.1 2007~2013 年不同企业所有制和贸易方式下中国进口中间品整体发展趋势

维度	企业所有制和贸易方式	2007 年	2008 年	2009 年	2010 年	2011 年	2012 年	2013 年	均值	增长率(%)
价格	整体	3.318	3.054	2.764	3.224	3.404	4.513	4.446	3.532	25.018
	一般贸易企业	3.343	3.093	2.635	4.148	3.516	4.523	3.911	3.596	17.036
	加工贸易企业	3.273	2.937	2.957	2.664	3.208	4.486	5.432	3.565	32.399
	国有企业	3.830	3.824	3.858	4.148	3.861	4.800	4.091	4.059	7.897
	私营企业	3.741	2.998	2.920	2.273	3.465	4.421	4.464	3.469	27.538
	外资企业	2.875	3.117	2.627	2.907	3.276	4.579	4.344	3.389	29.138

续表

维度	企业所有制和贸易方式	2007年	2008年	2009年	2010年	2011年	2012年	2013年	均值	增长率（%）
种类	整体	4.682	4.469	5.043	4.697	4.591	4.955	5.025	4.780	2.754
	一般贸易企业	4.711	4.539	5.032	4.685	4.540	4.932	4.963	4.772	1.453
	加工贸易企业	4.667	4.446	5.051	4.717	4.621	4.966	5.059	4.790	3.313
	国有企业	3.130	3.824	2.958	4.717	3.861	3.561	4.241	3.756	5.927
	私营企业	4.771	4.593	4.951	4.391	4.665	5.128	5.251	4.821	6.744
	外资企业	4.597	4.333	5.139	4.895	4.529	4.690	4.561	4.678	-3.215
数量	整体	11.674	11.907	13.720	13.234	12.700	12.847	13.492	12.804	2.914
	一般贸易企业	12.743	12.712	13.752	11.543	12.680	11.913	13.020	12.623	-1.195
	加工贸易企业	12.545	13.515	11.723	11.523	12.735	13.681	14.262	12.855	9.816
	国有企业	10.830	11.124	10.128	10.617	11.513	11.534	11.091	10.977	6.192
	私营企业	12.365	13.345	12.712	12.979	13.575	12.220	14.374	13.081	4.029
	外资企业	11.394	12.447	13.895	14.260	12.730	13.056	11.541	12.760	-4.474
质量	整体	0.796	0.798	0.819	0.811	0.801	0.806	0.820	0.807	0.037
	一般贸易企业	0.786	0.824	0.825	0.825	0.793	0.795	0.807	0.808	-2.088
	加工贸易企业	0.802	0.790	0.815	0.787	0.806	0.811	0.828	0.806	2.025
	国有企业	0.730	0.764	0.758	0.787	0.761	0.793	0.771	0.741	7.710
	私营企业	0.808	0.816	0.820	0.809	0.807	0.820	0.839	0.817	1.064
	外资企业	0.787	0.779	0.820	0.837	0.793	0.788	0.783	0.789	-2.253

注：考虑到进口中间品具有波动性，本书根据2007~2010年、2011~2013年的平均值计算各个层面进口中间品四重维度的增长率。

接下来，我们按照国际货币基金组织的分类标准将进口来源国分为发达经济体和非发达经济体，以考察进口来源国经济水平对中国进口中间品四重维度的影响。具体如图4.2所示，从中可以发现，来自发达经济体的中间品价格、种类、数量和质量都高（多）于来自非发达经济体的中间品，这可能是因为与非发达经济体相比，发达经济体的中间品生产技术水平更高，因此其生产的中间品质量相对较高（Feenstra and Romalis，2014；Feng et al.，2016），而中间品质量越高往往意味着价格也会越高。同时，发达经济体中间品质量更高，会使得中国企业偏向于从发达经济体进口中间品（樊海潮等，2020），因此来自发达经济体的进口中间品种类和数量也会更多。通过图4.2还可以发现，来自发达经济体的进口中间品数量和种类总体呈增加趋势，而来自非发达经济体的进口中间品数量和种类却总体呈减少趋势。这是因为发达经济体生产的中间品质量高于非发达经济体，随着市场竞争的逐渐加剧，中国企业迫切需要提高产品竞争优势，以维持或扩大自身的市场份额，而产品质量升级是实现产品竞争优势提升的重要途径（施炳展和邵文波，2014），这促使中国企业选择将进口中间品来源地由非发达经济体转向发达经济体，通过从发达经济体进口更多种类、更多数量的中间品以提升自身生产产品的整体质量。图4.2还表明，来自发达经济体与非发达经济体的进口中间品价格和质量整体都表现为提高趋势。这是因为中国的工业基础还较为薄弱，仅靠自身实现技术突破是比较困难的，这促使中国企业选择更高价格、更高质量的进口中间品，通过高价格、高质量进口中间品的技术溢出实现自身技术的突破。

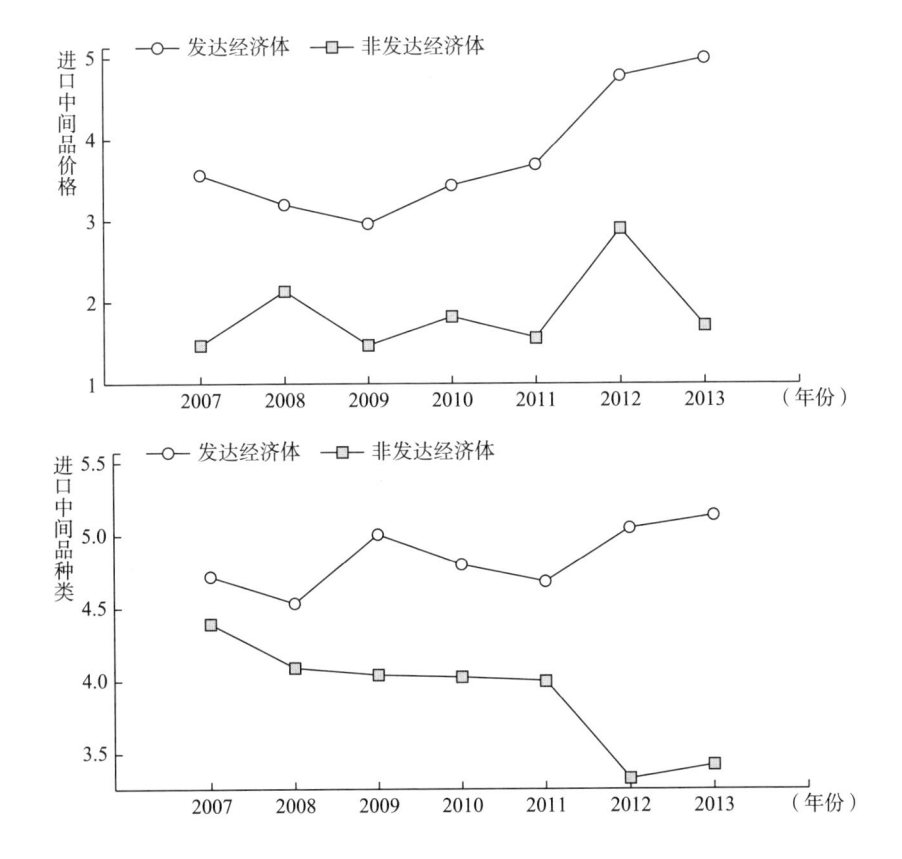

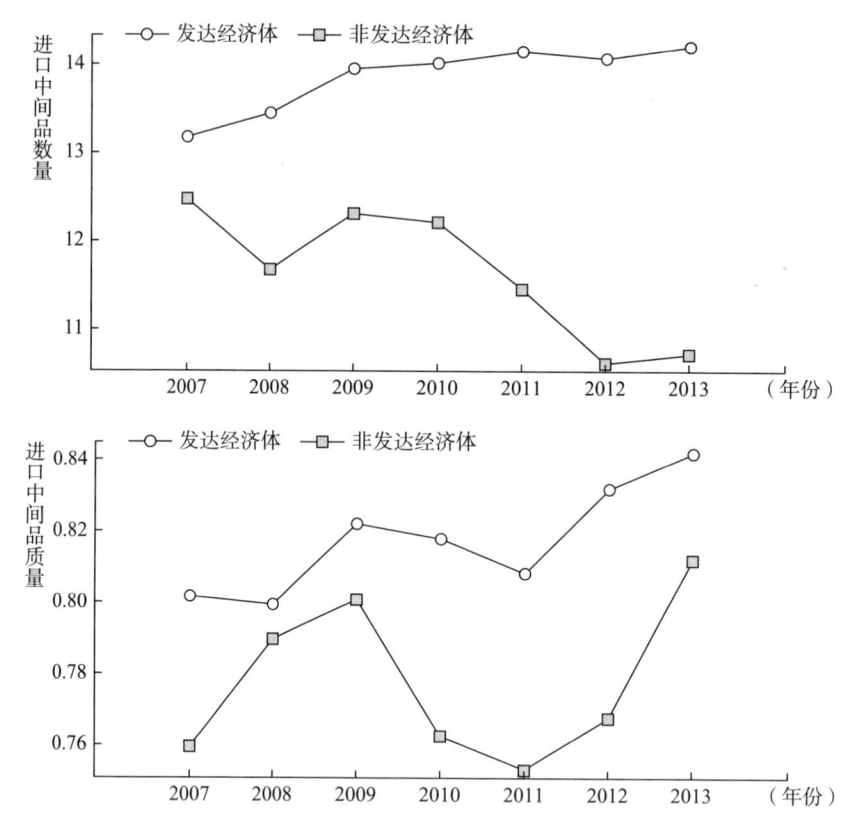

图 4.2　2007~2013 年不同进口来源国下中国进口中间品四重维度的整体趋势

由于本书研究涉及的是省级地区的贸易便利化，因此分析省级地区进口中间品四重维度的发展趋势就显得意义重大。表 4.2 是不同地区进口中间品价格和种类的发展趋势，从中可知，除去少数省级地区进口中间品价格和种类的增长率为负以外，大多数省级地区的增长率为正，且东、中、西部三个地区进口中间品价格和种类都呈现提高（增加）趋势。通过观察表 4.2 还可以发现，东部地区进口中间品种类的平均值大于中西部地区。这是因为与中西部地区企业相比，东部地区企业技术更先进、配套设施更完善、人力资本更丰富，其能消化吸收的进口中间品种类更多（李秀芳和施炳展，2016；余淼杰和李乐融，2016）。表 4.2 的结果还表明，东部地区进口中间品价格的平均值小于中西部地区。主要的原因有两个：一是规模效应；二是地理问题。在规模效应方面，东

第四章 贸易便利化对企业进口中间品的影响：基于价格、种类、数量与质量四重维度的实证研究 | 069

部地区由于进口中间品数量和种类都多于中西部地区，因此在进口贸易中的议价能力高于中西部地区，进而进口中间品价格低于中西部地区。在地理方面，与中西部地区相比，东部地区水陆交通更为便利，这降低了海外中间品生产企业出口东部地区的贸易成本，而为了获得在市场中的竞争优势，其会选择尽可能降低中间品的销售价格，因此东部地区进口中间品价格低于中西部地区。

表 4.2　2007～2013 年省级地区进口中间品发展趋势（一）

地区	省份	进口中间品价格 (1)	(2)	(3)	进口中间品种类 (1)	(2)	(3)
东部	北京	3.786	5.808	2.022	4.624	4.854	0.230
	福建	3.246	4.097	0.851	4.305	4.728	0.423
	广东	2.446	3.923	1.477	4.822	4.509	-0.313
	海南	2.642	4.478	1.836	3.663	3.947	0.284
	河北	3.593	2.762	-0.831	3.708	3.548	-0.160
	黑龙江	4.127	4.272	0.145	3.202	3.584	0.382
	吉林	4.632	4.972	0.340	4.411	4.447	0.036
	江苏	3.443	4.080	0.637	4.696	4.641	-0.055
	辽宁	4.221	4.653	0.432	4.901	5.775	0.874
	山东	2.476	3.342	0.866	3.938	4.184	0.246
	上海	3.292	4.146	0.854	5.097	5.481	0.384
	天津	3.060	5.026	1.966	5.061	5.278	0.217
	浙江	2.970	3.392	0.422	3.507	3.653	0.146
	小计	3.380	4.227	0.847	4.303	4.510	0.207
中部	安徽	3.314	3.527	0.213	3.709	5.207	1.498
	河南	2.133	3.063	0.930	3.019	3.314	0.295
	湖北	4.363	6.163	1.800	4.421	5.047	0.626
	湖南	5.011	5.843	0.832	3.688	3.579	-0.109
	江西	4.352	3.213	-1.139	2.622	2.619	-0.003
	山西	5.909	9.283	3.374	2.762	4.320	1.558
	小计	4.180	5.182	1.002	3.370	4.014	0.644

续表

地区	省份	进口中间品价格			进口中间品种类		
		(1)	(2)	(3)	(1)	(2)	(3)
西部	甘肃	4.093	3.506	-0.587	1.615	1.833	0.218
	广西	6.065	6.067	0.002	3.881	4.330	0.449
	贵州	5.914	3.814	-2.100	3.382	3.560	0.178
	宁夏	2.719	5.270	2.551	1.790	3.744	1.954
	陕西	7.169	5.496	-1.673	2.260	3.221	0.961
	四川	5.740	6.185	0.445	4.835	3.624	-1.211
	云南	6.579	12.00	5.421	1.962	2.104	0.142
	重庆	4.051	5.403	1.352	4.303	4.813	0.510
	小计	5.291	5.968	0.676	3.004	3.404	0.400

注：表中的（1）、（2）和（3）列分别对应2007~2010年指标的平均值、2011~2013年指标的平均值以及2011~2013年指标平均值与2007~2010年指标平均值之差；东部、中部和西部地区小计为该地区所有省份的平均值。

表4.3是不同地区进口中间品数量和质量的发展趋势。从中可知，三个地区进口中间品质量高低为：东部地区高于中部地区，中部地区高于西部地区。根据以往学者的研究可知，技术越进步的地方对高质量进口中间品的需求越大（余淼杰和李乐融，2016），即"技术匹配效应"，这也从侧面反映出东部地区的技术水平高于中部地区，而中部地区又高于西部地区，该结果也与中国三个地区的发展现状相一致。但是通过比较不同地区进口中间品质量的增长率可以发现，除了福建、广东、海南和山东以外，各省级地区进口中间品质量的增长率都为正，说明在中国经济高质量发展的背景下，各地区都开始从进口"量"的增长逐渐转向了进口"质"的提升。进一步，通过在宏观层面比较三个地区进口中间品平均数量可以发现，东部地区进口中间品数量大于中部地区，而中部地区又大于西部地区。通过在微观层面比较2011~2013年与2007~2010年各个省级地区进口中间品数量的差值可以发现，东部地区13个省级地区中有9个省级地区的进口中间品数量表现为负向增长，而增长为正的省级地区主要集中在中西部地区。这说明东部地区对进口中间品数量上的需求在降低，而中西部地区对进口中间品数量上的需求在

增加。

表4.3 2007~2013年省级地区进口中间品发展趋势（二）

地区	省份	进口中间品数量 (1)	(2)	(3)	进口中间品质量 (1)	(2)	(3)
东部	北京	12.206	10.700	-1.506	0.809	0.814	0.005
	福建	11.984	10.900	-1.084	0.764	0.743	-0.021
	广东	14.001	12.589	-1.412	0.823	0.808	-0.015
	海南	11.503	9.535	-1.968	0.725	0.704	-0.021
	河北	10.803	13.330	2.527	0.749	0.830	0.081
	黑龙江	9.015	10.784	1.769	0.713	0.724	0.011
	吉林	9.559	10.441	0.882	0.724	0.788	0.064
	江苏	12.988	11.613	-1.375	0.809	0.871	0.062
	辽宁	11.309	11.762	0.453	0.790	0.795	0.005
	山东	13.307	12.762	-0.545	0.791	0.789	-0.002
	上海	12.716	12.601	-0.115	0.788	0.815	0.027
	天津	13.721	12.793	-0.928	0.833	0.871	0.038
	浙江	11.383	11.259	-0.124	0.725	0.737	0.012
	小计	11.884	11.698	-0.186	0.780	0.791	0.011
中部	安徽	11.824	15.829	4.005	0.741	0.833	0.092
	河南	14.108	13.521	-0.587	0.768	0.799	0.031
	湖北	11.248	10.127	-1.121	0.796	0.818	0.022
	湖南	8.603	9.384	0.781	0.515	0.665	0.150
	江西	8.911	5.727	-3.184	0.648	0.650	0.002
	山西	7.650	8.727	1.077	0.643	0.744	0.101
	小计	10.391	10.553	0.162	0.685	0.751	0.066
西部	甘肃	10.031	10.735	0.704	0.749	0.761	0.012
	广西	8.319	8.903	0.584	0.686	0.737	0.051
	贵州	7.257	9.525	2.268	0.658	0.676	0.018
	宁夏	9.709	6.018	-3.691	0.549	0.611	0.062
	陕西	6.957	8.919	1.962	0.565	0.726	0.161
	四川	10.610	8.496	-2.114	0.773	0.794	0.021
	云南	5.249	8.128	2.879	0.499	0.676	0.177

续表

地区	省份	进口中间品数量			进口中间品质量		
		(1)	(2)	(3)	(1)	(2)	(3)
西部	重庆	10.534	10.542	0.008	0.761	0.790	0.029
	小计	8.583	8.908	0.325	0.655	0.721	0.066

注：表中的(1)、(2)和(3)列分别对应2007~2010年指标的平均值、2011~2013年指标的平均值以及2011~2013年指标平均值与2007~2010年指标平均值之差；东部、中部和西部地区小计为该地区所有省份的平均值。表中进口中间品质量的数据是基于标准化后的指标测算而来，因此全部小于1。

此外，我们观察2011~2013年与2007~2010年不同地区进口中间品数量和质量的差值还可以发现，中西部地区进口中间品数量和质量的增长速度大于东部地区，这可能是国家从东到西逐步发展的战略导致的，随着国家发展战略的逐步转移，政府开始大力支持中西部地区的发展，这会产生两方面的影响：一是技术升级效应，中西部地区企业会因国家战略的转移而获取更多的资金支持，进而推动中西部地区企业的生产技术升级换代速度高于东部地区，而技术越进步的地方对高质量进口中间品的需求越大（余淼杰和李乐融，2016），最终使中西部地区企业进口中间品质量的增长速度更快；二是企业集聚效应，随着发展战略的西移，中西部地区有着更多支持企业发展的优惠政策，能够吸引东部地区的企业迁移到中西部地区，因此中西部地区更容易产生企业集聚，进而大幅提高对进口中间品数量的需求。综合来看，中西部地区的发展水平落后于东部地区，这提醒政府在稳步提升东部地区发展水平的同时，也应该注重发展中西部地区经济，促进各地区经济平衡发展，从而把中国建设为世界强国。

二 机制分析

贸易便利化所涉及的一系列降低贸易成本的措施均可被视为中间品在跨境生产中的服务要素的投入（刘斌等，2018），这说明贸易便利化会对企业进口中间品的行为产生重要影响。因此，本节选取进口中间品的价格、种类、数量和质量四个维度，探讨贸易便利化对这四个维度的作用机制，进而为本章的后续研究奠定理论基础。

(一) 贸易便利化对进口中间品价格的作用机制

第一，市场竞争效应。贸易便利化降低了贸易成本，导致大量的国外同类产品或者相近的中间产品进入国内市场，提升了市场竞争激烈程度（李胜旗和毛其淋，2017），这迫使海外中间品企业为了维持在中国市场的出口份额，一方面不断提升出口到中国市场的中间品质量，凭借质量优势维持出口贸易稳定，另一方面不断降低出口到中国市场的中间品价格，增强产品的市场竞争力，凭借价格优势吸引更多的消费者。因此，贸易便利化有助于帮助中国企业降低进口中间品的价格。

第二，议价效应。贸易便利化能够有效地减少企业使用进口中间品的贸易成本，提升企业的生产效率，增加企业对进口中间品的使用规模（李波，2016）。随着企业进口中间品数量的不断增多，其会拥有更多的话语权，在进口行为中的谈判议价能力不断增强，这能够迫使中间品出口商为了维护持久的客户关系而不断压低中间品的出口价格。因此，贸易便利化能够通过提高企业进口中间品数量来增强其在进口行为中的议价能力，从而降低进口中间品价格，即议价效应。

综上所述，贸易便利化能够通过市场竞争效应和议价效应两个途径促使国外中间品出口商主动或被动地降低中间品的出口价格，从而实现中国企业进口中间品价格的降低。

(二) 贸易便利化对进口中间品种类的作用机制

第一，门槛降低效应。在国际贸易中，通常只有生产率较高的企业才会参与到国际市场竞争中（Melitz，2003）。随着贸易便利化水平的不断提升，企业出口时所面临的固定成本和可变成本会不断降低（刘晨阳和段文奇，2019），这相当于降低了国外出口企业进入中国市场的准入门槛，使得国外更多中间品生产企业能够跨过市场准入门槛进入中国市场，增加了中国企业可以获得的进口中间品种类，进而便利了中国企业进口更多种类的中间品（杨继军等，2020）。因此，贸易便利化会通过门槛降低效应促使企业增加进口中间品种类。

第二，市场引导效应。贸易便利化可提高通关效率、降低通关成本，进而间接激发企业出口海外市场的动力。不同的国家对于不同种类的产品有着不同的偏好，企业要想获取更多的海外市场份额，就必须满足市场的多元化需求，这会促使企业通过多元化的进口中间品来实现自身出口产品的多元化（Hoekman and Shepherd，2015）。因此，贸易便利化最终增加了企业的进口中间品种类，即市场引导效应。

综上所述，贸易便利化可通过门槛降低效应和市场引导效应推动企业增加进口中间品种类。

（三）贸易便利化对进口中间品数量的作用机制

第一，成本节约效应。贸易便利化能够有效地降低贸易成本，这可从以下两个方面反映出来：一是通过减少通关时间、完善基础设施、提升司法透明度等措施帮助企业节约时间成本，提升企业生产运营能力和效率，进而增加企业经营利润（Amiti and Konings，2007；Fan et al.，2017），使得企业有更多的资金，从而扩大对中间品的进口规模；二是贸易便利化降低了企业使用进口中间品的成本，这间接地提升了企业的实际收入水平（Hoekman and Shepherd，2015），使企业用同等的资金可以购买到更多数量的进口中间品，从而实现了企业进口中间品数量的增加。

第二，出口拉动效应。贸易便利化能够降低贸易成本，企业为获得出口竞争优势，会选择最大限度地利用贸易便利化带来的出口机遇降低出口产品价格，而出口产品价格降低又必然会增加国外市场对中国企业出口产品的需求，因此中国企业要想出口更多数量的最终品，就必然要加大生产投入力度，从而增加了进口中间品的投入量，推动了进口中间品数量的增加，即出口拉动效应。

综上所述，贸易便利化会通过成本节约效应和出口拉动效应推动企业实现进口中间品数量的增加。

(四) 贸易便利化对进口中间品质量的作用机制

第一，市场竞争效应。贸易便利化降低了贸易成本，导致大量的同类产品或者相近产品进入出口市场，提升了市场竞争激烈程度（李胜旗和毛其淋，2017），压缩了企业生产经营的利润空间，迫使企业进口更高质量的中间品来快速实现出口产品的质量升级（Bustos，2011；程凯和杨逢珉，2020），提升出口产品市场竞争力，从而获取更多的市场份额和经营利润。因此，贸易便利化会通过市场竞争效应倒逼企业进口更高质量的中间品，从而提升进口中间品质量。

第二，成本节约效应。贸易便利化能够有效地降低贸易成本，一方面降低了企业进口中间品的绝对价格，从而节约了企业生产经营成本，间接增加了企业经营利润，促使企业有能力进口更高价格的中间品，而高价格往往意味着高质量，因此企业利润提高也会增强企业进口高质量中间品的能力（施炳展和张雅睿，2016）；另一方面降低了进口中间品与国内中间品的相对价格，使得国外高质量进口中间品对国内中间品形成替代，从而促使企业进口中间品质量升级。综上，贸易便利化能够通过成本节约效应帮助企业最终实现进口中间品质量的提升。

通过上文分析不难发现，贸易便利化主要通过市场竞争效应、议价效应来降低进口中间品的价格，通过门槛降低效应、市场引导效应来增加进口中间品的种类，通过成本节约效应、出口拉动效应来增加进口中间品的数量，通过市场竞争效应、成本节约效应来提升进口中间品的质量。此外，为了更加直观地展现具体的影响机制，我们绘制作用机制图（见图4.3），并由此提出以下研究假设。

研究假设1：贸易便利化会增加企业进口中间品种类、数量，提升企业进口中间品质量，也会降低企业进口中间品价格。

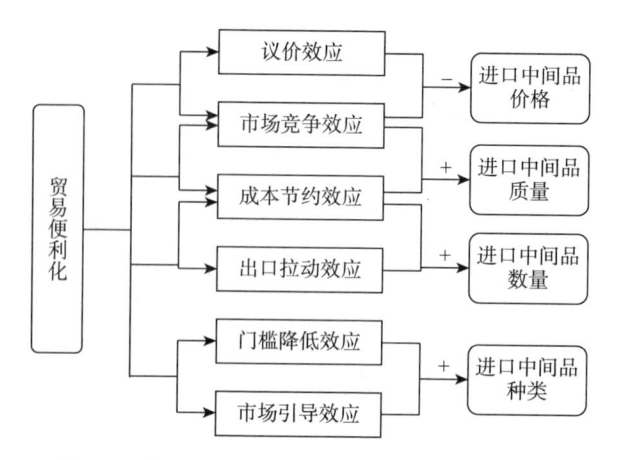

图 4.3 贸易便利化对企业进口中间品的作用机制

第二节 模型设定、变量说明与资料来源

一 模型设定

上一节提出了研究假设 1，但是该研究假设正确与否尚未可知，还需要做进一步实证检验。此外，由于本书的研究样本是非平衡面板，每年都有企业进入和退出，时间因素和不随时间变化的企业特征会影响企业进口中间品的四重维度，因此我们在设定模型时控制了企业固定效应和时间固定效应。需要特别说明的是，由于企业在某行业和某地区是不随时间发生变化的，因此我们在模型中仅控制了企业固定效应，并未控制行业固定效应和地区固定效应。综上，我们设定模型（4.2）至（4.5）分别考察贸易便利化对企业进口中间品价格、种类、数量与质量的影响，从而为后文第五章到第七章的研究打下基础。

$$im\text{-}\ln p_{idkt} = \alpha_0 + \alpha_1 \ln tf_{dt} + \varphi \ln X + \mu_i + \mu_t + \varepsilon'_{idkt} \tag{4.2}$$

$$im\text{-}\ln number_{idt} = \alpha_0 + \alpha_1 \ln tf_{dt} + \varphi \ln X + \mu_i + \mu_t + \varepsilon''_{idkt} \tag{4.3}$$

$$im\text{-}\ln quantity_{idkt} = \alpha_0 + \alpha_1 \ln tf_{dt} + \varphi \ln X + \mu_i + \mu_t + \varepsilon'''_{idkt} \tag{4.4}$$

$$im\text{-}\ln quality_{idkt} = \alpha_0 + \alpha_1 \ln tf_{dt} + \varphi \ln X + \mu_i + \mu_t + \varepsilon''''_{idkt} \tag{4.5}$$

其中，i 代表企业，d 代表省级地区，t 代表年度，k 代表制造业行业，$im\text{-}\ln quantity_{idkt}$ 代表企业进口中间品数量指标，$im\text{-}\ln quality_{idkt}$ 代表企业进口中间品质量指标，$im\text{-}\ln p_{idkt}$ 代表企业进口中间品价格指标，$im\text{-}\ln number_{idt}$ 代表企业进口中间品种类指标。$\ln tf_{dt}$ 是地区贸易便利化水平，X 是一系列控制变量（企业资本密集度 $\ln klratio_{idkt}$、企业规模 $\ln size_{idkt}$、企业存续年限 $\ln age_{idkt}$、企业全要素生产率 $\ln tfp_{idkt}$），μ_i 为企业固定效应，μ_t 是时间固定效应。ε'_{idkt}、ε''_{idkt}、ε'''_{idkt} 和 ε''''_{idkt} 分别是四个模型的随机扰动项。估计系数 α_1 分别刻画了贸易便利化对中国企业进口中间品价格、种类、数量或质量的总体影响，若估计系数为正，说明贸易便利化对中国企业进口中间品价格、种类、数量或质量总体上表现为促进作用，反之则是抑制作用。

二　变量说明

在第三章中，我们已对核心自变量（贸易便利化）的指标进行了测度，因此本节不再对这个变量的指标测度重复说明。本节主要对以下被解释变量和控制变量的测度及其影响机制进行说明。

（一）被解释变量

1. 进口中间品价格（$im\text{-}\ln p_{idkt}$）

中国海关进出口贸易数据库提供了进口中间品价值和数量的月度指标，我们将其按照企业名称–产品名称–贸易方式–企业所有制–进口来源国由月度层面加总到年度层面，从而得到进口中间品价值和数量的年度数据。在此基础上，将进口中间品价值除以进口中间品数量即可得到进口中间品价格的年度数据。

2. 进口中间品数量（$im\text{-}\ln quantity_{idkt}$）

中国海关进出口贸易数据库提供了进口中间品数量的月度数据，我们将其按照企业名称–产品名称–贸易方式–企业所有制–进口来源国由月度层面加总到年度层面，从而得到中国企业进口中间品数量的年度数据。

3. 进口中间品种类（im-ln $number_{idt}$）

参考 Bas 和 Strauss-Kahn（2015）的做法，将进口中间品种类定义在进口来源国 – 产品层面，即将相同进口来源国的不同 HS 编码记为不同种类，将不同进口来源国的相同 HS 编码也记为不同种类。

4. 进口中间品质量（im-ln $quality_{idkt}$）

本书在 Hallak（2006）、Khandelwal（2010）以及施炳展和曾祥菲（2015）的基础上，利用回归反推法测算中国企业进口中间品质量。首先，建立回归方程式（4.6）：

$$\ln q_{inkt} = \mu_t - \sigma \ln p_{inkt} + \varepsilon_{inkt} \tag{4.6}$$

其中，q_{inkt} 表示在 t 年企业从 n 国进口中间品 k 的数量，p_{inkt} 表示在 t 年企业从 n 国进口中间品 k 的价格，ε_{inkt} 为残差项，μ_t 是年份固定效应。由估计式（4.6）得到的回归残差 ε_{inkt} 即为产品质量（$\sigma - 1$）$\ln \lambda_{inkt}$ 的测算值。同时参考 Fan 等（2015）的研究，取 $\sigma = 5$。最终进口中间品质量如式（4.7）所示：

$$quality_{inkt} = \ln \lambda_{inkt} = \frac{\varepsilon_{inkt}}{\sigma - 1} \tag{4.7}$$

（二）控制变量

1. 企业资本密集度（ln $klratio_{idkt}$）

该指标用固定资产与全部从业人数的比值来衡量。理论上，企业资本密集度越高，则固定资产往往越大，技术、设备等也越先进，而企业进口中间品之后还需要将其与自身资本、劳动结合起来生产，这就要求企业必须拥有相应的吸收能力（Augier et al.，2013），因此资本密集度越高的企业，进口中间品的价格和质量越高、种类和数量越多，从而说明资本密集度对进口中间品四个维度总体都表现出促进作用。

2. 企业规模（ln $size_{idkt}$）

本书以全部职工人数作为该变量的替代指标。在新贸易理论的框架下，企业自身规模会使其获得成本优势。企业规模越大，越容易获得规模经济，从而降低生产经营成本，提高利润，因此规模越大的企业越有能力提高进口中间品的价格和质量、增加进口中间品的种类和数量。

3. 企业存续年限（ln *age*$_{idkt}$）

存续年限长的企业由于在市场中长时间经营，因此，一方面，其往往与国外中间品出口商维持着良好的合作关系，另一方面，其自身又对海外中间品存在长期需求，这两方面都有助于提高企业在进口时的议价能力，从而降低进口中间品的价格，最终促使其利用节约下来的成本增加进口中间品的种类、数量，提高进口中间品的质量。基于此，我们引入企业存续年限以控制该影响，具体采用当年年份与企业成立年份之差来表示。

4. 企业全要素生产率（ln *tfp*$_{idkt}$）

我们主要参考 Head 和 Ries（2003）提出的近似全要素生产率的估计方法，估计方程为 $tfp = \ln(y/l) - s\ln(k/l)$，其中：$y$ 为工业增加值；l 为年从业人数；k 为固定资产规模；s 为生产函数中的资本贡献度。我们参考许和连和王海成（2016）的做法，设定 s 为 1/3。鉴于数据的限制，y 以企业工业总产值近似替代。理论上，生产率高的企业可以出口产品到海外市场，而生产率低的企业只能在本国市场生产经营（Melitz，2003），生产率高的企业赢利能力大于生产率低的企业，因此生产率高的企业更有能力大量进口高价格、高质量和多元化的中间品。此外，企业生产率越高，则其技术越先进，由于上下游产业相互之间存在关联性，企业会进口与其技术水平相匹配的中间品，因此企业生产率提高会促使企业提高进口中间品的价格、质量，增加进口中间品的种类、数量。

表 4.4 为变量的描述性统计，我们可以从中了解各个变量的数据结构与大概分布情况，需要特别说明的是，贸易便利化和进口中间品质量的数据是经过标准化之后再取的对数，因此均值、最大值和最小值都不为正。此外，为了更直观地了解贸易便利化与进口中间品的关系，我们分别补充了贸易便利化与进口中间品价格、种类、数量和质量的散点图（见图 4.4）。从中可知，除了贸易便利化与进口中间品价格的散点图拟

合曲线斜率为负以外，其余三幅图的拟合曲线斜率都为正，说明贸易便利化水平的提升会降低企业进口中间品的价格，提升企业进口中间品的质量，增加企业进口中间品的种类、数量。当然，要了解它们之间更为精确的关系，还需在后文进一步检验，因此接下来我们将利用数据实证检验它们的关系。

表 4.4 描述性统计

变量	变量说明	观测值	均值	标准差	最小值	最大值
$im\text{-}\ln p_{idkt}$	进口中间品价格	1420266	4.014	2.947	−10.305	18.304
$im\text{-}\ln number_{idt}$	进口中间品种类	1420266	4.213	1.409	0.000	7.871
$im\text{-}\ln quantity_{idkt}$	进口中间品数量	1420266	4.898	3.820	0.000	23.387
$im\text{-}\ln quality_{idkt}$	进口中间品质量	1419295	−1.164	0.615	−10.797	0.000
$\ln tf_{dt}$	贸易便利化	1420266	−0.802	0.281	−2.618	−0.315
$\ln post_{dt}$	省级地区邮电局数目	1420266	8.318	0.636	5.565	9.548
$\ln tfp_{idkt}$	企业全要素生产率	1420266	4.788	0.974	−3.841	10.366
$\ln klratio_{idkt}$	企业资本密集度	1420266	4.658	1.413	−6.080	14.228
$\ln age_{idkt}$	企业存续年限	1418333	2.432	0.536	0.000	5.081
$\ln size_{idkt}$	企业规模	1420266	6.468	1.359	0.000	11.784
$JQ\text{-}\ln tf_{dt}$	加权贸易便利化	1420266	−0.688	0.304	−2.461	−0.150
$ZCF\text{-}\ln tf_{dt}$	主成分贸易便利化	1420266	−0.531	0.280	−2.345	−0.048

注：以上数据根据相应数据库整理计算而得，且都进行了取对数处理。

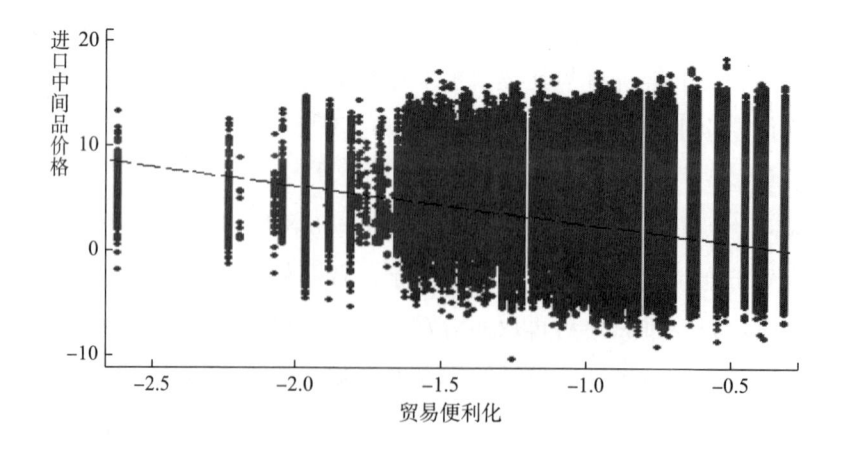

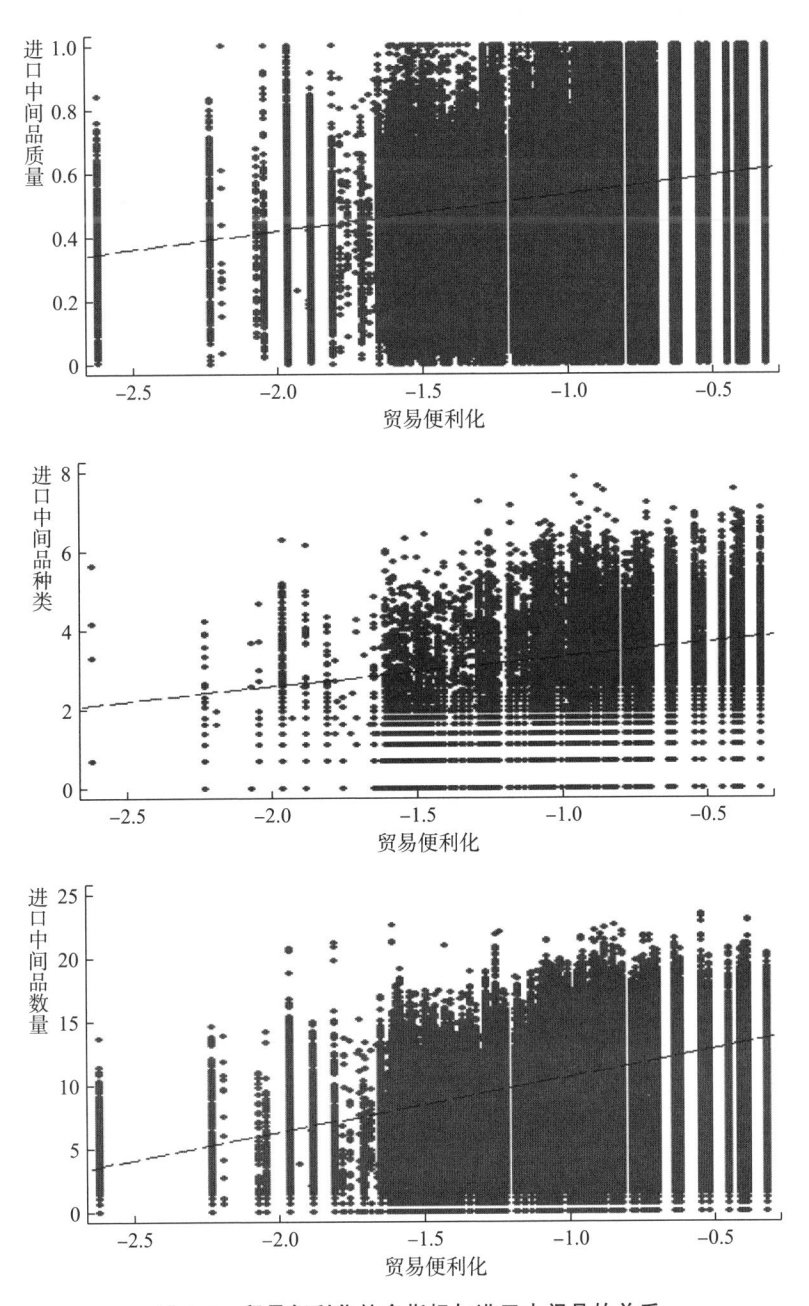

图 4.4 贸易便利化综合指标与进口中间品的关系

三 资料来源

（一）中国工业企业数据库

中国工业企业数据库是由国家统计局建立的一个年度微观企业数据库，主要包含两类企业：一是所有国有企业，二是年销售额在 500 万元以上的非国有企业。这个数据库披露了各企业的 3 张会计报表——损益表、资产负债表和现金流量表，具体囊括了流动资产合计、产成品、利息、固定资产合计、长期负债、短期负债、新产品产值、出口交货值、全部从业人数、工业销售产值等 100 多个会计变量。目前，该数据库更新到 2014 年，但是大多数高校和科研院所都只更新到 2013 年，考虑到数据可得性，本书选择 2007~2013 年的企业数据样本，每年约 364921 家中国工业企业。

然而，该数据库中法人代码、企业编码、工商注册号等均存在重复数值，使得它们都不能作为唯一的企业识别码。另外，企业改制、改名、迁徙等加剧了这一问题的严重性。基于此，我们参考 Brandt 等（2012）的方法，利用贯序识别匹配法重新对企业名称进行识别。该方法的原理是：第一步，依据法人代码识别同一家企业；如第一步不能匹配，则根据企业名称进行第二步识别；如第二步也不能匹配，则同时采用法人代码和地区代码进行第三步识别；如第三步也不能匹配，则同时以电话、地区代码和行业代码进行第四步识别；若前四步都无法匹配，则以开业年、地区代码、行业代码、乡镇和产品进行第五步识别。

在准确识别企业名称的基础上，我们依据通用会计准则与 Brandt 等（2012）的研究对工业企业数据库进行了筛选，剔除其中不符合经济理论常识的样本，当样本出现以下任何一种情况，则认为该样本不合格，并进行删除处理：①工业总产值、销售值、固定资产、营业利润、总资产、固定资产净值、从业人员等指标为零、负值或者缺失；②企业全部从业人员少于 8 人；③成立时间无效（成立月份大于 12 或小于 1）；④总资产低于固定资产；⑤总资产低于流动资产；⑥企业存续年限小于 0（当年年份减去企业成立年份）。

（二）中国海关进出口贸易数据库

中国海关进出口贸易数据库包括产品层面出入境的月度交易数据，尽管其最新数据是截至 2017 年，但是由于中国工业企业数据库最新数据为 2013 年，因此我们最终选择 2007～2013 年的海关进出口贸易数据。该数据库包含日期、税号、企业编码、经营单位、企业所有制、贸易方式、海关口岸、运输方式、起运国或目的国、贸易数量、贸易金额等 26 个序列。其中，每个产品都是在 HS8 分位编码层面，根据本书的研究目的，我们将产品层面的月度数据按照企业名称 - 产品名称 - 贸易方式 - 企业所有制 - 国家加总到年度层面，从而得到本书所需的 2007～2013 年 HS8 分位编码产品的贸易年度数据。其中，观测值数量由 2007 年的 1648983 个增加到 2013 年的 2837119 个，整体增长幅度较大。

对海关进出口贸易数据库的处理，我们主要参考施炳展和邵文波（2014）的做法。第一步，将出口目的国名称、企业名称、产品名称缺失的样本进行删除。第二步，将行业内企业数少于 100 家的样本或者企业交易数量小于 1、单笔交易规模小于 50 美元的样本剔除。第三步，对农产品和资源品样本进行剔除。第四步，借鉴 Amiti 等（2012）的研究，剔除中间贸易代理商（企业名称中包含"经贸""贸易""进出口""科贸""外经"）的样本。第五步，编码转换。首先，我们根据 HS8 分位的产品代码获得 HS6 分位的产品代码；其次，考虑到 2002 年、2007 年和 2012 年 HS 编码存在改版问题，因此我们利用相应的转换表将 HS6 分位编码统一到 2012 年版；最后，采用联合国的转换表将 HS6 分位编码与 SITC Rev 2.0、ISIC Rev 2.0 对齐。第六步，仅保留制造业产品。根据 SITC 四分位编码保留 5000～9000 以及 ISIC 三分位编码 300～400 的样本。第七步，剔除代表性较弱的样本。首先，考虑到初级品和资源品的质量主要体现在资源禀赋方面，并不能很好地衡量产品质量的内涵，因此我们根据 Lall（2000）的研究，在 SITC 二分位层面剔除初级品和资源品；其次，剔除出口目的地是中国台湾、香港和澳门的样本。

在以上处理的基础上，我们将海关进出口贸易数据库拆分为海关出口贸易数据库和海关进口贸易数据库两部分。为得到进口中间品的样本，我们对海关进口贸易数据库进行处理。具体地，利用联合国转换表将HS6分位编码与BEC（广义经济分类）编码对齐，再根据广义经济分类定义的中间品，保留BEC编码为"111"、"121"、"21"、"22"、"31"、"322"、"42"和"53"的八类产品，即为进口中间品的样本。

（三）贸易便利化相关指标的资料来源与处理

贸易便利化的相关指标分别来自《中国口岸年鉴》提供的中国各个省级地区通过口岸的进出口总额与进出口总额的数据，《中国信息化发展指数统计监测年度报告》提供的各个省级地区的信息化发展指数，《中国市场化指数——各地区市场化相对进程2011年报告》提供的各个省级地区制度环境的数据，《中国统计年鉴》提供的各个省级地区铁路里程数、公路里程数、内河航道里程数和国土面积的数据。在此基础上，计算出2007~2013年中国省级地区的贸易便利化综合指标。

（四）数据匹配

上述涉及的数据库是本书研究所需要的资料来源，而本书处理数据的难点是需要将几个数据库匹配到一起使用，接下来我们将详细介绍数据匹配过程。

首先，我们将海关出口数据和海关进口数据基于企业名称、行业和年份三个维度进行匹配，对本书研究所需的进口中间品的金额和数量、进口来源国等信息给予保留。

其次，我们参考田巍和余淼杰（2013）与Yu（2015）的方法，将海关出口贸易数据库、海关进口贸易数据库和中国工业企业数据库进行匹配，具体分为三步。第一步，由于中国工业企业数据库和海关进出口贸易数据库中的企业编码系统完全不同，无法采用企业编码进行匹配，因此我们综合利用企业名称和年份进行匹配。第二步，考虑到企业名称缺失、企业更名等问题，我们补充利用电话号码后七位和邮编进行匹配。第三步，在中国工业企业数据库或海关进出口贸易数据库中可能存在一些企业名称缺失，或者电话和邮编仅在一个数据库中披露的现象，为了保证我们能匹配成功更多的企业样本，我们对两次匹配成功的样本做并集处理，最终获得2007~2013年中国工业企业数据库与海关进出口贸易数据库的合并数据。

最后，我们对匹配成功的样本数据中的企业海关十位编码取前两位，即企业所在省级地区的编码，将测算出来的贸易便利化综合指标按照省级地区编码和年度匹配到中国工业企业数据库与海关进出口贸易数据库的合并数据中，最终得到本书研究所需要的非平衡面板数据。

第三节 模型检验与结果分析

一 基准回归结果

表4.5呈现的是基准回归结果。根据（1）至（4）列的回归结果可知，贸易便利化对企业进口中间品价格总体表现为抑制作用，但对企业进口中间品种类、数量和质量均表现为促进作用，说明本章提出的研究假设1是合理的。企业进口中间品的四个维度均受到全要素生产率的促进作用，主要有两方面的原因：一是利润方面的原因，二是技术方面的原因。在利润方面，出口产品到海外的企业大多是高生产率的企业，仅在国内市场经营的企业则多为低生产率的企业（Melitz，2003），前者的赢利能力通常要大于后者，因此生产率高的企业更有能力大量进口高价格、高质量和多元化的中间品。在技术方面，企业生产率越高，则技术越先进，由于上下游产业相互之间存在关联性，企业会进口与其技术水平相匹配的中间品，因此生产率提高会促使企业提高进口中间品的价格、质量，增加进口中间品的种类、数量。此外，还有一个不可忽视的原因是，随着企业进口中间品种类的增加和质量的提升，其对企业生产率也存在显著正向作用（许统生和方玉霞，2020；睢强和冯亚芳，

2020），而生产率的提升又会进一步推动企业进口中间品种类的增加和质量的提升，进而形成一种良性循环。

与此类似，企业规模也对企业进口中间品的四个维度表现出正向影响。这是因为企业规模越大，越容易获得规模经济（Ilmakunnas and Nurmi, 2010），从而降低生产经营成本、提高利润，因此规模越大的企业越有能力提高进口中间品的价格、质量，增加进口中间品的种类、数量。企业存续年限对企业进口中间品种类、数量和质量存在正向影响，这可能是因为企业存续年限越长，出口经验越丰富，越能针对国外消费者的消费偏好实现精准定位及对潜在消费者的深层次挖掘（Artopoulos et al., 2011），进而提高自身出口赢利能力。因此，随着企业存续时间的延长，企业能够有更充分的资金去增加进口中间品的种类、数量，提升进口中间品的质量，提高其参与全球价值链的收益。此外，企业存续年限对进口中间品价格存在负向作用，这是因为企业存续年限越长，其对进口中间品所含的知识、技术等的学习吸收会更加充分（Halpern et al., 2015），从而更有能力利用进口中间品的技术溢出效应降低市场搜索成本，最终实现抑制进口中间品价格的目的（吕冰和陈飞翔，2020）。从这个意义上说，企业存续年限越长，越能够降低进口中间品的价格。企业资本密集度对企业进口中间品存在较为复杂的影响，具体表现为对企业进口中间品的价格和种类存在显著的正向影响，但对进口中间品数量与质量的影响不显著。

表 4.5 基准回归结果

变量	（1）价格	（2）种类	（3）数量	（4）质量
$\ln tf_{dt}$	-0.317*** (-8.09)	0.614*** (84.47)	0.304*** (6.01)	0.051*** (5.67)
$\ln tfp_{idkt}$	0.046*** (7.01)	0.052*** (42.71)	0.076*** (9.01)	0.016*** (10.79)
$\ln age_{idkt}$	-0.066*** (-3.60)	0.028*** (8.22)	0.056** (2.38)	0.016*** (3.86)

续表

变量	（1）价格	（2）种类	（3）数量	（4）质量
$\ln size_{idkt}$	0.037 *** (5.30)	0.102 *** (78.66)	0.057 *** (6.27)	0.012 *** (7.62)
$\ln klratio_{idkt}$	0.010 ** (2.02)	0.047 *** (51.60)	-0.003 (-0.46)	0.001 (1.07)
常数项	3.238 *** (39.73)	3.457 *** (228.96)	4.275 *** (40.68)	-1.318 *** (-71.12)
企业固定效应	Yes	Yes	Yes	Yes
年度固定效应	Yes	Yes	Yes	Yes
R^2	0.294	0.894	0.301	0.161
观测值	1418333	1418333	1418333	1417363

注：括号内为回归系数的 t 值；***、** 和 * 分别表示1%、5%和10%的显著性水平。

二 异质性分析

（一）企业贸易方式异质性

加工贸易是我国开展经贸合作的重要方式，其主要通过进口中间品的方式，利用国外先进技术和品牌优势开展加工、装配等劳动密集型活动，再将生产的最终产品出口到国外，因此其生产经营受到海外中间品的约束（王雅琦等，2018），进而对进口中间品存在"刚性需求"。一般贸易企业只会单边出口或单边进口，因此其生产经营对海外中间品不存在刚性需求。在这两种贸易方式下，企业对进口中间品的依赖程度不同，可能会导致贸易便利化对其进口中间品四重维度的作用存在异质性。基于此，我们接下来补充企业贸易方式的异质性分析。具体地，通过构建交互项的方式将贸易方式异质性引入模型，$process$ 是虚拟变量，加工贸易为1，一般贸易为0；$\ln tf_{dt} \times process$ 是贸易便利化与贸易方式虚拟变量的交互项。

表4.6为企业贸易方式异质性的回归结果。从表4.6中（1）列的回归结果可知，贸易便利化对一般贸易企业进口中间品价格的抑制作用大于加工贸易企业（$\ln tf_{dt} \times process > 0$）。主要原因在于议价能力的差

异,加工贸易企业对进口中间品存在刚性需求,在进口贸易中的谈判和议价能力与一般贸易企业相比较弱,在进口贸易过程中,一般贸易企业能够更加有效地控制或压低进口中间品的价格,因此,贸易便利化在推动中国进口市场不断开放的过程中对一般贸易企业进口中间品价格的抑制作用更加明显。观察(2)列的回归结果可知,贸易便利化对企业进口中间品种类的影响并未随着贸易方式的不同而表现出异质性(交互项 $\ln tf_{dt} \times process$ 不显著)。观察(3)列的回归结果可知,贸易便利化对加工贸易企业进口中间品数量的促进作用大于一般贸易企业($\ln tf_{dt} \times process > 0$)。这是因为与一般贸易企业相比,加工贸易企业所雇用的工人技术水平较低,且企业人均研发投入也比较低(戴觅和余淼杰,2014),因此其技术含量要比一般贸易企业低(眭强和冯亚芳,2020),其在短时间内提升生产技术相对比较困难,进而导致产品附加值在短时间内难以提升,所以加工贸易企业要想实现更多的出口利润,占据更多的出口市场份额,必然会进口更多数量的中间品,从而实现规模经济,因此贸易便利化对加工贸易企业进口中间品数量的促进作用要大于一般贸易企业。

表4.6　企业贸易方式异质性的回归结果

变量	(1)价格	(2)种类	(3)数量	(4)质量
$\ln tf_{dt}$	-0.353*** (-8.95)	0.613*** (83.84)	0.356*** (6.99)	0.053*** (5.88)
$process$	0.036*** (2.50)	0.001 (0.04)	0.048*** (2.57)	0.004 (1.10)
$\ln tf_{dt} \times process$	0.132*** (7.73)	0.002 (0.62)	0.188*** (8.57)	0.008** (2.12)
$\ln tfp_{idkt}$	0.046*** (7.00)	0.052*** (42.71)	0.076*** (9.03)	0.016*** (10.79)
$\ln age_{idkt}$	-0.065*** (-3.55)	0.028*** (8.22)	0.055** (2.33)	0.016*** (3.85)
$\ln size_{idkt}$	0.038*** (5.44)	0.102*** (78.67)	0.055*** (6.11)	0.012*** (7.60)

续表

变量	(1) 价格	(2) 种类	(3) 数量	(4) 质量
$\ln klratio_{idkt}$	0.011** (2.21)	0.047*** (51.62)	-0.004 (-0.69)	0.001 (1.03)
常数项	3.217*** (39.43)	3.456*** (228.66)	4.304*** (40.91)	-1.317*** (-70.95)
企业固定效应	Yes	Yes	Yes	Yes
年度固定效应	Yes	Yes	Yes	Yes
R^2	0.294	0.894	0.302	0.161
观测值	1418333	1418333	1418333	1417363

注：同表4.5。

观察（4）列的回归结果可知，贸易便利化对加工贸易企业进口中间品质量的促进作用大于一般贸易企业（$\ln tf_{dt} \times process > 0$）。可能的原因在于，加工贸易企业的生产经营主要依赖于进口中间品，而随着国际市场竞争的加剧，出口市场对产品质量的要求越来越高，这要求加工贸易企业不断进行技术升级，而进口高质量投入品是实现技术升级的重要途径（眭强和冯亚芳，2020）。因此，加工贸易企业会通过提高进口中间品质量来增强自身出口产品的竞争力，进而导致其对高质量进口中间品的需求远远大于一般贸易企业，而当贸易便利化水平提高时，与一般贸易企业相比，加工贸易企业会更大限度地提升进口中间品质量。

（二）进口来源国异质性

魏悦羚和张洪胜（2019）研究发现，进口来源国的经济水平与其中间品生产技术存在正相关关系，即进口来源国的经济水平越高，则其中间品生产技术越进步。考虑到这一差异可能会对本章的基准回归结果产生影响，我们接下来将进口来源国异质性纳入研究模型。首先，将进口来源国按照国际货币基金组织的分类标准分为发达经济体和非发达经济体，设定发达经济体为1和非发达经济体为0的虚拟变量 ratio；其次，将进口来源国的虚拟变量 ratio 和贸易便利化 $\ln tf_{dt}$ 进行交互得到本小节研究的核心变量 $\ln tf_{dt} \times ratio$；最后，将交互项引入回归模型。

表 4.7 为进口来源国异质性的回归结果。根据（1）列的回归结果可知，贸易便利化对来自非发达经济体的进口中间品价格的抑制作用大于对来自发达经济体的中间品价格的抑制作用（ln tf_{dt} × ratio > 0）。这可能是因为与发达经济体相比，非发达经济体的中间品生产技术水平更低，从而其生产的中间品质量相对较低（Feenstra and Romalis，2014；Feng et al.，2016），因此进口企业都会偏向于从发达经济体进口中间品（樊海潮等，2020），这就促使非发达经济体寻求扩大市场份额的新途径，当贸易便利化水平提升使得贸易成本降低后，非发达经济体会尽量降低中间品价格以增强竞争力，最终，贸易便利化对非发达经济体中间品价格的抑制作用大于发达经济体。通过（2）列可知，贸易便利化对来自发达经济体的进口中间品种类的促进作用大于对来自非发达经济体的进口中间品种类的促进作用（ln tf_{dt} × ratio > 0）；通过（3）列可知，贸易便利化对来自发达经济体的进口中间品数量的促进作用大于对来自非发达经济体的进口中间品数量的促进作用（ln tf_{dt} × ratio > 0）。这是因为：一方面，发达经济体生产的中间品质量高于非发达经济体（Hallak and Schott，2011），这会促使企业扩大从发达经济体进口中间品的种类和数量以提高自身产品质量（樊海潮等，2020），因此当面临贸易便利化水平提升带来的进口机遇时，中国进口企业会尽可能增加来自发达经济体的进口中间品的种类和数量；另一方面，发达经济体比非发达经济体有着更先进的生产技术，这些先进生产技术往往是发达经济体出口企业的核心竞争优势，其为了维持竞争优势往往会对中国企业进行技术封锁，使得中国企业很难直接获取发达经济体的先进技术，从而迫使中国企业进口发达经济体的中间品，以求通过进口中间品的技术溢出效应来间接获取发达经济体的先进生产技术，因此当贸易便利化水平提升带来交易成本降低时，中国进口企业会进一步增加来自发达经济体的进口中间品的数量和种类。由（4）列的回归结果可知，贸易便利化对来自发达经济体的进口中间品质量的促进作用大于对来自非发达经济体的进口中间品质量的促进作用（ln tf_{dt} × ratio > 0）。这是因为发达经济体生产的中间品质量高于非发达经济体（Hallak and Schott，2011），这会

促使企业扩大来自发达经济体的进口中间品比例以提高自身产品质量（樊海潮等，2020）。但是，中间品质量越高意味着价格也会越高，因此来自发达经济体的高质量中间品的高价格又会反过来限制企业的中间品进口行为，而当贸易便利化水平得到提升时，成本节约效应能够有效地弥补高价格所带来的贸易成本损失，间接提高了企业使用高质量进口中间品的能力，从而诱使企业从发达经济体进口更高质量的中间品。

表 4.7 进口来源国异质性的回归结果

变量	（1）价格	（2）种类	（3）数量	（4）质量
$\ln tf_{dt}$	-0.468*** (-9.94)	0.568*** (64.47)	0.163*** (2.68)	0.014 (1.32)
$ratio$	1.496*** (61.30)	0.031*** (6.86)	-1.389*** (-44.00)	-0.001 (-0.12)
$\ln tf_{dt} \times ratio$	0.156*** (5.36)	0.050*** (9.14)	0.163*** (4.34)	0.040*** (5.96)
$\ln tfp_{idkt}$	0.051*** (7.83)	0.052*** (42.66)	0.071*** (8.42)	0.016*** (10.69)
$\ln age_{idkt}$	-0.062*** (-3.45)	0.028*** (8.17)	0.052** (2.20)	0.016*** (3.82)
$\ln size_{idkt}$	0.034*** (4.88)	0.102*** (78.64)	0.060*** (6.69)	0.012*** (7.65)
$\ln klratio_{idkt}$	0.004 (0.84)	0.047*** (51.64)	0.004 (0.55)	0.001 (1.19)
常数项	1.877*** (22.46)	3.428*** (219.14)	5.541*** (51.28)	-1.317*** (-68.58)
企业固定效应	Yes	Yes	Yes	Yes
年度固定效应	Yes	Yes	Yes	Yes
R^2	0.309	0.894	0.312	0.161
观测值	1418333	1418333	1418333	1417363

注：同表 4.5。

（三）企业所处地区异质性

因为各地区自然资源分布不均、国家经济政策重心不同、工业基础存在差异、R&D 资源的地区分布不同（王开科和王开泳，2019）等，中国各省级地区不仅经济发展水平存在显著的差异，而且贸易便利化水平也存在明显的差异（崔鑫生，2017），而这可能会导致贸易便利化对企业进口中间品的影响也表现出地区差异。为此，接下来我们将引入地区差异特征以检验该推测是否合理。具体地，本书将进口企业所在地区分为东部、中部和西部三类，通过交互项的形式将地区特征引入实证模型，即构建东部（east）和西部（west）地区虚拟变量，并将其与关键变量交互。表4.8为具体的检验结果，通过（1）列的结果可知，贸易便利化对东、中、西部地区企业的进口中间品价格均存在显著抑制作用，但是作用大小存在显著的地区差异，对中部和西部地区企业的抑制作用大于东部地区（$\ln tf_{dt} \times east < 0$），特别是对西部地区企业的抑制作用最大（$\ln tf_{dt} \times west > 0$）。这可能是因为：一方面，贸易便利化的发展具有地区差异，中国贸易便利化水平呈现东部地区高于中部地区、中部地区高于西部地区的格局，相应的，企业中间品进口额也表现出东部大于中部、中部大于西部的特征，因此随着贸易便利化的推进，东部地区企业获得的边际收益最小，中部地区企业次之，西部地区企业最大（李波和杨先明，2018）；另一方面，东部地区企业往往有着更高的生产技术，其与处于世界前沿的发达经济体的技术差距较小，且早已从贸易便利化进程中获利，这导致其因贸易便利化持续推进而获取的边际收益要小于中西部地区企业。这也提醒国家应该将战略重心逐渐向中西部地区转移，以缩小经济发展水平和贸易便利化的地区差异。根据（2）列的回归结果可知，贸易便利化对各地区企业进口中间品种类都存在显著的促进作用，但是对东部和中部地区企业的促进作用大于西部地区的企业（$\ln tf_{dt} \times east > 0$，$\ln tf_{dt} \times west < 0$）。根据（4）列的结果可知，贸易便利化对东部和中部地区企业进口中间品质量的促进作用大于西部地区企业（$\ln tf_{dt} \times east$ 不显著，$\ln tf_{dt} \times west < 0$）。虽然通过（1）列的结果得出贸易便利化的边际收益表现为东部低于中部、中部低于西部，但是与西部地区相比，东部和中部地区企业的技术水平更先进、配套设施更完善、人力资本更丰富，从而其能消化吸收的中间品种类更多、质量更高（李秀芳和施炳展，2016；余淼杰和李乐融，2016），而这种正向关

联效应大于贸易便利化的边际效用递减效应,因此贸易便利化对东部和中部地区企业进口中间品种类和质量的促进作用大于西部地区企业。

通过（3）列的回归结果可知,贸易便利化对中部地区企业进口中间品数量的促进作用大于东部和西部地区企业（$\ln tf_{dt} \times east < 0$, $\ln tf_{dt} \times west < 0$）。这是因为从 2004 年开始国家实施中部地区崛起战略,政府大力支持中部地区的发展（如提供资金、技术等方面的支持）,从而促使中部地区实现产业升级、技术进步和经济增长,而随着中部地区经济的快速发展和基础设施的不断完善,其对企业产生了更强的吸引力,推动企业集聚行为的发生,导致中部地区企业面临的竞争压力不断加大,迫使其寻求提高生产技术及出口竞争力的有效途径,以便获取更多的市场份额,此时大量使用进口中间品将成为其快速提高出口产品整体质量以及国际竞争力的理想选择。因此,贸易便利化对中部地区企业进口中间品数量的促进作用大于东部和西部地区企业。

表 4.8　企业所处地区异质性的回归结果

变量	（1）价格	（2）种类	（3）数量	（4）质量
$\ln tf_{dt}$	-0.017*** (-6.20)	0.269*** (16.26)	0.440*** (3.80)	0.055*** (2.71)
$east$	-1.284*** (-7.15)	2.778*** (84.08)	1.104*** (4.77)	-0.005 (-0.12)
$\ln tf_{dt} \times east$	-0.106** (-2.17)	0.118*** (7.06)	-0.323*** (-2.76)	-0.004 (-0.21)
$west$	2.269*** (7.64)	0.015 (0.28)	-2.205*** (-5.76)	-0.290*** (-4.29)
$\ln tf_{dt} \times west$	0.821*** (5.16)	-0.465*** (-15.88)	-1.402*** (-6.84)	-0.147*** (-4.07)
$\ln tfp_{idkt}$	0.047*** (7.10)	0.051*** (42.10)	0.077*** (9.06)	0.016*** (10.81)
$\ln age_{idkt}$	-0.066*** (-3.62)	0.031*** (9.13)	0.056** (2.39)	0.016*** (3.76)
$\ln size_{idkt}$	0.037*** (5.33)	0.102*** (79.23)	0.057*** (6.35)	0.012*** (7.58)

续表

变量	（1）价格	（2）种类	（3）数量	（4）质量
$\ln klratio_{idkt}$	0.010** (1.99)	0.048*** (52.56)	−0.003 (−0.45)	0.001 (1.00)
常数项	4.564*** (23.71)	0.608*** (17.17)	3.098*** (12.48)	−1.310*** (−29.91)
企业固定效应	Yes	Yes	Yes	Yes
年度固定效应	Yes	Yes	Yes	Yes
R^2	0.294	0.895	0.301	0.161
观测值	1418333	1418333	1418333	1417363

注：同表4.5。

（四）企业出口强度异质性

从理论上看，贸易便利化能够直接影响企业进出口，而企业的进口行为往往与其出口行为紧密联系在一起，许多企业都是"为了出口而进口"（陈勇兵等，2012），因此企业出口强度不同可能会对本章的基准回归结果产生影响。首先，我们参考刘铠豪和王雪芳（2020）的做法，利用出口交货值与企业销售产值之比衡量企业出口强度；其次，以企业出口强度指标的1/2为分位点，将大于1/2的企业设定为高出口强度企业，将小于1/2的企业设定为低出口强度企业；最后，以虚拟变量 $export$ 的形式将高出口强度企业设定为1，将低出口强度企业设定为0，并将其以交互项 $\ln tf_{dt} \times export$ 的形式引入回归模型。

表4.9为企业出口强度异质性的回归结果。根据表4.9中（1）列的回归结果可以发现，贸易便利化对高出口强度企业的进口中间品价格的抑制作用大于低出口强度企业（$\ln tf_{dt} \times export < 0$）。这是因为高出口强度企业开拓海外市场的成本相对较高，其为了弥补较高的市场开拓成本会尽可能地与中间品供应商谈判磋商（刘军，2019），而对进口中间品价格的谈判磋商会被其作为降低市场开拓成本的有效手段，因此当面对贸易便利化带来的进口机遇时，高出口强度企业必然会最大限度地降低其进口中间品价格。由（2）列的回归结果可知，贸易便利化

对高出口强度企业的进口中间品种类的促进作用大于低出口强度企业（$\ln tf_{dt} \times export > 0$）；由（3）列的回归结果可知，贸易便利化对高出口强度企业的进口中间品数量的促进作用大于低出口强度企业（$\ln tf_{dt} \times export > 0$）。这是因为：一方面，随着全球贸易保护主义的抬头，中国由于持续的贸易顺差被许多国家诟病，甚至有的国家开始抵制中国的出口行为，高出口强度企业为了继续出口往往会选择扩大进口规模，缩小贸易顺差，所以与低出口强度企业相比，高出口强度企业会进口更多种类、更多数量的中间品；另一方面，新新贸易理论指出，只有生产率高的企业才能承担出口固定成本进入出口市场（Melitz，2003），这意味着企业出口强度越高，其生产率也越高，在贸易便利化背景下，高出口强度企业凭借生产率优势，自然比低出口强度企业要消化吸收更多种类和数量的进口中间品，因此贸易便利化对高出口强度企业的进口中间品数量和种类的促进作用大于低出口强度企业。根据（4）列的回归结果发现，贸易便利化对高出口强度企业进口中间品质量的促进作用大于低出口强度企业（$\ln tf_{dt} \times export > 0$）。这是因为企业出口强度越高，其对出口贸易的依赖度越高，当海外市场竞争压力不断加大时，为了有效提升自身产品的市场竞争力，获取更多的市场份额和出口利润，其会倾向于选择进口高质量中间品以实现自身产品质量的提升，尤其是在面对贸易便利化带来的进口机遇时，高出口强度企业更有能力和意愿提升进口中间品质量。

表 4.9　企业出口强度异质性的回归结果

变量	（1）价格	（2）种类	（3）数量	（4）质量
$\ln tf_{dt}$	-0.030*** (-7.31)	0.580*** (77.28)	0.275*** (5.26)	0.058*** (6.31)
$export$	-0.022 (-1.32)	0.027*** (8.68)	0.070*** (3.25)	0.004 (1.13)
$\ln tf_{dt} \times export$	-0.040** (-2.02)	0.064*** (17.22)	0.060** (2.34)	0.013** (2.87)
$\ln tfp_{idkt}$	0.047*** (7.15)	0.049*** (40.50)	0.078*** (9.21)	0.018*** (11.73)

续表

变量	(1) 价格	(2) 种类	(3) 数量	(4) 质量
$\ln age_{idkt}$	-0.066*** (-3.58)	0.027*** (8.00)	0.057** (2.42)	0.017*** (3.98)
$\ln size_{idkt}$	0.038*** (5.39)	0.100*** (77.05)	0.059*** (6.50)	0.013*** (8.39)
$\ln klratio_{idkt}$	0.010** (2.07)	0.047*** (51.00)	-0.003 (-0.40)	0.002 (1.35)
常数项	3.238*** (39.29)	3.470*** (227.38)	4.213*** (39.65)	-1.337*** (-71.35)
企业固定效应	Yes	Yes	Yes	Yes
年度固定效应	Yes	Yes	Yes	Yes
R^2	0.294	0.894	0.301	0.161
观测值	1418333	1418333	1418333	1417363

注：同表4.5。

三 稳健性检验

(一) 异常值处理

在基准回归中，我们已经发现贸易便利化对企业进口中间品的四重维度均存在显著影响，但是考虑到进口中间品价格、种类、数量和质量的数据可能存在异常值，进而会对回归结果造成影响，因此我们参考Crinò和Ogliari（2015）的方法，对进口中间品数量和质量分别进行双边缩尾和双边截尾处理。表4.10是在5%水平上进行双边缩尾处理后的回归结果，表4.11是在5%的水平上进行双边截尾处理后的回归结果。需要说明的是，由于删除了处于前后5%的观测值，因此回归结果的观测值减少了。综合表4.10和表4.11的回归结果可知，贸易便利化的回归系数大小和方向都没有发生较大的变化，说明考虑异常值后本章的基准回归结果依旧是稳健的。

表 4.10　双边缩尾处理后的回归结果

变量	（1）价格	（2）种类	（3）数量	（4）质量
$\ln tf_{dt}$	-0.269*** (-7.84)	0.395*** (60.21)	0.354*** (7.36)	0.049*** (6.47)
$\ln tfp_{idkt}$	0.041*** (7.19)	0.043*** (38.95)	0.066*** (8.17)	0.015*** (11.45)
$\ln age_{idkt}$	-0.046*** (-2.85)	0.039*** (12.69)	0.061*** (2.73)	0.013*** (3.72)
$\ln size_{idkt}$	0.040*** (6.50)	0.092*** (78.34)	0.049*** (5.63)	0.012*** (8.67)
$\ln klratio_{idkt}$	0.007* (1.71)	0.046*** (55.87)	-0.002 (-0.38)	0.001 (1.52)
常数项	3.244*** (45.58)	3.395*** (249.03)	4.316*** (43.19)	-1.289*** (-81.61)
企业固定效应	Yes	Yes	Yes	Yes
年度固定效应	Yes	Yes	Yes	Yes
R^2	0.308	0.898	0.301	0.178
观测值	1418333	1418333	1418333	1417363

注：同表 4.5。

表 4.11　双边截尾处理后的回归结果

变量	（1）价格	（2）种类	（3）数量	（4）质量
$\ln tf_{dt}$	-0.164*** (-5.45)	0.377*** (52.95)	0.320*** (7.08)	0.050*** (7.21)
$\ln tfp_{idkt}$	0.025*** (4.98)	0.036*** (33.63)	0.037*** (4.83)	0.008*** (6.82)
$\ln age_{idkt}$	-0.001 (-0.04)	0.015*** (4.91)	0.060*** (2.82)	0.012*** (3.82)
$\ln size_{idkt}$	0.029*** (5.39)	0.075*** (65.41)	0.010 (1.19)	0.010*** (7.82)
$\ln klratio_{idkt}$	0.010*** (2.65)	0.038*** (46.34)	-0.017*** (-2.90)	0.002** (2.38)
常数项	3.291*** (52.27)	3.634*** (267.59)	4.915*** (51.83)	-1.224*** (-85.25)
企业固定效应	Yes	Yes	Yes	Yes
年度固定效应	Yes	Yes	Yes	Yes

续表

变量	（1）价格	（2）种类	（3）数量	（4）质量
R^2	0.326	0.880	0.280	0.165
观测值	1276551	1266382	1205219	1275611

注：同表4.5。

（二）变量替换处理

关于贸易便利化综合指标的测度，本书主要将交通基础设施、规制环境、电子商务、口岸效率这四个指标作为贸易便利化的分指标，再分别做标准化处理，然后取标准化后的四个指标的算数平均值，进而得到贸易便利化综合指标。但是该方法忽略了贸易便利化四个指标之间的差异，因此可能会影响本章的基准回归结果。基于此，我们接下来分别用加权算法和主成分分析法下的贸易便利化综合指标替换算术平均数下的贸易便利化综合指标。具体地，就加权算法而言，我们主要利用Wilson等（2003）与方晓丽和朱明侠（2013）测度贸易便利化综合指标时所采用的权重，即口岸效率50%，电子商务15%，交通基础设施10%，规制环境25%。主成分分析法是为了防止人为主观因素对权重赋予产生影响而采用的权重赋值方法，我们采用该方法尽可能客观地计算贸易便利化综合指标。表4.12和表4.13分别是加权贸易便利化和主成分贸易便利化的回归结果，从中可知，贸易便利化的回归系数大小和方向均未发生大的变化。因此，本章的基准回归结果是稳健的，即贸易便利化对进口中间品种类、数量和质量均存在促进作用，对进口中间品价格存在抑制作用。

表4.12 加权贸易便利化的回归结果

变量	（1）价格	（2）种类	（3）数量	（4）质量
$\ln tf_{dt}$	-0.399*** (-10.76)	0.571*** (83.05)	0.286*** (5.98)	0.033*** (3.92)
$\ln tfp_{idkt}$	0.045*** (6.91)	0.052*** (42.96)	0.076*** (9.03)	0.016*** (10.76)

续表

变量	(1) 价格	(2) 种类	(3) 数量	(4) 质量
$\ln age_{idkt}$	-0.064 *** (-3.51)	0.029 *** (8.48)	0.057 ** (2.40)	0.016 *** (3.95)
$\ln size_{idkt}$	0.037 *** (5.31)	0.103 *** (78.96)	0.057 *** (6.29)	0.012 *** (7.66)
$\ln klratio_{idkt}$	0.011 ** (2.17)	0.047 *** (51.08)	-0.003 (-0.50)	0.001 (1.10)
常数项	3.216 *** (40.48)	3.360 *** (228.28)	4.229 *** (41.28)	-1.336 *** (-73.94)
企业固定效应	Yes	Yes	Yes	Yes
年度固定效应	Yes	Yes	Yes	Yes
R^2	0.294	0.894	0.301	0.161
观测值	1418333	1418333	1418333	1417363

注：同表4.5。

表4.13 主成分贸易便利化的回归结果

变量	(1) 价格	(2) 种类	(3) 数量	(4) 质量
$\ln tf_{dt}$	-0.348 *** (-8.24)	0.655 *** (83.64)	0.327 *** (6.00)	0.048 *** (5.01)
$\ln tfp_{idkt}$	0.046 *** (6.99)	0.052 *** (42.84)	0.076 *** (9.02)	0.016 *** (10.78)
$\ln age_{idkt}$	-0.066 *** (-3.62)	0.029 *** (8.54)	0.057 ** (2.40)	0.016 *** (3.91)
$\ln size_{idkt}$	0.037 *** (5.27)	0.103 *** (79.05)	0.057 *** (6.30)	0.012 *** (7.66)
$\ln klratio_{idkt}$	0.010 ** (2.00)	0.047 *** (51.79)	-0.003 (-0.45)	0.001 (1.10)
常数项	3.308 *** (42.16)	3.312 *** (227.91)	4.204 *** (41.57)	-1.333 *** (-74.73)
企业固定效应	Yes	Yes	Yes	Yes
年度固定效应	Yes	Yes	Yes	Yes
R^2	0.294	0.894	0.301	0.161
观测值	1418333	1418333	1418333	1417363

注：同表4.5。

（三）内生性问题处理

内生性问题主要由三方面原因引起：一是遗漏变量；二是自变量与因变量互为因果；三是变量测度的误差。比如，随着中国企业进口中间品种类、数量的增加和价格、质量的提升，企业为了缩减自己的生产经营成本，会选择游说政府部门加强贸易便利化建设，从而提高地区贸易便利化水平，由此产生了内生性问题（自变量与因变量互为因果）。如果忽略这类问题，会使我们的实证结果可信度受到影响。为此，本书采用滞后二期的贸易便利化指标和省级地区邮电局数目作为贸易便利化的工具变量，进行两阶段最小二乘法估计，以处理内生性问题。选择滞后二期的贸易便利化指标为工具变量的原因是：贸易便利化的滞后二期值属于历史数据，不会对当前经济发展和中国企业的行为产生影响，同时地区贸易便利化属于一个长期推进和改善的结果，因此贸易便利化的滞后二期值与当前贸易便利化水平有着明显的直接联系。选择省级地区邮电局数目作为工具变量主要是参考杨继军等（2020）的研究，他们认为贸易便利化主要是基础设施建设水平提高带来的影响，而各地区邮电局数目与贸易便利化水平高度相关，同时地区邮电局数目反映了地区企业对邮电局业务的使用情况，与企业进出口无关，因此本章借鉴杨继军等（2020）的研究，选择省级地区邮电局数目作为贸易便利化的工具变量之一。当然，为保证工具变量的有效性，我们进行了一系列检验：①Kleibergen-Paap rk LM 统计量，主要用于检验工具变量识别不足问题，原假设为工具变量不可识别；②Anderson-Rubin Wald 统计量，主要用于检验工具变量与内生变量的相关性，原假设为第一阶段内生回归元联合显著性检验值为零；③Kleibergen-Paap rk Wald F 统计量，主要用来做工具变量的弱识别检验，原假设为存在弱相关性；④第一阶段的 F 值，主要用来做弱工具变量检验，其原假设为工具变量在第一阶段的回归系数为 0（即工具变量对内生变量无解释力）；⑤Hansen J 统计量，主要用来做工具变量的过度识别检验，原假设为所有工具变量都是外生的。

表 4.14 是同时以滞后二期贸易便利化指标和省级地区邮电局数目为工具变量的内生性检验结果。其中，工具变量的检验结果如下：第一，Kleibergen-Paap rk LM 统计量都在 1% 的显著性水平上拒绝了原假设，说明本书选择的工具变量能有效识别；第二，Anderson-Rubin Wald 统计量也都在 1% 的显著性水平上拒绝了原假设，说明工具变量与内生变量具有比较强的相关性；第三，Kleibergen-Paap rk Wald F 统计量都远远大于 10% 水平下的临界值，因此拒绝了工具变量弱识别的原假设；第四，第一阶段的 F 值也都远大于 10，且 p 值为 0.000，因此拒绝工具变量第一阶段回归系数为 0 的原假设，说明工具变量能够很好地解释内生变量；第五，Hansen J 统计量的 p 值都大于 0.1，说明接受原假设，即所有工具变量都是外生的。综上说明本章选择的工具变量是有效的。根据表 4.14 可知，与基准回归结果相比，贸易便利化的回归系数大小和方向均未发生较大变化，这说明考虑了内生性问题后，本章的基准回归结果依旧是稳健的，即贸易便利化抑制了进口中间品价格的提高，同时对进口中间品种类、数量的增加与质量的提升存在明显的促进作用。

表 4.14 内生性检验的结果

变量	(1) 价格	(2) 种类	(3) 数量	(4) 质量
$\ln tf_{dt}$	-1.254*** (-17.17)	1.050*** (35.06)	1.044*** (10.98)	0.056*** (3.49)
$\ln tfp_{idkt}$	-0.106*** (-32.02)	0.273*** (234.65)	0.350*** (81.79)	0.029*** (42.17)
$\ln age_{idkt}$	0.022*** (3.52)	-0.141*** (-64.99)	-0.128*** (-16.28)	-0.004*** (-2.73)
$\ln size_{idkt}$	0.176*** (77.48)	0.438*** (550.64)	0.043*** (14.52)	0.014*** (29.09)
$\ln klratio_{idkt}$	0.372*** (168.39)	0.114*** (139.06)	-0.368*** (-130.52)	-0.006*** (-13.49)
常数项	1.176*** (20.93)	-0.754*** (-34.35)	5.146*** (70.42)	-1.327*** (-107.06)
企业固定效应	Yes	Yes	Yes	Yes
年度固定效应	Yes	Yes	Yes	Yes

续表

变量	(1) 价格	(2) 种类	(3) 数量	(4) 质量
Kleibergen-Paap rk LM 统计量	1.8e+05 [0.000]	1.8e+05 [0.000]	1.8e+05 [0.000]	1.8e+05 [0.000]
Anderson-Rubin Wald 统计量	326.52 [0.000]	1589.78 [0.000]	229.18 [0.000]	28.97 [0.000]
Kleibergen-Paap rk Wald F 统计量	2.0e+05 {19.93}	2.0e+05 {19.93}	2.0e+05 {19.93}	2.0e+05 {16.38}
Hansen J 统计量	32.154 [0.314]	649.508 [0.717]	110.665 [0.564]	16.945 [0.182]
第一阶段的 F 值	2.0e+05 [0.000]	2.0e+05 [0.000]	2.0e+05 [0.000]	2.0e+05 [0.000]
R^2	0.060	0.342	0.038	0.007
观测值	1014834	1014834	1014834	1014270

注："( )"内是 z 值,"[ ]"内是 p 值,"{ }"是相应统计量在10%水平下的临界值；其余同表4.5。

第四节　贸易便利化对企业中间品进口持续时间的影响

一　企业生存函数的估计

本节采用企业生存函数和风险函数估计企业中间品进口持续时间的分布特征。生存函数 $S_i(t)$ 如下所示：

$$S_i(t) = pr(T_i > t) \tag{4.8}$$

其中，T 表示企业的中间品进口持续时间；生存函数 $S_i(t)$ 表示企业中间品进口持续时间大于 t 年的概率，其非参数估计由 Kaplan-Meier 乘积项的方式给出，具体如式（4.9）所示：

$$\bar{S}(t) = \prod_{k=1}^{t}[(n_k - d_k)/n_k] \tag{4.9}$$

其中，n_k 代表在 k 年处于风险的企业数目，d_k 代表在 k 年企业退出中间品进口市场的数目，两者之差表示生存企业的数目。风险函数如下所示：

$$h_i(t) = pr(t-1 < T_i \leq t | T_i > t-1) = \frac{pr(t-1 < T_i \leq t)}{pr(T_i > t-1)} \quad (4.10)$$

其中，风险函数 $h_i(t)$ 表示企业在 $(t-1)$ 年存活，但是在 t 年就退出中间品进口市场的概率。对风险函数的非参数估计与生存函数类似，都是利用 Kaplan-Meier 乘积项估计式得出的，具体如式（4.11）所示：

$$\overline{h_i}(t) = d_k / n_k \quad (4.11)$$

此外，我们按照地区贸易便利化水平的高低将地区分为贸易便利化地区和贸易不便利地区。具体地，参考许家云等（2015）的设定方法，将贸易便利化水平高于中位数值的地区设定为贸易便利化地区，反之，将贸易便利化水平低于中位数值的地区设定为贸易不便利地区。在此基础上，我们分别对贸易便利化改善时中国企业在中间品进口市场的生存函数和风险函数进行总体估计，结果如图 4.5 所示（上图为生存函数曲线，下图为风险函数曲线）。

从图 4.5 上图可知，企业生存函数曲线总体呈下降趋势，但是随着时间的推移逐渐趋于平稳。贸易便利化地区的企业位于贸易不便利地区的企业的上方，说明与贸易不便利地区的企业相比，贸易便利化地区的企业中间品进口持续时间更长。

从图 4.5 下图可知，企业在中间品进口市场中的退出风险随着时间的推移而上升，但最后会趋于平稳。贸易便利化地区的企业风险函数曲线位于贸易不便利地区的企业风险函数曲线的下方，说明贸易便利化地区的企业在中间品进口市场中的退出风险低于贸易不便利地区的企业，这与我们从生存函数曲线图中得出的结论一致。

二 生存分析方法

根据企业生存函数的估计结果我们发现，贸易便利化会影响企业在中间品进口市场的存灭，即贸易便利化会降低企业退出中间品进口市场的风险，从而提高其在中间品进口市场的生存概率。接下来，我们将利

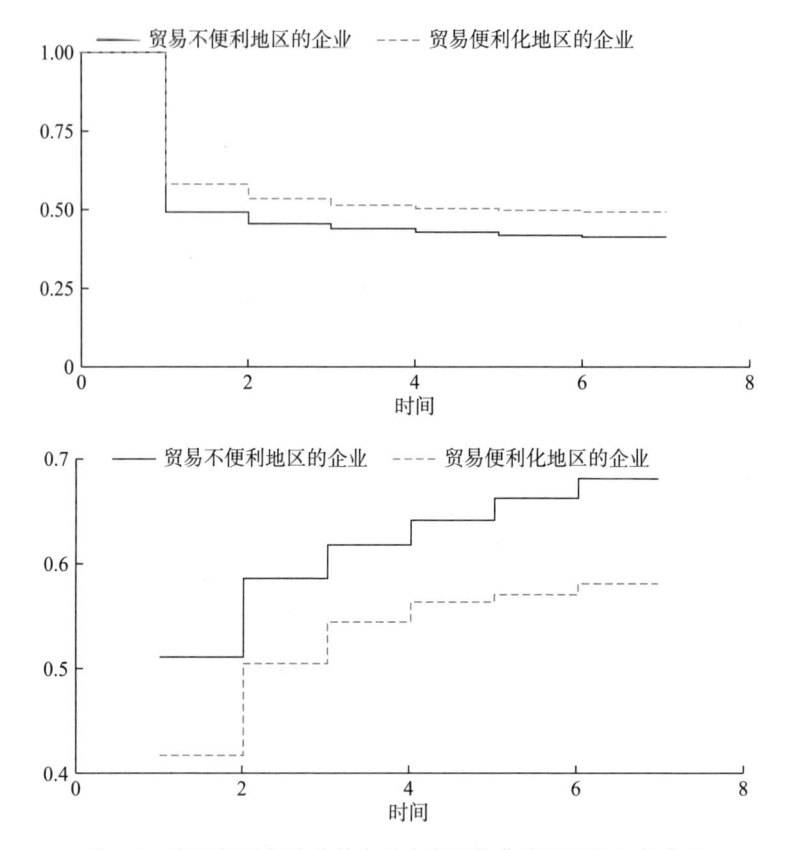

图 4.5　贸易便利化改善的企业生存函数曲线和风险函数曲线

用实证分析的方法对该结果进行检验,具体检验方法包含连续时间生存模型和离散时间生存模型。但是与连续时间生存模型相比,离散时间生存模型不需要等比例风险假定,且可以更方便地控制不可观测的异质性(Hess and Persson,2012),因此采用离散时间生存模型更适合本章的实证研究。

在离散时间生存模型中,企业进口贸易关系的离散时间风险概率 h_{it}(即企业在特定时间内退出中间品进口市场的概率)为:

$$h_{it} = p(T_i < t_{t+1} \mid T_i \geq t_t, X_{it}) = 1 - \mathrm{E}[-\mathrm{E}(\beta'X_{it} + \tau_t)] \tag{4.12}$$

其中,T_i 是企业中间品进口持续时间,X_{it} 是时间依存协变量,τ_t 是基准风险率。参考 Jenkins(1995)的研究,我们引入二元选择变量

y_{it}（即企业 i 在 t 年退出中间品进口市场为 1，否则取 0）可得到：

$$\ln L = \sum_{i=1}^{n} \sum_{t=1}^{t_i} [y_{it}\ln(h_{it}) + (1-y_{it})\ln(1-h_{it})] \tag{4.13}$$

为了估计模型的参数，我们假设 h_{it} 服从极值分布，因此离散时间生存模型为 Cloglog 生存模型。基于此，我们利用离散时间 Cloglog 生存模型来进行实证分析，具体模型设定如下所示：

$$\text{Cloglog}(1-h_{it}) = \beta_0 + \beta_1\ln tf_{dt} + \beta_2\ln X + \mu_i + \mu_t + \varepsilon_{idkt} \tag{4.14}$$

其中，$\ln tf_{dt}$ 是贸易便利化，μ_i 是企业固定效应，μ_t 是时间固定效应，$\ln X$ 是一系列控制变量（包含企业全要素生产率 $\ln tfp_{idkt}$、企业存续年限 $\ln age_{idkt}$、企业规模 $\ln size_{idkt}$ 和企业资本密集度 $\ln klratio_{idkt}$），ε_{idkt} 是残差项。如果模型回归系数 β_1 小于 0，说明贸易便利化降低了企业退出中间品进口市场的风险，延长了企业存续年限；反之亦然。需要特别说明的是，由于本书研究样本是多维样本，即同一企业在相同年度可能同时进口不同来源国的同种中间品，因此相同年度内同一家企业同种产品进口可能多次出现，而我们在生存分析中主要从企业-产品-时间层面考察贸易便利化对企业存续年限的影响，因此我们将每年重复的企业进行删除处理，以保证相同年度中企业的唯一性，删除后的企业样本数量为 567708 个。此外，为了保证回归结果的稳健性，一方面，我们假设风险率 h_{it} 还服从正态分布和 Logistic 分布，那么对应的离散时间生存模型分别为 Probit 模型和 Logit 模型，我们利用它们进行稳健性检验；另一方面，我们参考冯等田等（2020）的方法，利用连续时间风险模型（Cox 模型）进行稳健性检验。

表 4.15 为生存分析结果，（1）列是仅引入核心变量的回归结果，（2）列是加入了控制变量后的结果，（3）列至（5）列分别是 Cox 模型、Probit 模型和 Logit 模型的回归结果，Cox 模型的回归分析中软件并未汇报常数项，因此（3）列中常数项为空白。从（1）列和（2）列中可以发现，贸易便利化降低了企业中间品进口风险概率，从而延长了企业的中间品进口持续时间。这主要是因为贸易便利化的改善降低了企业

面临的各种壁垒，使得企业在进出口通关、知识产权保护、争端解决等方面变得更有效率，降低了企业的中间品进口成本，使得原来已经没有进口能力的退出企业重新获得进口能力，从而延长了企业中间品进口持续时间。此外，与（2）列的回归结果相比，（3）列至（5）列中贸易便利化的回归系数大小和方向都没有发生明显变化，因此可以说明上面的结果是稳健的。

表 4.15　生存分析结果

变量	（1）Cloglog 模型	（2）Cloglog 模型	（3）Cox 模型	（4）Probit 模型	（5）Logit 模型
$\ln tf_{dt}$	-0.231*** (-30.12)	-0.215*** (-27.72)	-0.088*** (-16.81)	-0.139*** (-16.77)	-0.299*** (-16.91)
$\ln tfp_{idkt}$		0.098*** (46.55)	0.044*** (32.90)	0.069*** (31.53)	0.111*** (31.24)
$\ln age_{idkt}$		-0.347*** (-87.87)	-0.143*** (-58.71)	-0.283*** (-54.16)	-0.392*** (-53.46)
$\ln size_{idkt}$		0.076*** (51.49)	0.028*** (30.48)	0.041*** (26.53)	0.067*** (26.48)
$\ln klratio_{idkt}$		-0.027*** (-18.17)	-0.012*** (-12.00)	-0.019*** (-12.38)	-0.031*** (-12.05)
常数值	-1.014*** (-122.82)	-0.956*** (-55.69)		0.633*** (34.54)	1.030*** (34.12)
企业固定效应	Yes	Yes	Yes	Yes	Yes
年度固定效应	Yes	Yes	Yes	Yes	Yes
似然比检验	130739.19***	141128.50***	10382.76***	7916.09***	7857.26***
L. likelihood	-559027.88	-552959.71	-3692569.70	-283211.99	-283241.41
观测值	567708	567013	567013	442370	442370

注：括号内为 z 值；***、** 和 * 分别表示 1%、5% 和 10% 的显著性水平。

第五节　本章小结

本章侧重考察了贸易便利化对进口中间品的影响。第一步，对中国企业进口中间品的现状进行简单的描述统计，并理论分析贸易便利化对进口中间品的影响机制。第二步，基于理论分析构建了相应的基准回归模型，并交代了研究所涉及变量的测度，在此过程中我们分别利用进口中间品的价格、种类、质量与数量来进行研究，同时对资料来源进行了详细说明。第三步，运用 2007~2013 年中国工业企业数据库与中国海关进出口贸易数据库对模型（4.2）至模型（4.5）进行实证分析，以检验贸易便利化对进口中间品的影响。第四步，扩展分析了企业贸易方式异质性、企业所处地区异质性、进口来源国异质性和企业出口强度异质性对本章基准回归结果的影响，发现贸易便利化对进口中间品四重维度（即价格、种类、数量和质量）的作用因上述不同而存在差异。第五步，利用双边缩尾、双边截尾以及变量替换法对本章的基准回归结果进行了一系列稳健性检验，检验结果均为通过。第六步，利用贸易便利化的滞后二期值和省级地区邮电局数目为工具变量，基于两阶段最小二乘法对模型内生性问题进行处理，结果发现考虑内生性之后本章的基准回归结果依旧是稳健的。第七步，利用生存模型考察了贸易便利化对中国企业中间品进口持续时间的影响。具体地，首先，估计企业的生存函数和风险函数；其次，利用生存分析模型具体讨论了贸易便利化与中国企业中间品进口持续时间之间的关系。本章的具体研究结论如下。

第一，贸易便利化对企业进口中间品的种类、数量和质量均存在显著稳健的促进作用，但是对企业进口中间品的价格存在抑制作用，且作用大小随着企业贸易方式、企业所处地区、进口来源国、企业出口强度的不同而不同。就企业贸易方式异质性而言，贸易便利化对一般贸易企业进口中间品价格的抑制作用大于加工贸易企业，对加工贸易企业进口中间品数量和质量的促进作用大于一般贸易企业，对企业进口中间品种类的影响并未随着贸易方式的不同而表现出异质性。就进口来源国异质性来说，贸易便利化对来自非发达经济体的进口中间品价格的抑制作用大于对来自发达经济体的进口中间品价格的抑制作用，对来自发达经济体的进口中间品种类、数量和质量的促进作用大于对来自非发达经济体的进口中间品种类、数量和质量的促进作用。就企业所处地区异质性而言，贸易便利化对东、中、西部地区企业的进口中间品价格均存在显著的抑制作用,但是作用强度存在显著的地区差异,对中部和西部地区企业的抑制作用大于东部地区,特别是对西部地区企业的抑制作用最大。贸易便利化对各地区企业进口中间品种类和质量均存在显著的促进作用,但均表现出对东中部地区企业的作用更大,而贸易便利化对东西部地区企业进口中间品数量的促进作用则要明显弱于中部地区企业。就企业出口强度异质性而言,贸易便利化对高出口强度企业进口中间品价格的抑制作用大于低出口强度企业,同时对高出口强度企业进口中间品种类、质量和数量的促进作用也均大于低出口强度企业。

第二,对基准回归结果进行稳健性检验。第一,对进口中间品价格、种类、数量和质量分别进行双边缩尾处理和双边截尾处理。第二,进行变量替换。一方面,借鉴 Wilson 等(2003)、方晓丽和朱明侠(2013)提出的权重测度本书研究所需的贸易便利化综合指标;另一方面,利用主成分分析法重新测算贸易便利化综合指标,用它们替换算术平均数下的贸易便利化综合指标。第三,将滞后二期的贸易便利化指标和省级地区邮电局数目作为工具变量,基于两阶段最小二乘法进行内生性处理。通过上述三类稳健性检验之后发现,本章的基准回归结果依旧是稳健的。

第三,按照地区贸易便利化水平的高低将地区分为贸易便利化地区和贸易不便利地区。在此基础上,分别对贸易便利化改善时中国企业在中间品进口市场的生存函数和风险函数进行总体估计,结果发现:①与贸易不便利地区的企业相比,贸易便利化地区的企业中间品进口持续时间更长;②贸易便利化地区的企业在中间品进口市场中的退出风险低于贸易不便利地区的企业。进一步,我们利用生存分析模型实证检验贸易便利化对中国企业中间品进口持续时间的影响,研究发现,贸易便利化降低了企业的中间品进口风险概率,从而延长了企业的中间品进口持续时间。

第五章　贸易便利化对企业出口产品质量的影响：基于进口中间品视角的理论分析与实证研究

正如前文所述，随着中国贸易便利化建设的推进，中国进出口贸易成本呈现下降趋势，进一步推动了中国对外贸易快速可持续发展。值得注意的是，党的十九大报告指出中国经济已由高速增长转向高质量发展，因此在新时期单纯追求出口"量"增长的外贸目标将难以为继，出口"质"的提升将成为企业新的发展方向。与此同时，国务院办公厅在2018年7月转发的《关于扩大进口促进对外贸易平衡发展的意见》中，明确强调要进一步扩大进口，从而保持进出口贸易的平衡发展，推动中国经济迈向更高质量台阶。此外，在《对外贸易发展"十三五"规划》中，国家也进一步强调要增强企业的引进消化吸收再创新能力，加大对先进技术、关键零部件的进口力度，从而更好地实现国内产业结构优化升级，提升中国的国际分工地位。由此可见，进口中间投入品可能是经济新常态时期推动对外贸易转型升级、提升国际竞争优势和促进企业出口产品质量升级的重要切入点。基于此，我们提出两个问题：贸易便利化是否会对中国企业的出口产品质量产生影响？如果存在影响，其是否会通过影响进口中间品来实现？本章将对这两个问题进行详细回答。

第一节　特征性事实与理论分析

一　特征性事实

本节按照式（5.1）进行企业出口产品质量指标的跨截面加总及比较、跨时间加总及比较。具体公式如下所示：

$$TQ = \frac{ex\text{-}value_{inkt}}{\sum_{inkt \in \upsilon} ex\text{-}value_{inkt}} ex\text{-}quality_{inkt} \tag{5.1}$$

其中，TQ 是进口中间品在各个层面的整体质量水平；υ 是某一层面的所有样本集合，如一般贸易企业层面、加工贸易企业层面、省级地区层面等。$ex\text{-}quality_{inkt}$ 是出口产品质量，$ex\text{-}value_{inkt}$ 是出口产品价值。根据上述公式，我们可以测算出中国整体出口产品质量的年度数据，并在此基础上画出拟合图，如图 5.1 所示，从中可以得出以下结论：中国出口产品质量整体表现为波动增长趋势。

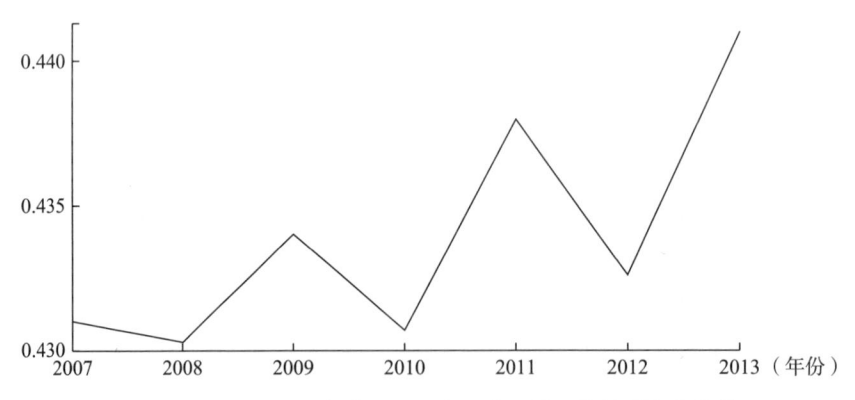

图 5.1　2007~2013 年中国企业出口产品质量的整体变化趋势

从图 5.1 仅可以大致得出中国企业出口产品质量的整体发展趋势，而不同所有制或不同贸易方式下的企业是否都与整体发展趋势一致还尚未可知，因此我们接下来补充不同企业所有制和贸易方式下的发展趋势。具体结果如表 5.1 所示，从中可以发现一般贸易企业、加工贸易企业、私营企业和外资企业的出口产品质量整体表现出增长趋势，但国有企业表现出了相反的变动趋势。这可能是由于国有企业受国家政策扶持的力度较大，常表现出资金充足但技术水平较低的特点，资金充足的特点会降低国有企业赢利的期望，导致其出口产品质量升级的动力不足，技术水平较低的特点会直接抑制国有企业生产高质量产品，因此国有企业的出口产品质量才会表现出负增长的特点。

此外，由表 5.1 还可发现，在金融危机的冲击下，2008 年除了加工贸易企业有小幅增长外，一般贸易企业、国有企业、私营企业和外资企业的出口产品质量都存在下降。在这里，我们重点分析加工贸易企业出现小幅增长的原因。一方面，加工贸易企业实行的是"两头在外"的贸易模式，中国企业只能依靠进口原材料、零部件等中间品，并在此基础上进行加工生产，然后将产成品出口到国外。当 2008 年全球金融危机爆发后，美元出现大幅度贬值，而人民币在中国政府的全力支持下汇率一直趋于稳定，这相当于降低了中国企业进口中间品的成本，间接增加了企业利润，使得企业有能力进口在金融危机前无力进口的高质量中间产品，从而促进了企业进口中间品的质量升级，最终提升了加工贸易企业的出口产品质量。另一方面，2008 年金融危机使得各进口国的国内需求减少，抑制了中国企业的出口贸易，压缩了企业利润，部分抵消了进口中间品质量升级对企业出口产品质量升级的提升作用。两方面综合作用，加工贸易企业才会在 2008 年金融危机后呈现小幅增长现象。

表 5.1　2007～2013 年中国出口产品质量的发展趋势

企业类型	2007 年	2008 年	2009 年	2010 年	2011 年	2012 年	2013 年	均值	增长率（%）
一般贸易企业	0.432	0.431	0.430	0.416	0.442	0.433	0.423	0.430	1.252
加工贸易企业	0.419	0.430	0.437	0.422	0.435	0.432	0.430	0.429	0.532
国有企业	0.417	0.413	0.428	0.402	0.414	0.408	0.414	0.414	-0.728
私营企业	0.441	0.437	0.418	0.421	0.449	0.439	0.443	0.435	3.249
外资企业	0.426	0.424	0.430	0.434	0.459	0.426	0.472	0.437	5.269

注：考虑到出口产品质量具有波动性，本书根据 2007～2010 年、2011～2013 年的平均值计算各个层面出口产品质量的增长率。

在表 5.1 中，我们研究了不同企业所有制和贸易方式下中国出口产品质量的发展趋势，但是中国各个行业发展不平衡，考虑到不同行业下中国出口产品质量的发展趋势可能存在差异，接下来补充分析不同行业分类下出口产品质量的发展趋势。具体地，我们采用《国民经济行业分类标准》定义的制造业行业分类，由于本书制造业研究样本中有的制造业行业并未在 2007~2013 年连续出口，因此我们将这部分样本删除，仅留下 2007~2013 年连续出口的 26 个制造业行业样本进行特征性事实分析，具体行业分类如表 5.2 所示。

表 5.2 为不同行业分类下出口产品质量的发展趋势，从中可知 2007~2013 年绝大多数行业的出口产品质量有所提升。具体地，本书研究的 26 个制造业行业中仅有 6 个行业的出口产品质量增长率为负值，分别是印刷品，化学纤维制造业，石油、煤炭及其他燃料加工业，专业设备制造业，仪器仪表及文化、办公用机械制造业，化学原料及化学制品制造业，各自的增长率分别为 -0.096%、-7.968%、-2.920%、-12.167%、-2.387% 以及 -2.557%，其余 20 个行业的增长率都为正，并且增长速度最快的行业增长率超过了 20%。通过观察各个行业出口产品质量的均值发现，不同行业的出口产品质量存在异质性，并且根据表 5.2 中不同行业每年的出口产品质量可以发现，绝大多数行业的出口产品质量表现出波动增长趋势，以食品制造业为例，其在 2008 年、2009 年和 2011 年都出现了下降，但是整体上表现出增长态势。基于此，我们可以得出：中国出口产品质量整体上呈现波动增长趋势。此外，我们通过比较不同行业出口产品质量的均值还发现，各个行业的出口产品质量存在明显的差异。其中，出口产品质量均值小于 0.42 的行业有鞋业、黑色金属冶炼和压延加工业、通用设备制造业、食品制造业以及有色金属冶炼和压延加工业，而出口产品质量均值大于 0.44 的行业包括石油、煤炭及其他燃料加工业，农副食品加工业，酒、饮料和精制茶制造业，专业设备制造业，皮革、毛皮、羽毛及其制品业。行业出口产品质量均值最大达到了 0.474，而最小的仅为 0.399。从这也可以看出，各个行业出口产品质

量差异较大,这提醒政府注意各个行业出口产品质量发展不平衡的问题,在维持产品高质量行业发展现状的基础上,应该制定一系列政策(比如:加强知识产权保护以鼓励自主创新、降低进口关税以促使企业进口高质量中间品、加大政府补贴力度等)扶持产品质量较低的行业,促使它们提升出口产品的质量。

表 5.2　2007~2013 年不同行业分类下出口产品质量的发展趋势

行业	2007 年	2008 年	2009 年	2010 年	2011 年	2012 年	2013 年	均值	增长率（%）
农副食品加工业	0.396	0.362	0.483	0.421	0.584	0.496	0.481	0.460	20.147
食品制造业	0.423	0.415	0.390	0.415	0.366	0.388	0.495	0.413	1.341
酒、饮料和精制茶制造业	0.467	0.477	0.366	0.584	0.497	0.489	0.435	0.474	0.035
仪器仪表及文化、办公用机械制造业	0.444	0.434	0.414	0.424	0.412	0.428	0.417	0.425	-2.387
纺织业	0.435	0.416	0.431	0.427	0.431	0.430	0.439	0.430	1.404
通用设备制造业	0.415	0.421	0.410	0.421	0.415	0.418	0.423	0.418	0.458
鞋业	0.376	0.423	0.393	0.393	0.427	0.401	0.380	0.399	1.594
木材加工和木、竹、藤、棕、草制品业	0.429	0.409	0.412	0.431	0.432	0.425	0.417	0.422	1.040
家具制造业	0.461	0.430	0.406	0.458	0.449	0.427	0.443	0.439	0.208
纸制品	0.430	0.425	0.418	0.470	0.424	0.437	0.460	0.438	1.041
印刷品	0.427	0.424	0.430	0.450	0.472	0.419	0.406	0.433	-0.096
文教、工美、体育和娱乐用品制造业	0.426	0.429	0.429	0.420	0.466	0.434	0.422	0.432	3.328
石油、煤炭及其他燃料加工业	0.428	0.422	0.524	0.506	0.512	0.438	0.420	0.464	-2.920
化学原料及化学制品制造业	0.424	0.433	0.453	0.428	0.421	0.432	0.418	0.430	-2.557
医药制造业	0.443	0.454	0.409	0.420	0.455	0.429	0.427	0.434	1.259
化学纤维制造业	0.398	0.441	0.513	0.456	0.403	0.395	0.458	0.438	-7.968
橡胶和塑料制品业	0.423	0.428	0.439	0.439	0.449	0.467	0.433	0.440	3.873
非金属矿物制品业	0.417	0.425	0.427	0.431	0.434	0.424	0.428	0.427	0.855
黑色金属冶炼和压延加工业	0.397	0.409	0.428	0.426	0.419	0.426	0.414	0.417	1.112

续表

行业	2007年	2008年	2009年	2010年	2011年	2012年	2013年	均值	增长率（%）
有色金属冶炼和压延加工业	0.438	0.371	0.429	0.414	0.424	0.414	0.435	0.418	2.671
金属制品业	0.429	0.431	0.422	0.448	0.438	0.432	0.451	0.436	1.779
专业设备制造业	0.444	0.437	0.473	0.496	0.414	0.414	0.409	0.441	-12.167
通信设备、计算机及其他电子设备制造业	0.435	0.423	0.427	0.438	0.445	0.438	0.442	0.435	2.472
皮革、毛皮、羽毛及其制品业	0.460	0.406	0.456	0.469	0.472	0.452	0.451	0.452	2.309
交通运输设备制造业	0.417	0.423	0.442	0.428	0.425	0.430	0.448	0.430	1.573
电气机械及器材制造业	0.421	0.419	0.417	0.413	0.422	0.427	0.418	0.420	1.144

注：同表5.1。

由于本书研究涉及省级地区，而中国幅员辽阔，各个地区之间经济发展严重不平衡，地区间出口产品质量可能存在明显差异，因此接下来我们将对各省级地区出口产品质量的发展趋势进行详细分析。具体结果如表5.3所示，从东部、中部、西部三个地区的出口产品质量均值可以看出，中国各地区出口产品质量的发展不平衡，东中部地区高于西部地区。这主要是由于与西部地区相比，东中部交通便利、工农基础好、科学技术和文化教育水平高，因此其工业更为发达，出口产品的质量水平高于西部地区。我们通过在微观层面考察各个省级地区也可以得出类似结论，具体来说，一方面，出口产品质量均值不低于0.430的地区包含北京、广东、河北、江苏、山东、天津、浙江、河南、湖北、湖南、江西、广西和重庆，除了广西和重庆属于西部地区以外，其余都属于东部和中部地区；另一方面，出口产品质量均值小于0.400的省级地区包含青海、甘肃和云南，这些省级地区全部属于西部地区。综上可以得出，中国东中部地区的出口产品质量高于西部地区。此外，通过比较东部、中部和西部地区出口产品质量的平均增长率发现，东部和中部地区增长率为正，而西部地区增长率为负。通过具体观察各个省级地区出口产品

第五章　贸易便利化对企业出口产品质量的影响：基于进口中间品视角的理论分析与实证研究 | 115

质量的增长率可以发现，除了广东、甘肃、广西、宁夏和云南的出口产品质量增长率为负以外，其余省级地区的出口产品质量增长率都为正，且增长率为负的省级地区中除广东属于东部地区以外，其余都属于西部地区。上述分析提醒政府在维持东中部地区发展态势的基础上，应进一步完善市场机制，打破区域限制，让生产要素在区域间自由流动，加大对西部地区的支持力度，鼓励东中部发达地区支援西部欠发达地区，最终促进东部、中部、西部三个地区平衡发展。

表5.3　2007～2013年不同省级地区出口产品质量的发展趋势

地区	省份	2007年	2008年	2009年	2010年	2011年	2012年	2013年	均值	增长率（%）
东部	北京	0.428	0.464	0.414	0.435	0.438	0.423	0.471	0.439	1.802
	福建	0.431	0.413	0.428	0.422	0.439	0.435	0.434	0.429	1.892
	广东	0.433	0.433	0.441	0.438	0.444	0.439	0.416	0.435	-1.097
	海南	0.396	0.416	0.394	0.415	0.409	0.419	0.434	0.412	4.021
	河北	0.431	0.447	0.434	0.418	0.434	0.436	0.445	0.435	0.418
	吉林	0.408	0.444	0.390	0.422	0.426	0.434	0.437	0.423	3.547
	江苏	0.428	0.434	0.421	0.418	0.427	0.438	0.444	0.430	2.024
	辽宁	0.414	0.420	0.410	0.431	0.414	0.420	0.445	0.422	2.776
	山东	0.438	0.443	0.435	0.459	0.421	0.452	0.469	0.445	2.925
	上海	0.437	0.422	0.433	0.422	0.423	0.433	0.431	0.429	0.058
	天津	0.422	0.425	0.414	0.421	0.455	0.427	0.451	0.431	3.451
	浙江	0.429	0.425	0.440	0.426	0.419	0.452	0.468	0.437	4.052
	小计	0.425	0.432	0.421	0.427	0.429	0.434	0.445	0.431	2.159
中部	安徽	0.410	0.390	0.449	0.418	0.411	0.465	0.424	0.424	4.231
	河南	0.409	0.493	0.343	0.463	0.423	0.473	0.405	0.430	3.843
	湖北	0.449	0.433	0.433	0.422	0.473	0.441	0.441	0.442	1.033
	湖南	0.420	0.415	0.436	0.430	0.437	0.418	0.457	0.430	2.363
	江西	0.442	0.433	0.420	0.412	0.474	0.449	0.432	0.437	2.085
	山西	0.413	0.448	0.412	0.404	0.424	0.445	0.416	0.423	0.953
	小计	0.424	0.435	0.416	0.425	0.440	0.449	0.429	0.431	2.409

续表

地区	省份	2007年	2008年	2009年	2010年	2011年	2012年	2013年	均值	增长率（%）
西部	甘肃	0.416	0.398	0.380	0.357	0.313	0.409	0.398	0.382	-0.915
	广西	0.488	0.426	0.458	0.413	0.469	0.449	0.418	0.446	-3.350
	贵州	0.415	0.420	0.432	0.391	0.435	0.422	0.423	0.420	0.273
	宁夏	0.440	0.461	0.372	0.337	0.371	0.404	0.430	0.402	-2.324
	青海	0.437	0.379	0.363	0.374	0.397	0.435	0.391	0.397	3.352
	陕西	0.410	0.410	0.449	0.435	0.386	0.459	0.404	0.422	0.621
	四川	0.424	0.418	0.415	0.387	0.445	0.454	0.398	0.420	1.581
	云南	0.466	0.370	0.448	0.385	0.274	0.357	0.409	0.387	-12.356
	重庆	0.426	0.451	0.431	0.417	0.448	0.457	0.468	0.443	4.079
	小计	0.436	0.415	0.416	0.388	0.393	0.427	0.415	0.413	-0.744

注：考虑到出口产品质量具有波动性，本书根据2007~2010年、2011~2013年的平均值计算各个层面出口产品质量的增长率；东部、中部和西部地区小计为该地区所有省份的平均值。

二 机制分析

贸易便利化增加了进口中间品的种类和数量并提升了进口中间品的质量，同时降低了进口中间品的价格。本部分主要从进口中间品的视角分析贸易便利化对企业出口产品质量的影响机制。

（一）贸易便利化通过进口中间品价格影响企业出口产品质量的机制

第一，成本节约效应。贸易便利化能够有效地降低贸易成本，从而间接地降低企业进入出口市场的门槛，国外中间品企业可以更多地进入中国市场，使得国外中间品企业面临的市场竞争加剧，这必然会促使其压低出口中间品的价格，以获取稳定的出口份额和市场利润，从而方便中国企业以更低的价格使用进口中间品，进而节约中国企业的生产经营成本（Blaum，2015），间接提升中国企业的整体利润率，促使其提供更多资金开展研发活动、更新生产设备等（Bustos，2011），最终推动中国企业实现出口产品质量升级，这就是成本节约效应。

第二，竞争激励效应。贸易便利化降低了国外中间品企业进入中国市场的门槛，使得国外中间品企业为了应对激烈的市场竞争而降低产品出口价格，从而便利之前因高价格而无力使用进口中间品的中国企业获得使用进口中间品的能力。大量中国企业使用进口中间品会促使中国出口产品整体质量提升（Amiti et al.，2014），从而间接提高中国企业在出口市场中的质量竞争程度，企业为了保持出口产品竞争力和稳定市场份额，必然会通过加大研发资金投入力度、引进新技术等措施提高自身出口产品质量。

综上，从进口中间品价格角度来看，贸易便利化会通过成本节约效应和竞争激励效应提高企业出口产品质量。

（二）贸易便利化通过进口中间品种类影响企业出口产品质量的机制

第一，成本节约效应。贸易便利化能够有效地降低国外中间品企业进入中国市场的准入门槛，使更多中间品企业进入中国市场，从而增加中国市场中进口中间品的种类，而进口中间品种类的增加能够降低进口中间品的价格（相当于消费品种类增加会降低消费品价格），进而直接降低企业边际成本，间接增加企业利润，使得企业有更多的资金投入产品和技术的研发（Goldberg and Campa，2010；Bas and Strauss-Kahn，2015），最终增加产品出口附加值，提升企业出口产品质量。

第二，成本挤出效应。贸易便利化对企业进口中间品种类的增加作用也会对企业出口产品质量产生负向影响。新新贸易理论指出，企业参与国际贸易时要支付不同的固定成本（比如新产品信息搜索成本、合同签订成本等），这无疑会增加企业的总成本（Melitz，2003），因此企业进口中间品种类越多，消耗的固定成本会越多，对企业研发资金的投入存在较强的挤出效应，这是不利于企业出口产品质量升级的（李秀芳和施炳展，2016）。

综上，从进口中间品种类角度来看，贸易便利化对企业出口产品质量的影响究竟如何还难以判断，需要在后文进一步验证。本章将这种不确定性作用称为"水平效应"。

（三）贸易便利化通过进口中间品数量影响企业出口产品质量的机制

第一，创新抑制效应。贸易便利化能够通过降低企业贸易成本来增加企业的进口中间品数量，而进口中间品数量的增加可能会促使企业对进口中间品形成依赖，导致企业的生产经营活动向劳动密集型转移，阻碍企业积累研发创新所需的资金（周长富和杜宇玮，2012），进而限制其开展研发设计活动，抑制企业创新的积极性，最终阻碍其出口产品质量升级。此外，企业对进口中间品的过度依赖还会导致产品市场发生过度竞争而造成替代效应（吕越等，2018）。国外同质或相似的中间品竞相进入中国市场，加剧了市场竞争，国外中间品企业为了保持市场竞争优势会尽可能降低产品出口价格，这便利了中国企业利用低价格的进口中间品来替代高昂的自主创新，而丧失自主创新会使得企业难以吸收进口中间品的技术溢出（Amiti and Konings，2007；高静等，2019），从而阻碍企业技术升级，最终抑制其出口产品质量提升。

第二，规模效应。贸易便利化能够降低贸易成本，使得企业用相同的资金能够进口更多数量的中间品，而企业进口中间品数量越多，在进口贸易中掌握的主动权越多，进口谈判能力越强，这有助于降低企业的进口贸易成本，为其节省更多的生产成本，从而使其有更多的资金用于研发，最终促使其出口产品质量升级。此外，企业进口中间品数量越多，表明该企业的生产能力越强，随着生产规模的不断扩大，这有助于企业降低生产边际成本，实现规模经济，获取更多的经营利润（Goldberg and Campa，2010），进而增加研发资金投入，推动出口产品质量升级。

综上，从进口中间品数量角度来看，贸易便利化会对企业出口产品质量形成正负两方面的影响，最终究竟表现为正向影响还是负向影响，还需要我们在后文进一步检验。

（四）贸易便利化通过进口中间品质量影响企业出口产品质量的机制

第一，垂直溢出效应。正如前文所述，贸易便利化能够降低贸易成本，使得企业有能力进口之前无力进口的高质量中间品，而进口中间品作为技术和知识的载体，高质量往往意味着高技术水平，中国企业进口高质量中间品，既可从事加工、组装、装配等生产活动，又可实现对国外先进技术的引进消化吸收再创新，（姚博和汪红驹，2019），从而提高自身产品的技术含量，推动企业出口产品质量升级（Crossman and Helpman，1991），即实现技术的垂直溢出效应。Bas 和 Strauss-Kahn（2015）对法国企业、刘海洋等（2017a）对中国企业、Amiti 和 Konings（2007）对印度尼西亚制造业企业开展研究后都得出了类似的结论。

第二，垂直关联效应。贸易便利化对企业进口中间品质量的提升作用还会带动垂直关联的上下游企业升级，因为企业进口中间品之后还需要将其与自身资本、劳动结合起来进行生产，这就要求企业必须拥有相应的吸收能力（Augier et al.，2013），从而迫使企业提升自己的技术水平、资本劳动比，而这会促进企业出口产品质量升级（李秀芳和施炳展，2016）。

综上，贸易便利化会通过进口中间品价格的成本节约效应、竞争激励效应影响企业出口产品质量，会通过进口中间品数量的创新抑制效应、规模效应影响企业出口产品质量，会通过进口中间品质量的垂直溢出效应、垂直关联效应影响企业出口产品质量，会通过进口中间品种类的成本节约效应、成本挤出效应影响企业出口产品质量。为了更直观地反映上述机制，我们绘制了如下作用机制图（见图5.2）。

三　理论模型

本部分在 Melitz 和 Ottaviano（2008）的垄断竞争模型与 Hallak 和 Sivadasan（2009）的质量内生决定模型的基础上，将中间品部门纳入相互垂直关联的最终产品部门，从而聚焦于进口中间品的视角，构建贸易

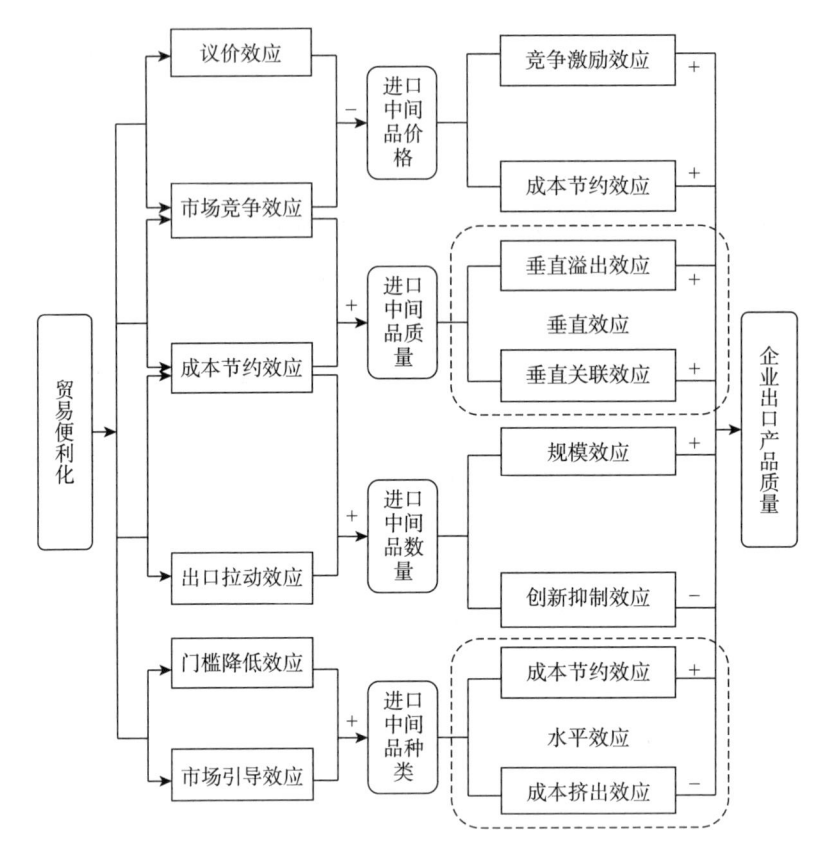

图 5.2 贸易便利化对企业出口产品质量的作用机制

便利化对企业出口产品质量影响的分析框架。

(一) 模型假定

第一,假设代表性消费者具备标准 CES 函数,这意味着不同产品种类之间的外生性和同质性加价,以及不同产品种类和国家之间的需求对称。

第二,假设企业生产要素中的资本和劳动不能自由跨国流动,且所需的中间品包含国内中间品和国外进口中间品。使用国内中间品的贸易成本为 0(即贸易便利化不会影响国内中间品),使用国外进口中间品的贸易成本大于 0。

第三，假设进口中间品的贸易成本仅由一个因素决定，即缺乏贸易便利化（进出口贸易程序繁杂、法律法规不完善等）导致的贸易成本。

第四，假设一国最终产品市场为垄断竞争市场，每家企业只生产一种产品。

第五，假设中间品种类只会影响固定成本，即中间品种类越多，则企业生产经营的固定成本越大。这样做是为了将进口中间品种类纳入分析框架。

（二）模型构建与研究假设

1. 需求

假设代表性消费者的效应函数是标准的 CES 形式：

$$u = \left[\int_{y \in \Omega} (\lambda_y q_y)^{\frac{\sigma-1}{\sigma}} dy\right]^{\frac{\sigma}{\sigma-1}} \tag{5.2}$$

其中，q_y 是消费者消费产品 y 的数量（即企业生产产品 y 的数量），λ_y 是消费者消费产品 y 的质量（即企业生产产品 y 的质量），σ 代表任意两种产品之间的替代弹性（$\sigma>1$），Ω 是出口产品种类。根据消费者效用最大化原则构建拉格朗日函数，求出消费者最优消费量，具体如下所示：

$$q_y = p_y^{-\sigma} \lambda_y^{\sigma-1} \frac{R}{p} \tag{5.3}$$

其中，R 是消费者对产品 y 的总需求，它对应的是产品 y 部门的总收入；λ_y 是产品 y 的质量；p_y 是产品 y 的价格指数，p 是产品市场整体的价格指数。p 具体如式（5.4）所示：

$$p = \left[\int_{y \in \Omega} p_y^{1-\sigma} \lambda_y^{\sigma-1} dy\right]^{\frac{1}{1-\sigma}} \tag{5.4}$$

2. 供给

垄断竞争市场中代表性企业的柯布－道格拉斯生产函数为：

$$Q_y = \varphi K^{\alpha} L^{1-\alpha-\beta} M^{\beta} \tag{5.5}$$

其中，Q_y 是企业产出，α、$(1-\alpha-\beta)$ 和 β 分别是资本、劳动和中间品所占的份额，φ 是企业生产率的外生固定值，K^α 是企业投入的资本，$L^{1-\alpha-\beta}$ 是企业投入的劳动，M^β 是企业投入的中间品（包含国内部分 M^h 和国外部分 M^x）。中间品的需求函数如式（5.6）所示：

$$M = \left[(M^h)^{\frac{\sigma_m-1}{\sigma_m}} + (B_m M^x)^{\frac{\sigma_m-1}{\sigma_m}} \right]^{\frac{\sigma_m}{\sigma_m-1}} = \left[\int_0^{n_h} (m_m^h)^{\frac{\sigma_m-1}{\sigma_m}} dm + \int_0^{n_x} (b_m m_m^x)^{\frac{\sigma_m-1}{\sigma_m}} dm \right]^{\frac{\sigma_m}{\sigma_m-1}}$$

(5.6)

其中，B_m 被设定为进口中间品的相对质量因子，b_m 是 m 类进口中间品的相对质量因子，m_m^h 和 m_m^x 分别是国内中间品 m 的数量和国外进口中间品 m 的数量，n_h 和 n_x 分别是企业使用国内中间品种类和国外中间品种类，σ_m 是中间品替代弹性且大于1。

此外，我们设定中间品的价格为 P_M，国内中间品的价格为 p_h，国外进口中间品的价格为 p_x；p_m^h 和 p_m^x 分别是 m 类国内中间品和 m 类国外进口中间品的价格。因此，企业所使用中间品的整体价格为：

$$P_M = \left[(p_h)^{1-\sigma_m} + \left(\frac{p_x}{B_m}\right)^{1-\sigma_m} \right]^{\frac{1}{1-\sigma_m}} = \left[\int_0^{n_h} (p_m^h)^{1-\sigma_m} dm + \int_0^{n_x} \left(\frac{p_m^x}{b_m}\right)^{1-\sigma_m} dm \right]^{\frac{1}{1-\sigma_m}}$$

(5.7)

在上文假设的基础上，本书认为进口单位中间品会因贸易便利化的缺乏而损耗，具体损耗量为 χ，其值越大，说明贸易便利化程度越低，贸易保护越严重，当企业需要1单位进口中间品时，实际上需要进口 $(1+\chi)$ 单位中间品（$0<\chi<1$）。因此，考虑贸易成本之后，进口中间品 m 的价格 p_{mc}^x 为：

$$p_{mc}^x = (1+\chi)p_m^x \qquad (5.8)$$

由式（5.8）可知，贸易便利化缺乏带来的损耗值越大，则企业进口中间品的价格越高 $\left(\frac{\partial p_{mc}^x}{\partial \chi} > 0\right)$，即贸易便利化降低了企业进口中间品价格。我们考虑将贸易便利化之后的进口中间品价格即式（5.8）代入企业中间品整体价格即式（5.7），得到式（5.9）：

$$P_M = \left\{ (p_h)^{1-\sigma_m} + \left[\frac{(1+\chi)p_x}{B_m}\right]^{1-\sigma_m} \right\}^{\frac{1}{1-\sigma_m}}$$

$$= \left\{ \int_0^{n_h} (p_m^h)^{1-\sigma_m} dm + \int_0^{n_x} \left[\frac{(1+\chi)p_m^x}{b_m}\right]^{1-\sigma_m} dm \right\}^{\frac{1}{1-\sigma_m}} \quad (5.9)$$

为了计算方便，我们假设企业使用中间品的投入指数为单位 1，此时根据企业使用中间品成本最小化原则构建拉格朗日函数，计算企业最优化问题：

$$\min \int_0^{n_x} p_{mc}^x m_m^x dm + \int_0^{n_h} p_m^h m_m^h dm \quad (5.10)$$

$$\text{s. t. } M = \left[\int_0^{n_h} (m_m^h)^{\frac{\sigma_m-1}{\sigma_m}} dm + \int_0^{n_x} (b_m m_m^x)^{\frac{\sigma_m-1}{\sigma_m}} dm \right]^{\frac{\sigma_m}{\sigma_m-1}} = 1 \quad (5.11)$$

结合式（5.8）、式（5.10）和式（5.11），通过解上述最优化问题可以得到企业进口中间品的需求是国内中间品需求的函数：

$$m_m^x = m_m^h (b_m)^{\sigma_m-1} \left[\frac{p_m^h}{(1+\chi)p_m^x}\right]^{\sigma_m} \quad (5.12)$$

本书假定国内中间品不会受贸易便利化的影响，因此由式（5.12）可知，贸易便利化缺乏带来的损耗值越大，则企业对进口中间品的需求越小 $\left(\frac{\partial m_m^x}{\partial \chi} < 0\right)$，即贸易便利化增加了企业进口中间品数量。

通过理论模型我们推导出了贸易便利化会降低企业进口中间品价格 $\left(\frac{\partial p_{mc}^x}{\partial \chi} > 0\right)$ 以及增加企业进口中间品数量 $\left(\frac{\partial m_m^x}{\partial \chi} < 0\right)$，这与第四章的研究结论相一致。此外，我们通过第四章的理论分析与实证检验还发现，贸易便利化会通过门槛降低效应和市场引导效应增加企业进口中间品种类 $\left(\frac{\partial n_x}{\partial \chi} < 0\right)$，会通过市场竞争效应和成本节约效应提高企业进口中间品质量 $\left(\frac{\partial B_m}{\partial \chi} < 0\right)$。

3. 成本

给定中间品种类，我们设定资本、劳动和中间品的价格分别是 r、w 和 P_M。同时，参照 Hallak 和 Sivadasan（2009）与施炳展和邵文波（2014）的研究，我们把产品质量直接引入企业可变成本函数，即出口产品质量越高，往往意味着企业可变成本越大。因此，企业的可变成本函数可表示为：

$$C_y = \frac{1}{\varphi}\left(\frac{r}{\alpha}\right)^{\alpha}\left(\frac{w}{1-\alpha-\beta}\right)^{1-\alpha-\beta}\left(\frac{P_M}{\beta}\right)^{\beta}(\lambda_y)^{\mu} \tag{5.13}$$

其中，μ 是可变成本的质量弹性（$0<\mu<1$），λ_y 是企业生产产品 y 的质量水平。

对企业固定成本的测度主要参考 Ahsan（2010）的设定形式，随着企业使用的中间品种类增加，其管理中间品的固定成本也会增加，$F = f(n) > 0$。$f(n)$ 表示企业管理 n 类中间品所需要的固定成本，其必须满足 $f'(n) > 0$，$f''(n) > 0$。这是因为企业中间品种类的增加导致固定成本提高的同时，也会给企业带来"水平效应"，从而提高企业出口产品质量。因此，企业管理者在处理涉及中间品种类的问题时，应该在成本损失和质量收益之间权衡利弊，寻找一个平衡点。

此外，我们也根据 Hallak 和 Sivadasan（2009）与施炳展和邵文波（2014）的研究，将产品质量也纳入固定成本函数，即企业出口产品质量越高，则固定成本也会越大。

综上，为了使计算简便，我们把固定成本的函数形式设定为 $f(n) = \frac{n^2}{2}(\lambda_y)^{\nu}$，这里的 n 包含国内中间品 n_h 和国外中间品 n_x 两部分，λ_y 是产品质量，ν 是固定成本的质量弹性（$\nu > 0$）。

4. 均衡

假定企业生产产品 y 的数量为 q_y，产品 y 在市场中的销售价格为 p_y，企业生产经营的总成本是 C（包含可变成本 C_y 和固定成本 F）。因此，企业的利润函数可以表示为：

$$\pi_y = q_y p_y - C = q_y(p_y - C_y) - F \tag{5.14}$$

根据剩余需求函数和企业加成定价原则，我们可以计算出企业利润最大化的产品销售价格为：

$$p_y = \frac{C_y \sigma}{\sigma - 1} \tag{5.15}$$

其中，σ 是产品的替代弹性（$\sigma > 1$）。将式（5.3）、式（5.9）和式（5.15）代入式（5.14），此时企业的利润函数可以表示为：

$$\pi_y = G\left\{(p_h)^{1-\sigma_m} + \left[\frac{(1+\chi)p_x}{B_m}\right]^{1-\sigma_m}\right\}^{\frac{\beta(1-\sigma)}{1-\sigma_m}} (\lambda_y)^{(\sigma-1)(1-\mu)}$$
$$- \frac{(\lambda_y)^{\nu}(n_h)^2}{2} - \frac{(\lambda_y)^{\nu}(n_x)^2}{2} \tag{5.16}$$

其中，$G = \frac{R\beta^{\beta(\sigma-1)}\sigma^{-\sigma}}{p(\sigma-1)^{1-\sigma}}\left[\frac{1}{\varphi}\left(\frac{r}{\alpha}\right)^{\alpha}\left(\frac{w}{1-\alpha-\beta}\right)^{1-\alpha-\beta}\right]^{1-\sigma}$。根据利润最大化原则，将式（5.16）对出口产品质量 λ_y 求偏导为：

$$\frac{\partial \pi_y}{\partial \lambda_y} = (\sigma-1)(1-\mu)G(P_M)^{\beta(1-\sigma)}(\lambda_y)^{(\sigma-1)(1-\mu)-1}$$
$$- \frac{\nu(\lambda_y)^{\nu-1}(n_h)^2}{2} - \frac{\nu(\lambda_y)^{\nu-1}(n_x)^2}{2} = 0 \tag{5.17}$$

其中，$P_M = \left\{(p_h)^{1-\sigma_m} + \left[\frac{(1+\chi)p_x}{B_m}\right]^{1-\sigma_m}\right\}^{\frac{1}{1-\sigma_m}}$。根据式（5.17），我们可以得出利润最大化下企业出口产品质量的临界值为：

$$\lambda_y^* = \left\{\frac{\nu\left[\frac{(n_h)^2}{2} + \frac{(n_x)^2}{2}\right]}{(\sigma-1)(1-\mu)(P_M)^{\beta(1-\sigma)}G}\right\}^{\frac{1}{(\sigma-1)(1-\mu)-\nu}} \tag{5.18}$$

其中，由于固定成本的质量弹性 $\nu > (\sigma-1)(1-\mu)$（Hallak and Sivadasan，2009；施炳展和邵文波，2014；苏丹妮等，2018），因此 $\frac{1}{(\sigma-1)(1-\mu)-\nu} < 0$。我们将出口产品质量的临界值与式（5.9）结合可知，出口产品质量临界值 λ_y^* 是贸易便利化 χ、进口中间品种类 n_x、

进口中间品质量 b_m 以及进口中间品价格 p_m^x 的函数。因此，我们将式 (5.18) 分别对贸易便利化 χ、进口中间品种类 n_x、进口中间品质量 b_m 以及进口中间品价格 p_m^x 求偏导得：

$$\frac{\partial \lambda_y^*}{\partial \chi} = \frac{-\beta(1-\sigma)(1-\chi)^{-\sigma_m}\left(\frac{p_x}{B_m}\right)^{1-\sigma_m}}{[(\sigma-1)(1-\mu)-v]\left\{(p_h)^{1-\sigma_m}+\left[\frac{(1+\chi)p_x}{B_m}\right]^{1-\sigma_m}\right\}^{\frac{\beta(1-\sigma)}{(1-\sigma_m)[(\sigma-1)(1-\mu)-v]}+1}}$$

$$\left\{\frac{v\left[\frac{(n_h)^2}{2}+\frac{(n_x)^2}{2}\right]}{(\sigma-1)(1-\mu)G}\right\}^{\frac{1}{(\sigma-1)(1-\mu)-v}} < 0 \qquad (5.19)$$

$$\frac{\partial \lambda_y^*}{\partial n_x} = \frac{1}{(\sigma-1)(1-\mu)-v} \cdot \frac{v(\sigma-1)(1-\mu)n_x}{G\left\{(p_h)^{1-\sigma_m}+\left[\frac{(1+\chi)p_x}{B_m}\right]^{1-\sigma_m}\right\}^{\frac{\beta(1-\sigma)}{(1-\sigma_m)[(\sigma-1)(1-\mu)-v]}}}$$

$$\left\{\frac{v\left[\frac{(n_h)^2}{2}+\frac{(n_x)^2}{2}\right]}{(\sigma-1)(1-\mu)G}\right\}^{\frac{1}{(\sigma-1)(1-\mu)-v}-1} < 0 \qquad (5.20)$$

$$\frac{\partial \lambda_y^*}{\partial B_m} = \frac{\beta(1-\sigma)(B_m)^{\sigma_m-2}\left[(1+\chi)p_x\right]^{1-\sigma_m}}{[(\sigma-1)(1-\mu)-v]\left\{(p_h)^{1-\sigma_m}+\left[\frac{(1+\chi)p_x}{B_m}\right]^{1-\sigma_m}\right\}^{\frac{\beta(1-\sigma)}{(1-\sigma_m)[(\sigma-1)(1-\mu)-v]}+1}}$$

$$\left\{\frac{v\left[\frac{(n_h)^2}{2}+\frac{(n_x)^2}{2}\right]}{(\sigma-1)(1-\mu)G}\right\}^{\frac{1}{(\sigma-1)(1-\mu)-v}} > 0 \qquad (5.21)$$

$$\frac{\partial \lambda_y^*}{\partial p_x} = \frac{-\beta(1-\sigma)(p_x)^{-\sigma_m}\left[\frac{(1+\chi)}{B_m}\right]^{1-\sigma_m}}{[(\sigma-1)(1-\mu)-v]\left\{(p_h)^{1-\sigma_m}+\left[\frac{(1+\chi)p_x}{B_m}\right]^{1-\sigma_m}\right\}^{\frac{\beta(1-\sigma)}{(1-\sigma_m)[(\sigma-1)(1-\mu)-v]}+1}}$$

$$\left\{\frac{v\left[\frac{(n_h)^2}{2}+\frac{(n_x)^2}{2}\right]}{(\sigma-1)(1-\mu)G}\right\}^{\frac{1}{(\sigma-1)(1-\mu)-v}} < 0 \qquad (5.22)$$

根据式 (5.19) 可知，贸易便利化对企业出口产品质量整体表现为促进作用。将式 (5.20) 与前文的理论分析部分结合可以发现，进口中间品种类对企业出口产品质量的负向作用大于正向作用（即成本挤出效应大于成本节约效应），因此两者最终表现为负相关关系。将式

（5.20）至式（5.22）与前文分析结合起来我们可以得出：①贸易便利化会通过提高企业进口中间品质量促进企业出口产品质量升级（$\frac{\partial \lambda_y^*}{\partial \chi} = \frac{\partial \lambda_y^*}{\partial B_m} \frac{\partial B_m}{\partial \chi} < 0$）；②贸易便利化会通过降低企业进口中间品价格促进企业出口产品质量升级（$\frac{\partial \lambda_y^*}{\partial \chi} = \frac{\partial \lambda_y^*}{\partial p_x} \frac{\partial p_x}{\partial \chi} < 0$）；③贸易便利化会通过增加企业进口中间品种类抑制企业出口产品质量升级（$\frac{\partial \lambda_y^*}{\partial n_x} = \frac{\partial \lambda_y^*}{\partial n_x} \frac{\partial n_x}{\partial \chi} > 0$）。

此外，在前文理论分析部分我们已经发现，进口中间品数量对企业出口产品质量存在正负两方面的影响，其总体效果取决于正向作用和负向作用的大小，还需要我们在后文进一步检验，因此二者关系暂时无法确定（$\frac{\partial \lambda_y^*}{\partial m_x}$？0），将该结论与式（5.12）结合起来可知：④贸易便利化通过增加进口中间品数量对企业出口产品质量产生的作用无法确定（$\frac{\partial \lambda_y^*}{\partial m_x} = \frac{\partial \lambda_y^*}{\partial m_x} \frac{\partial m_x}{\partial \chi}$？0）。

综上，我们提出以下研究假设。

研究假设2：贸易便利化会通过提高企业进口中间品质量和降低进口中间品价格，对其出口产品质量产生促进作用。

研究假设3：贸易便利化会通过增加企业进口中间品种类，对其出口产品质量产生抑制作用，但贸易便利化通过增加进口中间品数量对企业出口产品质量产生的作用无法确定。

研究假设4：贸易便利化对企业出口产品质量升级总体表现为促进作用。

第二节 模型设定、变量说明与资料来源

一 模型设定

在前文，我们分析了贸易便利化影响企业出口产品质量的机制，发

现贸易便利化对企业出口产品质量的影响主要是通过进口中间品四重维度的传导路径实现的。在此基础上，我们构建了数理模型，将贸易便利化、进口中间品与企业出口产品质量纳入统一的分析框架，研究发现：贸易便利化会降低企业进口中间品价格和提高企业进口中间品质量，从而促使企业出口产品质量升级；贸易便利化会增加企业进口中间品种类，从而形成对企业出口产品质量升级的抑制作用；贸易便利化通过增加企业进口中间品数量对其出口产品质量产生的作用不确定。事实究竟如何，还需要我们进一步检验。此外，由于本书研究样本是非平衡面板，每年都有企业进入和退出，为了控制不随企业和时间变化的因素，我们在设定模型时控制了企业固定效应和时间固定效应。需要特别说明的是，由于企业在某行业和某地区是不随时间发生变化的，因此我们在模型中仅控制了企业固定效应，并未控制行业固定效应和地区固定效应。基于此，本章设定如下基准回归模型来检验理论机制与研究假设，具体模型如式（5.23）所示：

$$ex\text{-}\ln quality_{idkt} = \beta_0 + \beta_1 \ln tf_{dt} + \varphi \ln X + \mu_i + \mu_t + \varepsilon_{idkt} \qquad (5.23)$$

其中，i 代表企业，d 代表省级地区，t 代表年度，k 代表制造业行业。$ex\text{-}\ln quality_{idkt}$ 代表出口产品质量，tf_{dt} 是地区贸易便利化水平，X 是一系列控制变量（企业利润率 $\ln profit_{idkt}$、企业规模 $\ln size_{idkt}$、企业存续年限 $\ln age_{idkt}$、企业全要素生产率 $\ln tfp_{idkt}$），μ_i 是企业固定效应，μ_t 是时间固定效应，ε_{idkt} 是随机扰动项。式（5.23）是本章实证的基准回归模型，其作用是检验贸易便利化对中国企业出口产品质量的总体影响，其中估计系数 β_1 刻画的是贸易便利化对中国企业出口产品质量的总体影响，若估计系数为正，说明贸易便利化对中国企业出口产品质量总体上存在显著的促进作用；反之，则是抑制作用。

二 变量说明

本部分主要对以下被解释变量和控制变量的测度及其影响机制进行说明。

（一）被解释变量

出口产品质量（$ex\text{-}\ln quality_{idkt}$）。本书参考 Hallak 和 Sivadasan（2009）、Krugler 和 Verhoogen（2012）以及 Fan 等（2015）提出的反事实推理方法测算企业出口产品质量。基本思路是，假定价格相同的两种产品，市场需求越大，说明产品质量越高。由此可以表示出产品的需求函数：

$$q_{inkt} = p_{inkt}^{-\sigma} \lambda_{inkt}^{\sigma-1} \frac{E_{nt}}{p_{nt}} \tag{5.24}$$

将式（5.24）两边取对数，简单整理之后可以得到式（5.25）：

$$\ln q_{inkt} + \sigma \ln p_{inkt} = \mu_{nt} + \varepsilon_{inkt} \tag{5.25}$$

其中，ε_{inkt} 是残差项，q_{inkt}、p_{inkt} 为企业 i 在 t 年出口到 n 国的产品类别 k 的出口数量与对应的出口离岸价格，μ_{nt} 代表出口目的地-年份固定效应。通过估计式（5.25）可以得到的回归残差 ε_{inkt} 即为产品质量 $(\sigma-1)\ln \lambda_{inkt}$ 的测算值。同时参考 Fan 等（2015）的研究，取 $\sigma = 5$，则最终出口产品质量如式（5.26）所示：

$$ex\text{-}quality_{inkt} = \overline{\lambda_{inkt}} = \overline{\frac{\varepsilon_{inkt}}{\sigma - 1}} \tag{5.26}$$

（二）控制变量

企业利润率（$\ln profit_{idkt}$）。该指标用企业营业利润与销售额的比值来衡量。企业利润率的提高，可以在很大程度上缓解自身融资约束问题，使得企业有更多资金开展技术研发活动，从而促使其出口产品质量提升（张洋，2017）。考虑到企业利润率对出口产品质量的影响，本书将其作为一个控制变量纳入研究范畴。

企业规模（$\ln size_{idkt}$）。本书以全部职工人数作为该变量的替代指标。在新贸易理论的框架下，企业自身规模会使其获得成本优势

(Krugman，1980）。企业规模越大，则其市场扩张能力越强，实物资本和人力资本也越丰富（李波，2016；Bernard and Jensen，2004），而其占有的资源越多，越有利于实现规模经济，风险承受能力越强（Dunne and Hughes，1994；Audia and Greve，2006），因此规模大的企业更有能力研发与生产高技术产品，从而促进企业出口产品质量提升。所以，我们引入企业规模以控制该因素对企业出口产品质量的影响。

企业存续年限（$\ln age_{idkt}$）。该指标采用当年年份与企业成立年份之差来表示。根据许和连和王海成（2016）的研究可知，企业存续年限可能会对其出口产品质量产生正负两方面的影响。具体来说，一方面，企业存续年限越长，员工的生产和管理经验越丰富，员工的自身能力也就越强，这有利于企业后续资源的积累和生产能力的提升（Henderson，1999；Agarwal et al.，2002；Thornhill and Amit，2003），进而对企业出口产品质量提升产生促进作用；另一方面，企业存续年限越长，生产设备的磨损可能就越严重，且企业在发展过程中可能存在惰性，以致不能够灵活使用组织变革来快速适应环境变化（张慧，2018），进而导致在生产技术方面难以做出有效调整和升级，最终抑制出口产品质量的提升。综上，我们引入企业存续年限以控制该因素对企业出口产品质量的影响。

企业全要素生产率（$\ln tfp_{idkt}$）。新增长理论将全要素生产率作为衡量技术进步的指标，本书主要参考 Head 和 Ries（2003）提出的近似全要素生产率的估计方法，估计方程为 $tfp = \ln(y/l) - s\ln(k/l)$，其中：$y$ 为工业增加值；l 为年从业人数；k 为固定资产规模；s 为生产函数中的资本贡献度。我们参考许和连和王海成（2016）的做法，设定 s 为 1/3。鉴于数据的限制，y 以企业工业总产值近似替代。Melitz（2003）首次利用异质性企业贸易模型来分析国际贸易问题，认为企业生产率的异质性决定了其是否开展出口贸易。在此基础上，Fan（2005）进一步研究发现，企业生产率越高，则出口产品质量越高，出口产品范围越大，出口持续时间越长。随后，Curzi 和 Olper（2012）实证研究表明，企业生产率对其出口产品质量存在正向作用，主要是因为企业生产率越高，则其技术越先进，其越有能力生产出高质量产品。基于此，本书选择全要素生产率作为控制变量纳入模型，以控制技术因素对出口产品质量的影响。

表 5.4 为变量的描述性统计。需要特别说明的是，由于本书对贸易便利化、出口产品质量和进口中间品质量等指标均做了标准化处理，而标准化后的指标取值区间为 0 到 1，因此取对数之后，三个变量的均值、最小值和最大值都不为正。我们可以由表 5.4 了解各个变量的数据结构，但是为了更直观地展现贸易便利化与企业出口产品质量之间的关系，本书进一步补充了贸易便利化与出口产品质量的散点图。根据图 5.3 可以看出，拟合曲线的斜率为正，说明贸易便利化水平的提高可以促进中国企业出口产品质量升级。当然，要了解它们之间更为准确的关系，还需要我们在后文做进一步检验。

表 5.4 描述性统计

变量	变量说明	观测值	均值	标准差	最小值	最大值
$ex\text{-}\ln quality_{idkt}$	出口产品质量	1420266	-0.888	0.243	-15.712	$-1.8e-07$
$\ln tf_{dt}$	贸易便利化	1420266	-0.802	0.281	-2.618	-0.315
$\ln age_{idkt}$	企业存续年限	1418333	2.432	0.536	0.000	5.081
$\ln size_{idkt}$	企业规模	1420266	6.468	1.359	0.000	11.784
$\ln tfp_{idkt}$	企业全要素生产率	1420266	4.788	0.974	-3.841	10.366
$\ln profit_{idkt}$	企业利润率	1418870	0.052	0.134	-4.261	5.965
$ZCF\text{-}\ln tf_{dt}$	主成分贸易便利化	1420266	-0.504	0.280	-2.345	-0.048
$\ln post_{dt}$	省级地区邮电局数目	1420266	8.318	0.636	5.565	9.548
$im\text{-}\ln p_{idkt}$	进口中间品价格	1420266	4.014	2.947	-10.305	18.304
$im\text{-}\ln number_{idt}$	进口中间品种类	1420266	4.213	1.409	0.000	7.871
$im\text{-}\ln quality_{idkt}$	进口中间品质量	1419295	-1.164	0.615	-10.797	0.000
$im\text{-}\ln quantity_{idkt}$	进口中间品数量	1420266	4.898	3.820	0.000	23.387

注：以上数据根据相应数据库整理计算而得，且都进行了取对数处理。

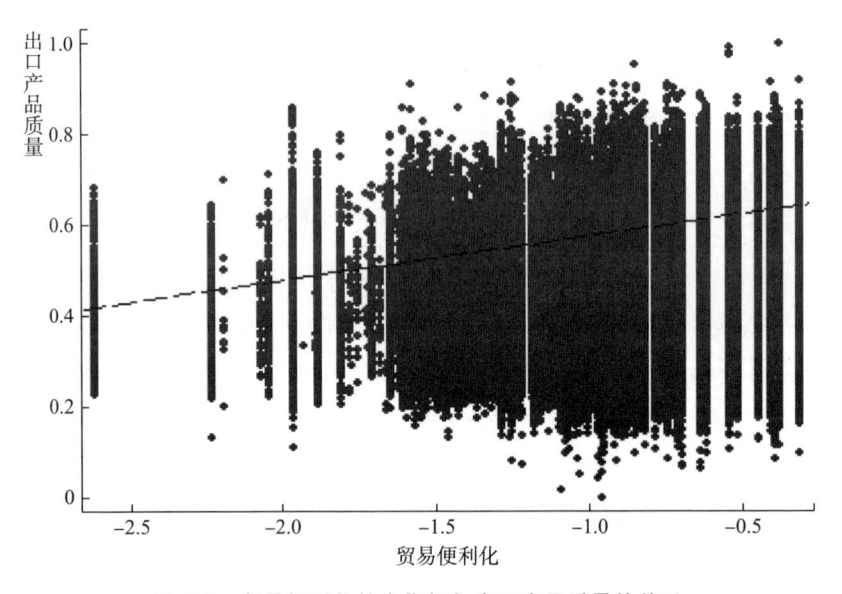

图 5.3　贸易便利化综合指标与出口产品质量的关系

三　资料来源

本章资料来源与第四章相同,此处不再赘述。

第三节　模型检验与结果分析

一　基准回归结果

表 5.5 为本章基准回归结果。为防止可能存在的多重共线性问题,本章将核心变量和控制变量依次引入模型进行回归分析,其中（1）列是模型仅引入核心变量的回归结果,而（2）列至（5）列是逐渐将控制变量引入模型的回归结果。根据表 5.5 的结果可知,贸易便利化总体上促进了企业出口产品质量升级,这也验证了我们提出的研究假设 4,说明贸易便利化对企业出口产品质量整体上表现为促进作用。企业规模的回归系数为正,说明企业规模对出口产品质量表现为提升作用,这也与理论预期相一致,因为企业规模越大,则其资金越充足,技术越先

进，人力资本越丰富，越容易生产出高技术产品，从而促进企业出口产品质量升级。企业全要素生产率对出口产品质量升级也表现出稳健的促进作用，主要是因为全要素生产率作为技术水平的衡量指标，其值越大，说明企业技术越进步，而随着企业技术的进步，其所生产产品的质量水平更高（施炳展和邵文波，2014）。企业存续年限的回归系数为正，说明企业存续年限促进了企业出口产品质量升级。虽然在理论预期中我们提出企业存续年限对出口产品质量具有正负两方面的影响，但是该结果表明，企业存续年限对出口产品质量的正向影响要大于负向影响，因此对出口产品质量总体上表现为正向影响，这也与张洋（2017）的研究结论相一致。企业利润率的回归系数也显著为正，说明企业利润率对其出口产品质量升级总体上存在正向影响，该结论与许家云等（2015）的研究结论相一致。这是因为企业利润率提高可以有效缓解其受到的融资约束，使得企业有更多资金开展技术研发活动，进而推动企业出口产品质量升级，因此企业利润率对其出口产品质量总体上表现为提升作用。

表5.5 基准回归结果

变量	(1)	(2)	(3)	(4)	(5)
$\ln tf_{dt}$	0.009*** (2.64)	0.009*** (2.59)	0.010*** (2.76)	0.010*** (2.67)	0.011*** (3.01)
$\ln size_{idkt}$		0.002*** (3.03)	0.006*** (9.86)	0.005*** (9.19)	0.005*** (8.51)
$\ln tfp_{idkt}$			0.009*** (14.99)	0.008*** (14.72)	0.008*** (13.73)
$\ln age_{idkt}$				0.006*** (3.48)	0.006*** (3.34)
$\ln profit_{idkt}$					0.027*** (11.08)
常数项	-0.881*** (-324.91)	-0.890*** (-214.11)	-0.956*** (-158.62)	-1.349*** (-48.00)	-0.961*** (-143.12)
企业固定效应	Yes	Yes	Yes	Yes	Yes
年度固定效应	Yes	Yes	Yes	Yes	Yes

续表

变量	(1)	(2)	(3)	(4)	(5)
R^2	0.151	0.151	0.151	0.151	0.151
观测值	1420266	1420266	1420266	1418333	1416939

注：括号内为回归系数的 t 值；***、***和*分别表示1%、5%和10%的显著性水平。

二 异质性分析

（一）企业所有制和贸易方式异质性

在基准回归中我们已经发现，贸易便利化对企业出口产品质量具有显著的提升作用，但是考虑到该作用可能会随着企业所有制和贸易方式的不同而存在差异，因此我们补充分析企业所有制和贸易方式异质性的回归结果。首先，按照企业所有制将总样本分为国有企业、私营企业和外资企业三组样本，其中外资企业包含中外合资企业和外商独资企业；其次，按照贸易方式将总样本分为一般贸易企业和加工贸易企业两组样本。

表5.6为企业所有制和贸易方式异质性的回归结果。根据（1）列和（2）列的回归结果可以发现，贸易便利化对国有企业出口产品质量的提升作用大于私营企业。存在这种差异的原因可能是国有企业和私营企业资金上的差别，国有企业得到的政策和经济扶持较大，与私营企业相比其资金往往较为充足，所受的融资约束也更小，当面临贸易便利化带来的进口机遇时，国有企业会更有能力进口价格较高的高质量中间品，因此国有企业更能发挥贸易便利化对企业出口产品质量的提升作用。观察（3）列的回归结果发现，贸易便利化对外资企业出口产品质量的影响不显著。这可能是因为外资企业的海外子公司往往是在母公司所生产中间品的基础上进行加工装配再销售，其对严格意义上的进口中间品的需求有限，因此在面临贸易便利化带来的进口机遇时，外资企业还是只会进口母公司的中间品，而不会改变严格意义上进口中间品的四重维度。综上，贸易便利化水平的提升对外资企业出口产品质量升级的

作用不明显。

根据（4）列和（5）列可知，贸易便利化对一般贸易企业出口产品质量的提升作用大于加工贸易企业，这主要是由于以下两方面原因。一方面，加工贸易企业主要是依靠进口原材料、零部件等中间品进行加工，生产的产品大多为最终产品，实际上是"为出口而进口"（张杰等，2015b），且其进出口受跨国公司的制约比较严重，进口中间品有固定的渠道，使用进口中间品的目的更多的是凭借劳动力等具有比较优势的生产要素来实现生产成本的降低（张先锋等，2019）。因此，当贸易便利化水平不断提升使贸易成本不断下降时，加工贸易企业受跨国公司制约，进口中间品质量在短期内是难以提升的，其必然会更加注重增加进口中间品的种类和数量以实现规模经济，这也导致贸易便利化对加工贸易企业出口产品质量的提升作用有限。另一方面，对一般贸易企业而言，其受跨国公司的制约程度较轻，因此面对贸易便利化带来的进口机遇时，其会尽可能地通过进口价格较高的高质量中间品来实现其出口产品的质量升级，最终扩大其出口市场份额（张先锋等，2019）。因此，贸易便利化对一般贸易企业出口产品质量的提升作用大于加工贸易企业。

表 5.6　企业所有制和贸易方式异质性的回归结果

变量	国有企业（1）	私营企业（2）	外资企业（3）	一般贸易企业（4）	加工贸易企业（5）
$\ln tf_{dt}$	2.111*** (3.92)	0.008** (2.36)	0.002 (0.47)	0.028*** (4.47)	0.007** (2.04)
$\ln size_{idkt}$	0.069 (1.53)	−0.001 (−0.58)	0.007*** (8.57)	0.005*** (6.59)	0.005*** (4.57)
$\ln tfp_{idkt}$	0.049*** (5.59)	0.003*** (2.90)	0.009*** (8.81)	0.010*** (14.30)	0.003*** (3.18)
$\ln age_{idkt}$	−0.077 (−0.93)	0.008*** (3.27)	0.004 (1.48)	0.002 (0.08)	0.008*** (2.62)
$\ln profit_{idkt}$	0.047 (0.59)	0.029*** (5.57)	0.029*** (8.88)	0.018*** (6.15)	0.040*** (9.47)

续表

变量	国有企业(1)	私营企业(2)	外资企业(3)	一般贸易企业(4)	加工贸易企业(5)
常数项	0.321 (0.53)	-0.904*** (-83.90)	-0.099*** (-96.18)	-0.968*** (-115.42)	-0.930*** (-78.44)
企业固定效应	Yes	Yes	Yes	Yes	Yes
年度固定效应	Yes	Yes	Yes	Yes	Yes
R^2	0.237	0.209	0.116	0.163	0.186
观测值	108550	544784	716956	914433	501151

注：同表 5.5。

（二）企业所处地区异质性

苏素和宋云河（2011）发现，在中国经济高速发展的同时，中国各个地区之间的发展不平衡问题也是普遍存在的，且这一问题正成为中国经济可持续发展的绊脚石。我们推测，贸易便利化对出口产品质量的提升作用可能会受到地区异质性的影响。因此，我们按照企业所处地区，将研究样本分为东部、中部和西部地区企业，以考察地区异质性对本章基准回归结果的影响。表 5.7 为具体的回归结果，从中可以发现，贸易便利化对东中部地区企业的出口产品质量存在提升作用，但是对西部地区企业出口产品质量的影响不大。存在这种差异的原因主要有两个：一是资金问题，二是地理问题。在资金方面，东中部地区开放的市场、优越的制度环境及高水平的经济发展为企业发展注入了活力（张慧，2018），因此东中部地区企业更容易实现较大的资金规模积累，其更有能力进口价格较高的高质量中间品，在面临贸易便利化带来的贸易成本降低时，东中部地区企业会进一步提高进口中间品的价格与质量，从而强化了贸易便利化对其出口产品质量的提升作用。而西部地区经济较为落后，企业整体资金规模不大，其往往缺乏使用进口中间品的能力，虽然贸易便利化降低了进口成本，但是对它们来说，使用进口中间品的成本还是很高，其还是会选择利用国内中间品来替代国外进口中间品，因此贸易便利化对西部地区企业的出口产品质量无明显影响。在地理方面，与西部地区相比，东中部地区水陆交通更为便利，这降低了东中部地区企业开展国际贸易的成本，当贸易便利化使贸易成本进一步降低后，东中部地区企业会在更大程度上提高进口中间品价格与质量，因此贸易便利化对东中部地区企业出口产品质量的提升作用大于西部地区企业。

表 5.7 的结论也在一定程度上验证了我们的推测，说明贸易便利化对企业出口产品质量的提升作用随着地区的不同而存在差异。这也提醒政府继续深入推进西部大开发战略以及中部崛起战略，提高西部地区整体技术水平，扩大西部地区的经济规模，实现中国东、中、西部地区协调发展，使得各地区都能发挥出贸易便利化对企业出口产品质量的提升作用，最大限度地推动中国企业全球价值链地位的升级，改变中国企业在全球价值链中地位低下及出口产品"多而不强"的现状（许家云等，2017）。

表 5.7　企业所处地区异质性的回归结果

变量	东部地区（1）	中部地区（2）	西部地区（3）
$\ln tf_{dt}$	0.009** (2.31)	0.039*** (3.46)	-0.023 (-0.48)
$\ln size_{idkt}$	0.006*** (8.78)	0.002 (0.99)	0.015*** (3.49)
$\ln tfp_{idkt}$	0.009*** (14.44)	0.001 (0.07)	0.017*** (3.63)
$\ln age_{idkt}$	0.011*** (5.87)	-0.026*** (-3.79)	-0.019 (-1.02)
$\ln profit_{idkt}$	0.029*** (11.32)	0.005 (0.66)	0.030 (0.97)
常数项	-0.982*** (-133.91)	-0.812*** (-38.08)	-1.065*** (-12.05)
企业固定效应	Yes	Yes	Yes
年度固定效应	Yes	Yes	Yes
R^2	0.159	0.084	0.130
观测值	1268227	124282	16359

注：同表 5.5。

（三） 企业所处行业技术水平异质性

林令涛等（2019）研究发现，进口中间品与企业自身技术水平的匹配度越高，越能发挥其对企业出口能力的提升作用，而中国企业受到自身技术水平的限制，很难发挥高技术进口中间品的优势。Augier等（2013）与李秀芳和施炳展（2016）也指出，企业所处行业的技术水平不同，则其进口中间品的质量、种类与数量都会存在差异。这种行业技术水平的差异可能会对本章的基准回归结果产生影响，为了验证这一可能性，本章接下来将进一步引入行业技术水平异质性进行研究。具体参考傅元海等（2014）的分类方法，将制造业行业分为高技术行业、中技术行业和低技术行业。表5.8为具体的回归结果。根据（1）列至（3）列的回归结果可知，贸易便利化对企业出口产品质量的提升作用随着所处行业技术水平的提高而加大。存在这种差异的原因可能是：行业技术水平越高，该行业内的企业所能使用的进口中间品质量也会越高，从而企业获得的进口中间品质量的垂直效应越强。由（3）列的回归结果可知，贸易便利化对低技术行业企业出口产品质量升级的影响不显著。这可能是因为低技术行业使用的进口中间品质量较低，因此其获得的进口中间品质量的垂直效应较弱，最终使得贸易便利化回归系数不显著。

表5.8　企业所处行业技术水平异质性的回归结果

变量	高技术行业（1）	中技术行业（2）	低技术行业（3）
$\ln tf_{dt}$	0.028*** (3.22)	0.012** (1.95)	0.002 (0.27)
$\ln size_{idkt}$	0.005*** (3.33)	0.002** (1.97)	0.010*** (9.97)
$\ln tfp_{idkt}$	0.007*** (4.33)	0.008*** (7.95)	0.011*** (11.05)
$\ln age_{idkt}$	-0.006* (-1.82)	-0.002 (-0.68)	0.015*** (5.42)
$\ln profit_{idkt}$	0.032*** (4.89)	0.027*** (6.93)	0.028*** (6.63)

续表

变量	高技术行业（1）	中技术行业（2）	低技术行业（3）
常数项	-0.913*** (-54.12)	-0.927*** (-80.79)	-1.027*** (-92.89)
企业固定效应	Yes	Yes	Yes
年度固定效应	Yes	Yes	Yes
R^2	0.206	0.108	0.180
观测值	248565	549489	618885

注：同表 5.5。

（四）企业与产品出口状态的异质性

考虑到每年都会有旧的企业退出出口市场，也会有新的企业进入出口市场，而贸易便利化对不同出口状态企业的出口产品质量可能存在差异化影响，接下来我们将考察企业与产品出口状态的异质性对本章基准回归结果的影响。具体地，按企业出口状态，将企业划分为新进入企业、退出企业和持续企业；按产品出口状态，将产品划分为新进入产品、退出产品和持续产品。按照 Tang 和 Zhang（2012）的方法，将 t 年未出口而 $(t+1)$ 年出口的企业定义为新进入企业，将 t 年出口而 $(t+1)$ 年未出口的企业定义为退出企业，将 t 年和 $(t+1)$ 年都出口的企业定义为持续企业。采用类似的方法，将出口产品分为新进入产品、退出产品和持续产品。此外，本书数据是多维面板数据，因此同一企业或产品在同一年度可能多次出现，我们根据研究目的删除了同一年度重复出现的样本，从而导致总体样本大幅减少。

表 5.9 为具体检验结果。表 5.9 中（1）列贸易便利化的回归系数和显著性都小于（2）列，说明贸易便利化对退出企业的出口产品质量的提升作用大于新进入企业，因此长期来看，贸易便利化会减缓企业退出出口市场的速度。这可能是因为贸易便利化能有效地降低企业的贸易成本，提高企业的出口绩效（Bérubé and Mohnen，2009），使得本来已无力出口的企业重新获取出口能力，延长其出口持续时间。同时，与新进入企业相比，退出企业承受过剧烈的市场竞争，开展国际贸易的经验

更丰富,在面对贸易便利化带来的出口机遇时,其会比新进入企业更迫切地提升出口产品质量,进而提高出口产品竞争力以及扩大出口利润。因此,贸易便利化对退出企业出口产品质量的提升作用大于新进入企业。(5) 列中贸易便利化的回归系数大于 (4) 列,说明贸易便利化对退出产品的质量提升作用大于新进入产品。存在这种差异的原因是,随着市场竞争的加剧,质量相对较低的出口产品会被市场淘汰而退出市场,而随着贸易便利化水平的不断提高,企业开展出口贸易的成本降低,企业利润增加,其为了使退出产品获得继续出口的能力,会选择将更多资金投入技术研发活动,通过提高退出产品的质量来延长其出口持续时间。与退出产品相比,新进入产品还未承受过出口市场的竞争压力,因此其进行质量升级的动力就显得略微不足。根据 (3) 列和 (6) 列的回归结果可知,贸易便利化对持续企业的出口产品质量具有显著的正向影响,对持续产品的出口质量也具有显著的正向影响,说明贸易便利化对持续企业的出口产品质量和持续产品的出口质量都存在提升作用。

表 5.9　企业与产品出口状态异质性的回归结果

变量	(1) 新进入企业	(2) 退出企业	(3) 持续企业	(4) 新进入产品	(5) 退出产品	(6) 持续产品
$\ln tf_{dt}$	0.004 (0.53)	0.030** (2.23)	0.015*** (3.51)	0.060*** (3.67)	0.063*** (4.25)	0.021** (2.00)
$\ln size_{idkt}$	0.005*** (3.68)	0.015*** (8.13)	0.005*** (4.01)	0.007** (2.38)	0.013** (2.29)	0.007*** (4.16)
$\ln tfp_{idkt}$	0.010*** (8.34)	0.014*** (7.37)	0.014*** (9.87)	0.013*** (4.30)	0.022*** (4.25)	0.015*** (8.76)
$\ln age_{idkt}$	0.021*** (5.08)	-0.002 (-0.29)	0.012*** (2.95)	-0.004 (-0.39)	0.003 (0.19)	0.010** (2.03)
$\ln profit_{idkt}$	0.054*** (8.97)	0.062*** (6.57)	0.044*** (7.19)	0.034** (2.34)	0.018 (0.74)	0.036*** (5.09)
常数项	-1.003*** (-67.65)	-1.019*** (-46.32)	-0.995*** (-61.79)	-0.930*** (-23.74)	-1.079*** (-17.45)	-1.002*** (-52.05)
企业固定效应	Yes	Yes	Yes	Yes	Yes	Yes

续表

变量	(1) 新进入企业	(2) 退出企业	(3) 持续企业	(4) 新进入产品	(5) 退出产品	(6) 持续产品
年度固定效应	Yes	Yes	Yes	Yes	Yes	Yes
R^2	0.326	0.310	0.245	0.281	0.325	0.253
观测值	277189	127317	251603	51077	81113	168125

注：同表 5.5。

三 基于进口中间品的影响渠道分析

本章的基准回归和稳健性检验结果都表明，贸易便利化对企业出口产品的质量升级总体上具有促进作用，但是贸易便利化是通过何种渠道影响企业出口产品质量的尚未可知，还需要进一步分析。基于此，我们构建中介效应模型来揭示贸易便利化与企业出口产品质量之间的内在作用机制，进而验证我们在理论分析部分提出的研究假设的合理性。根据前文的理论机制，我们选取进口中间品价格、进口中间品数量、进口中间品种类以及进口中间品质量开展相应的机制检验。

（一）基于进口中间品价格的机制检验

结合前文的理论机制分析，我们得出：贸易便利化会通过降低企业进口中间品价格促进出口产品质量升级。但是，实际情形是否与理论预期相一致尚未可知，因此我们在本节补充进行上述机制的检验。基于此，我们将进口中间品价格作为中介变量以检验上述机制的合理性，具体模型设定如下所示：

$$im\text{-}\ln p_{idkt} = \alpha_0 + \alpha_1 \ln tf_{dt} + \alpha_2 X + \mu_i + \mu_t + \varepsilon_{idkt} \quad (5.27)$$

$$ex\text{-}\ln quality_{idkt} = \beta_0 + \beta_1 \ln tf_{dt} + \beta_2 im\text{-}\ln p_{idkt} + \beta_3 X + \mu_i + \mu_t + \varepsilon_{idkt} \quad (5.28)$$

其中，$im\text{-}\ln p_{idkt}$ 是 t 年地区 d 的企业 i 进口中间品 k 的价格，其余变量在模型设定中已经交代，不再重复阐释。我们主要关注回归系数 α_1 和 β_2，表 5.10 中（1）列和（2）列是具体检验结果。由（1）列回归结果可知，回归系数 α_1 为负，说明贸易便利化降低了企业进口中间品价格；由（2）列回归结果可知，回归系数 β_2 为正，说明企业进口中间品价格对其出口产品质量具有正向影响，即企业进口中间品价格越高，则其出口产品质量越高。综合（1）列和（2）列可知，贸易便利化会降低企业进口中间品价格，从而使得企业在预算约束不变的情况下有能力使用更高价格的进口中间品，最终促进其出口产品质量升级。

（二）基于进口中间品质量的机制检验

结合前文的理论机制分析我们发现，贸易便利化会通过提高企业进口中间品质量促进其出口产品质量升级。基于此，我们将进口中间品质量作为中介变量检验上述机制的合理性，并构建如下中介效应模型：

$$im\text{-}\ln quality_{idkt} = \alpha_0 + \alpha_1 \ln tf_{dt} + \alpha_2 X + \mu_i + \mu_t + \varepsilon_{idkt} \quad (5.29)$$

$$ex\text{-}\ln quality_{idkt} = \beta_0 + \beta_1 \ln tf_{dt} + \beta_2 im\text{-}\ln quality_{idkt} + \beta_3 X + \mu_i + \mu_t + \varepsilon_{idkt}$$

$$(5.30)$$

其中，$im\text{-}\ln quality_{idkt}$ 是进口中间品质量的衡量指标，其余变量在模型设定中已经做出交代，不再重复阐述。我们主要关注回归系数 α_1 和 β_2，表 5.10 中（3）列和（4）列是进口中间品质量垂直效应的检验结果。根据（3）列的回归结果可以发现，回归系数 α_1 为正，说明贸易便利化促进了企业进口中间品质量升级；根据（4）列回归结果可知，回归系数 β_2 大于零，说明进口中间品质量越高，企业的出口产品质量越高，也就是说，进口中间品质量对企业出口产品质量升级具有促进作用。综合表 5.10 中（3）列和（4）列可以得出，贸易便利化提高了企业进口中间品质量，从而促使其出口产品质量升级。表 5.10 中（1）列至（4）列证明了研究假设 2 是合理的，即贸易便利化会通过降低企业进口中间品价格与提升企业进口中间品质量来促进其出口产品质量升级。

表 5.10　机制检验结果（一）

变量	(1) $im\text{-}\ln p_{idkt}$	(2) $ex\text{-}\ln quality_{idkt}$	(3) $im\text{-}\ln quality_{idkt}$	(4) $ex\text{-}\ln quality_{idkt}$
$\ln tf_{dt}$	-0.308*** (-7.85)	0.013*** (3.56)	0.054*** (6.09)	0.013*** (4.56)
$im\text{-}\ln p_{idkt}$		0.006*** (82.33)		
$im\text{-}\ln quality_{idkt}$				0.187*** (952.57)
$\ln size_{idkt}$	0.029*** (4.64)	0.005*** (8.21)	0.011*** (7.51)	0.004*** (8.96)
$\ln tfp_{idkt}$	0.048*** (7.51)	0.008*** (13.24)	0.016*** (10.78)	0.007*** (15.13)
$\ln age_{idkt}$	-0.066*** (-3.62)	0.006*** (3.60)	0.016*** (3.83)	0.005*** (3.96)
$\ln profit_{idkt}$	0.157*** (5.91)	0.026*** (10.69)	0.072*** (12.01)	0.023*** (12.47)
常数项	3.326*** (44.83)	-0.982*** (-146.48)	-1.302*** (-77.15)	-0.949*** (-182.03)
企业固定效应	Yes	Yes	Yes	Yes
年度固定效应	Yes	Yes	Yes	Yes
R^2	0.294	0.155	0.162	0.486
观测值	1416939	1416939	1415969	1415121

注：同表 5.5。

（三）基于进口中间品数量的机制检验

结合前文的理论机制分析我们提出，贸易便利化通过增加进口中间品数量对企业出口产品质量产生的作用无法确定。基于此，我们将进口中间品数量作为中介变量检验上述机制的合理性，并设定如下中介效应模型：

$$im\text{-}\ln quantity_{idkt} = \alpha_0 + \alpha_1 \ln tf_{dt} + \alpha_2 X + \mu_i + \mu_t + \varepsilon_{idkt} \quad (5.31)$$

$$ex\text{-}\ln quality_{idkt} = \beta_0 + \beta_1 \ln tf_{dt} + \beta_2 im\text{-}\ln quantity_{idkt} + \beta_3 X + \mu_i + \mu_t + \varepsilon_{idkt} \quad (5.32)$$

其中，$im\text{-}\ln quantity_{idkt}$ 是进口中间品数量的衡量指标，其余变量在模型设定中已经做出交代。其中,我们主要关注回归系数 α_1 和 β_2,表5.11中(1)列和(2)列是具体的检验结果。根据(1)列的回归结果可知,回归系数 α_1 大于零,说明贸易便利化增加了企业进口中间品数量;由(2)列的回归结果可知,回归系数 β_2 小于零,说明进口中间品的数量越多,则企业出口产品质量越低,即进口中间品数量增加对企业出口产品质量的创新抑制效应大于规模效应,最终表现为负向影响。综合表5.11中(1)列和(2)列的回归结果可以发现,贸易便利化会通过增加企业进口中间品数量,抑制企业出口产品质量升级。

(四)基于进口中间品种类的机制检验

结合前文的理论机制分析我们提出,贸易便利化会通过增加企业进口中间品种类,抑制其出口产品质量升级。基于此,我们将进口中间品种类作为中介变量以检验上述机制的合理性,并设定如下中介效应模型:

$$im\text{-}\ln number_{idt} = \alpha_0 + \alpha_1 \ln tf_{dt} + \alpha_2 X + \mu_i + \mu_t + \varepsilon_{idkt} \quad (5.33)$$

$$ex\text{-}\ln quality_{idkt} = \beta_0 + \beta_1 \ln tf_{dt} + \beta_2 im\text{-}\ln number_{idt} + \beta_3 X + \mu_i + \mu_t + \varepsilon_{idkt} \quad (5.34)$$

其中,$im\text{-}\ln number_{idt}$ 是进口中间品种类的衡量指标,其余变量在模型设定中已经做出交代。其中,我们主要关注回归系数 α_1 和 β_2,表5.11中(3)列和(4)列是具体的检验结果。根据(3)列的回归结果可知,回归系数 α_1 大于零,说明贸易便利化增加了企业进口中间品种类;根据(4)列的回归结果可知,回归系数 β_2 小于零,说明进口中间品种类增加对企业出口产品质量提升具有负向影响。综合(3)列和(4)列的回归结果可知,贸易便利化会通过增加企业进口中间品种类,对企业出口产品质量提升产生抑制作用。综合表5.11中(1)列至(4)列可以证明,贸易便利化会通过增加企业进口中间品种类对企业出口产品质量提升产生抑制作用,通过增加进口中间品数量,最终也会对企业出口产品质量提升产生抑制作用。

表 5.11　机制检验结果（二）

变量	（1） im-ln quantity$_{idkt}$	（2） ex-ln quality$_{idkt}$	（3） im-ln number$_{idt}$	（4） ex-ln quality$_{idkt}$
ln tf$_{dt}$	0.311*** (6.15)	0.011*** (3.39)	0.627*** (86.19)	0.016*** (4.49)
im-ln quantity$_{idkt}$		-0.023*** (-572.57)		
im-ln number$_{idt}$				-0.008*** (-20.42)
ln size$_{idkt}$	0.055*** (6.74)	0.004*** (7.95)	0.071*** (61.34)	0.005*** (9.56)
ln tfp$_{idkt}$	0.070*** (8.50)	0.007*** (13.85)	0.069*** (58.72)	0.009*** (14.73)
ln age$_{idkt}$	0.054** (2.29)	0.005*** (3.34)	0.034*** (10.04)	0.006*** (3.52)
ln profit$_{idkt}$	0.184*** (5.38)	0.025*** (11.76)	0.036*** (7.34)	0.027*** (11.20)
常数项	4.306*** (45.00)	-0.952*** (-157.49)	3.790*** (275.50)	-0.929*** (-134.76)
企业固定效应	Yes	Yes	Yes	Yes
年度固定效应	Yes	Yes	Yes	Yes
R^2	0.301	0.313	0.894	0.152
观测值	1416939	1416938	1416939	1416939

注：同表 5.5。

四　稳健性检验

（一）异常值处理

表 5.12 是异常值处理后的回归结果。在基准回归中，我们已经发现贸易便利化对出口产品质量整体具有提升作用，考虑到出口产品质量的测度数据中可能存在异常值，从而对回归结果造成影响，因此我们参考 Crinò 和 Ogliari（2015）的方法，对出口产品质量分别进行双边缩尾处理和双边截尾处理。（1）列和（2）列分别是将出口产品质量在 1%和 5%的水平上进行双边缩尾处理后的检验结果，（3）列和（4）列分

别是将出口产品质量在1%和5%的水平上进行双边截尾处理后的检验结果。从表5.12的回归结果可知，贸易便利化的回归系数大小和方向都没有发生较大的变化，因此本章的基准回归结果是稳健的。

表 5.12 异常值处理后的回归结果

变量	双边缩尾 1% （1）	双边缩尾 5% （2）	双边截尾 1% （3）	双边截尾 5% （4）
$\ln tf_{dt}$	0.011 *** (3.17)	0.012 *** (3.56)	0.010 *** (3.07)	0.014 *** (4.54)
$\ln size_{idkt}$	0.005 *** (8.38)	0.004 *** (8.11)	0.004 *** (7.02)	0.002 *** (3.43)
$\ln tfp_{idkt}$	0.008 *** (13.53)	0.007 *** (12.88)	0.006 *** (11.18)	0.003 *** (6.78)
$\ln age_{idkt}$	0.005 *** (3.28)	0.005 *** (3.28)	0.005 *** (2.95)	0.004 *** (2.73)
$\ln profit_{idkt}$	0.026 *** (11.15)	0.026 *** (11.46)	0.026 *** (11.34)	0.023 *** (10.97)
常数项	-0.958 *** (-144.92)	-0.951 *** (-152.54)	-0.946 *** (-147.33)	0.914 *** (-157.24)
企业固定效应	Yes	Yes	Yes	Yes
年度固定效应	Yes	Yes	Yes	Yes
R^2	0.152	0.154	0.152	0.149
观测值	1416939	1416939	1388589	1275184

注：同表5.5。

（二）变量替换处理

表5.13是变量替换后的回归结果。本书对贸易便利化综合指标的计算是先将口岸效率、规制环境、交通基础设施和电子商务四个领域的贸易便利化分指标进行标准化处理，再取算术平均值，从而得到贸易便利化综合指标。但是该方法忽略了贸易便利化四个领域之间的差异性，因此可能会影响本章的基准回归结果。此外，我们采用反事实推理的方法测算出口产品质量指标，但是运用该方法得出的测度结果会随着所选择产品替代弹性的不同而存在差异，而这种差异可能也会影响本章的基

准回归结果。综上，本章接下来将采用变量替换法来进行稳健性检验。首先，进行因变量（即出口产品质量）的替换，本章中我们利用价格和数量的信息，基于反事实推理方法测算得到出口产品质量指标，但是该方法涉及产品替代弹性的选择差异问题，因此我们参考 Schott（2004）、施炳展（2010）、李坤望和王有鑫（2013）等的研究，利用出口产品单位价值来替代因变量出口产品质量的指标，从而进行因变量替代的稳健性检验。其次，进行自变量（贸易便利化）的替换，本章主要利用主成分分析方法对口岸效率、规制环境、交通基础设施和电子商务四个领域的分指标分别赋予权重，从而重新测度得出贸易便利化综合指标，并利用其进行自变量替换的稳健性检验。最后，同时将因变量和自变量的指标替换掉，以检验本章结果的稳健性。表 5.13 中（1）列是用出口产品单位价值指标来替换出口产品质量指标的检验结果，（2）列是用主成分贸易便利化指标来替换算术平均数贸易便利化指标的检验结果，（3）列是同时用出口产品单位价值指标来替换出口产品质量指标和以主成分贸易便利化指标来替换算术平均数贸易便利化指标的检验结果。根据（1）列、（2）列和（3）列的检验结果可以发现，贸易便利化对出口产品质量存在显著稳健的提升作用，且回归系数大小也没有出现大的变化，说明本章的基准回归结果是稳健的，即贸易便利化对出口产品质量存在显著稳健的提升作用。

表 5.13　变量替换后的回归结果

变量	因变量替换	自变量替换	两者同时替换
	（1）出口单位价值	（2）主成分贸易便利化	（3）
$\ln tf_{dt}$	0.341*** (13.00)	0.010*** (2.66)	0.369*** (13.03)
$\ln size_{idkt}$	0.074*** (17.70)	0.005*** (8.53)	0.075*** (17.76)
$\ln tfp_{idkt}$	0.026*** (6.06)	0.008*** (13.73)	0.026*** (6.09)
$\ln age_{idkt}$	0.230*** (18.80)	0.006*** (3.37)	0.231*** (18.84)

续表

变量	因变量替换	自变量替换	两者同时替换
	（1）出口单位价值	（2）主成分贸易便利化	（3）
$\ln profit_{idkt}$	-0.079*** (-4.44)	0.027*** (11.07)	0.079*** (-4.44)
常数项	1.495*** (30.10)	-0.964*** (-150.12)	1.417*** (29.84)
企业固定效应	Yes	Yes	Yes
年度固定效应	Yes	Yes	Yes
R^2	0.516	0.151	0.516
观测值	1416939	1416939	1416939

注：同表5.5。

（三）内生性问题处理

表 5.14 是内生性检验的结果。其中，工具变量的选择与检验与第四章相同，这里不再赘述。

表 5.14 中（1）列是以贸易便利化滞后二期值为工具变量的两阶段最小二乘法检验结果，（2）列是以省级地区邮电局数目为工具变量的两阶段最小二乘法检验结果，（3）列是同时选择以贸易便利化滞后二期值和省级地区邮电局数目为工具变量的两阶段最小二乘法检验结果。其中，工具变量的检验结果如下：第一，Kleibergen-Paap rk LM 统计量都在 1% 的显著性水平上拒绝了原假设，说明本书选择的工具变量能有效识别；第二，Anderson-Rubin Wald 统计量也都在 1% 的显著性水平上拒绝了原假设，说明工具变量与内生变量具有比较强的相关性；第三，Kleibergen-Paap rk Wald F 统计量都远远大于 10% 水平下的临界值，因此拒绝了工具变量弱识别的原假设；第四，第一阶段的 F 值也都远大于 10，且 p 值为 0.000，因此拒绝工具变量第一阶段回归系数为 0 的原假设，说明工具变量能够很好地解释内生变量；第五，Hansen J 统计量的 p 值大于 0.1，说明接受原假设，即所有工具变量都是外生的。综上说明，本章选择的工具变量是有效的。需要特别说明的是，由于（1）列和（2）列的检验仅选择了一个工具变量，所以并不存在工具变量过

度识别检验,因此 STATA 软件的检验结果中也并未汇报 Hansen J 统计量。根据表 5.14 可知,与基准回归结果相比,贸易便利化的回归系数大小和方向均未发生较大变化,说明考虑了内生性问题后,本章的基准回归结果依旧是稳健的,即贸易便利化促进了企业出口产品质量升级。

表 5.14 内生性检验的结果

变量	(1) 仅以滞后值为工具变量	(2) 仅以省级地邮电局数目为工具变量	(3) 同时选择两个工具变量
$\ln tf_{dt}$	0.019 *** (2.92)	0.320 *** (29.03)	0.005 *** (2.83)
$\ln size_{idkt}$	0.011 *** (55.60)	0.018 *** (75.80)	0.011 *** (55.55)
$\ln tfp_{idkt}$	0.015 *** (55.54)	0.009 *** (30.21)	0.015 *** (55.48)
$\ln age_{idkt}$	-0.004 *** (-7.28)	-0.015 *** (-23.83)	-0.004 *** (-7.25)
$\ln profit_{idkt}$	0.009 *** (5.15)	0.017 *** (10.49)	0.009 *** (5.07)
常数项	-1.00 *** (-198.88)	-0.791 *** (-90.23)	-1.009 *** (-208.75)
企业固定效应	Yes	Yes	Yes
年度固定效应	Yes	Yes	Yes
Kleibergen-Paap rk LM 统计量	1.2e+05 [0.000]	8605.28 [0.000]	1.8e+05 [0.000]
Anderson-Rubin Wald 统计量	8.52 [0.004]	940.32 [0.000]	48.22 [0.000]
Kleibergen-Paap rk Wald F 统计量	1.6e+05 {16.38}	7914.247 {16.38}	2.0e+05 {19.93}
Hansen J 统计量			47.55 [0.268]
第一阶段的 F 值	163917 [0.000]	7914.25 [0.000]	2.0e+05 [0.000]
R^2	0.010	0.002	0.010
观测值	1013758	1416939	1013758

注:"( )"内是 z 值,"[ ]"内是 p 值,"{ }"是相应统计量在 10% 水平下的临界值;其余同表 5.5。

第四节 进一步分析

一 技术匹配效应

企业与进口中间品的技术匹配度越高,则进口中间品对企业出口产品质量的提升作用越大(林令涛等,2019)。因此,企业与进口中间品的技术匹配度会直接影响贸易便利化对企业出口产品质量的作用。基于此,我们在本小节将企业技术匹配度引入模型,考察企业与进口中间品的不同技术匹配度对本章基准回归结果的影响。具体地,参考林令涛等(2019)的方法,引入企业技术水平和进口中间品技术等级的交互项作为技术匹配度的衡量指标。其中,企业技术水平以新产品产值来衡量;进口中间品技术等级以 Lall(2000)的研究为准,分为低技术、中技术和高技术三个级别,进口中间品属于相应等级则取 1,不属于则取 0。在此基础上,设定模型(5.35)检验贸易便利化对企业出口产品质量影响的技术匹配效应:

$$ex\text{-}\ln quality_{idkt} = \beta_0 + \beta_1 \ln tf_{dt} + \beta_2 tech_1 + \beta_3 tech_2 + \beta_4 tech_3 + \beta_5 \ln tf_{dt} \times tech_1 + \beta_6 \ln tf_{dt} \times tech_2 + \beta_7 \ln tf_{dt} \times tech_3 + \beta_8 \ln new_{idkt} + \varphi \ln X + \mu_i + \mu_t + \varepsilon_{idkt}$$

(5.35)

其中,$tech_1$、$tech_2$ 和 $tech_3$ 分别是高技术进口中间品与企业技术水平、中技术进口中间品与企业技术水平以及低技术进口中间品与企业技术水平的交互项,衡量的是企业技术水平与进口中间品技术等级的匹配程度(即技术匹配度)。当回归系数大于零时,说明对应等级的进口中间品对高技术水平企业的出口产品质量的提升作用更大,反之,小于零则说明对应等级的进口中间品对低技术企业的出口产品质量的提升作用更大。$\ln new_{idkt}$ 是企业技术水平(即新产品产值),其余变量在模型设定部分已经做出交代,这里不再重复说明。需要特别说明的是,由于中国工业企业数据库中企业新产品产值的指标在 2010 年之后就不再披露,因此回归样本大量减少。

具体回归结果如表 5.15 所示,从技术匹配度的回归系数可知,高技术企业进口高技术中间品对其出口产品质量的提升作用更大,而低技术企业进口中低技术中间品对其出口产品质量的提升作用更大。这说明企业与进口中间品的技术匹配度越高,则进口中间品对其出口产品质量的提升作用越大。根据贸易便利化与技术匹配度的交互项回归系数可以得出以下两个结论:一是与使用高技术进口中间品的低技术企业相比,贸易便利化对使用高技术进口中间品的高技术企业的出口产品质量的提升作用更大;二是与使用低技术进口中间品的高技术企业相比,贸易便利化对使用低技术进口中间品的低技术企业的出口产品质量的提升作用更大。这说明企业与进口中间品的技术匹配度越高,则贸易便利化对其出口产品质量的提升作用越大。

上述结果提醒企业在生产经营中应该结合自身生产技术,根据进口中间品技术等级选择与自身匹配程度较高的中间品,从而在贸易便利化改革的背景下,为促进出口产品质量升级、培育出口竞争新优势提供内在动力。

表 5.15 技术匹配效应的回归结果

变量	(1)	(2)	(3)	(4)
$\ln tf_{dt}$	0.017*** (3.08)	0.017*** (3.10)	0.018*** (3.13)	0.019*** (3.33)
$tech_1$	0.002*** (2.55)	0.002*** (2.85)	0.002*** (2.85)	0.002*** (2.85)
$tech_2$	-0.003*** (-4.14)	-0.003*** (-4.16)	-0.003*** (-3.66)	-0.003*** (-3.66)
$tech_3$	-0.003*** (-3.75)	-0.003*** (-3.76)	-0.003*** (-3.76)	-0.005** (-2.25)
$\ln tf_{dt} \times tech_1$		0.0004** (2.35)	0.0004** (2.35)	0.0004** (2.35)
$\ln tf_{dt} \times tech_2$			-0.001 (-0.25)	-0.001 (-0.25)

续表

变量	(1)	(2)	(3)	(4)
$\ln tf_{dt} \times tech_3$				-0.007** (-1.95)
$\ln new_{idkt}$	0.002 (0.93)	0.002 (0.93)	0.002 (0.92)	0.002 (0.91)
$\ln size_{idkt}$	0.005*** (3.86)	0.005*** (3.86)	0.005*** (3.88)	0.005*** (4.43)
$\ln tfp_{idkt}$	0.005*** (5.26)	0.005*** (5.33)	0.005*** (5.36)	0.006*** (5.80)
$\ln age_{idkt}$	-0.002 (-0.64)	-0.002 (-0.64)	-0.002 (-0.62)	-0.002 (-0.69)
$\ln profit_{idkt}$	0.012*** (3.32)	0.012*** (3.31)	0.012*** (3.30)	0.012*** (3.30)
常数项	-0.941*** (-92.00)	-0.941*** (-92.01)	-0.942*** (-91.95)	-0.947*** (-92.20)
企业固定效应	Yes	Yes	Yes	Yes
年度固定效应	Yes	Yes	Yes	Yes
R^2	0.156	0.156	0.156	0.156
观测值	654004	654004	654004	654004

注：同表5.5。

二 滞后效应

企业将进口中间品转化为自身所需的生产资料，必然需要一定时间的消化吸收，这会造成贸易便利化对企业出口产品质量的影响存在滞后效应。基于此，我们选择将出口产品质量的指标前推一期、两期、三期和四期（这等同于将所有自变量取滞后一期值、两期值、三期值和四期值），从而设定模型（5.36）探讨贸易便利化对企业出口产品质量影响的滞后效应：

$$ex\text{-}\ln quality_{idkt}F = \beta_0 + \beta_1 \ln tf_{dt} + \varphi \ln X + \mu_i + \mu_t + \varepsilon_{idkt} \quad (5.36)$$

其中，$ex\text{-}\ln quality_{idkt}F$ 是 t 年地区 d 的企业 i 出口产品质量的前推值，其余变量在模型设定中已经交代，不再重复阐释。具体回归结果如

表 5.16 所示,从中可知,贸易便利化对企业出口产品质量的提升作用存在显著的滞后效应。虽然从前推一期到前推四期中,贸易便利化对企业出口产品质量都表现出显著的提升作用,但是作用力的大小存在明显的差异性(前推一期<前推四期<前推二期=前推三期),说明贸易便利化对企业出口产品质量的提升作用随着时间的推移表现出先增后减的趋势。这是因为贸易便利化虽然有利于企业使用进口中间品提高出口产品质量,但在企业将进口中间品完全转化为生产资料之前,其需要对进口中间品开展吸收、学习、匹配等活动,这无疑会推迟企业全面利用进口中间品开展生产经营活动的时间,因此贸易便利化对企业出口产品质量的提升作用会随着时间的推移而逐渐增强,而当企业将进口中间品完全转化为自身所需的生产资料后,这种提升作用不会再随时间的推移而发生变化。但是,随着时间的推移,国内外市场逐渐出现性能更佳的新的中间品,这会对企业原进口中间品的效用形成"挤出效应",因此贸易便利化对企业出口产品质量的提升作用会在前推四期开始下降。

表 5.16 贸易便利化对企业出口产品质量影响的滞后效应

变量	前推一期 (1)	前推二期 (2)	前推三期 (3)	前推四期 (4)
$\ln tf_{dt}$	0.009 ** (2.17)	0.016 *** (3.66)	0.016 *** (3.54)	0.013 *** (3.33)
$\ln size_{idkt}$	0.003 *** (4.37)	0.005 *** (7.03)	0.004 *** (5.55)	0.003 *** (4.03)
$\ln tfp_{idkt}$	0.004 *** (6.73)	0.005 *** (7.32)	0.004 *** (4.71)	0.003 *** (3.52)
$\ln age_{idkt}$	0.001 (0.35)	0.001 (0.67)	0.002 (1.02)	0.002 (0.88)
$\ln profit_{idkt}$	0.022 *** (8.20)	0.014 *** (4.96)	0.016 *** (5.62)	0.018 *** (5.86)
常数项	-0.923 *** (-118.94)	-0.934 *** (-114.00)	-0.923 *** (-107.22)	0.913 *** (-101.84)
企业固定效应	Yes	Yes	Yes	Yes

续表

变量	前推1期	前推2期	前推3期	前推4期
	(1)	(2)	(3)	(4)
年度固定效应	Yes	Yes	Yes	Yes
R^2	0.114	0.098	0.085	0.076
观测值	1148135	1012292	934654	878977

注：同表5.5。

第五节　本章小结

本章侧重从进口中间品的视角考察贸易便利化对出口产品质量的影响。第一步，对企业出口产品质量的现状以及贸易便利化对企业出口产品质量的影响机制进行分析。第二步，基于第一步的影响机制分析构建相应的基准回归模型，并交代了研究所涉及变量的测度，在此基础上对本章涉及的各个变量进行描述性统计，分析各个变量大概的数据结构，利用软件画出贸易便利化与出口产品质量的散点图。第三步，运用2007~2013年中国工业企业数据库与中国海关进出口贸易数据库对模型（5.23）进行实证分析，以检验贸易便利化对出口产品质量的影响。第四步，分析企业所有制和贸易方式异质性、企业所处地区异质性、企业所处行业技术水平异质性和企业与产品出口状态异质性下贸易便利化对出口产品质量的影响，发现贸易便利化对出口产品质量的提升作用随着上述特征的不同而存在差异。第五步，利用双边缩尾、双边截尾以及变量替换法对本章的基准回归结果进行了一系列稳健性检验，检验结果均为通过。第六步，利用工具变量，基于两阶段最小二乘法对模型内生性问题进行处理，结果发现考虑内生性之后本章的基准回归结果依旧是稳健的。第七步，利用中介效应模型检验影响机制分析是否合理。第八步，进一步分析贸易便利化对企业出口产品质量影响的技术匹配效应和滞后效应。本章的主要研究内容和结论如下所示。

第一，贸易便利化对企业出口产品质量总体上表现出显著稳健的提升作用，且该提升作用因企业所有制和贸易方式、企业所处地区、企业所处行业技术水平和企业与产品出口状态的不同而存在差异。就企业所有制异质性而言，贸易便利化对国有企业出口产品质量的提升作用大于私营企业，对于外资企业而言，出口产品质量升级受贸易便利化的影响不明显。就企业贸易方式异质性而言，与加工贸易企业相比，一般贸易企业在实现出口产品质量升级过程中更容易受到贸易便利化的促进作用。就企业所处地区异质性而言，东中部地区企业在出口产品质量升级过程中更容易受到贸易便利化的积极影响。就企业所处行业技术水平异质性而言，贸易便利化对企业出口产品质量的提升作用随着行业技术水平的提高而加大。就企业与产品出口状态异质性而言，贸易便利化对退出企业出口产品质量的提升作用大于新进入企业，因此长期来看，贸易便利化会减缓企业退出出口市场的速度。同时，贸易便利化对退出产品的质量提升作用大于新进入产品。此外，贸易便利化对持续企业的出口产品质量和持续产品的出口质量都存在提升作用。

第二，通过三类稳健性检验发现，本章的基准回归结果依旧是稳健的。第一类，对出口产品质量分别进行双边缩尾和双边截尾处理；第二类，采用出口产品单位价值指标来替换出口产品质量指标，采用主成分贸易便利化指标来替换算术平均数贸易便利化指标。第三类，将滞后二期变量和省级地区邮电局数目作为工具变量，基于两阶段最小二乘法进行内生性处理。

第三，通过对四条影响途径的中介效应检验发现，贸易便利化对企业出口产品质量的提升作用主要是通过影响企业进口中间品价格、种类、数量与质量来实现的。进一步分析表明，贸易便利化对企业出口产品质量的提升作用随着技术匹配度的提高而加大，且随着时间的推移呈现先增后减的变化趋势。

第六章　贸易便利化对企业出口二元边际的影响：基于进口中间品视角的理论分析与实证研究

正如前文所述，贸易便利化增加了企业进口中间品种类、数量，提高了进口中间品质量，降低了进口中间品价格，但贸易便利化是否会促进微观企业出口贸易的发展尚未可知，目前学术界大多数研究要么只考虑了贸易便利化单一领域对企业出口贸易的影响，要么只从宏观层面研究两者的关系。在单一领域层面，盛丹等（2011）选取了基础设施这一因素，采用1998～2001年中国工业部门的企业数据进行实证研究，发现基础设施对企业出口二元边际存在显著的促进作用；赵永亮和唐姣美（2019）利用世界银行的企业调查数据研究通关时间对企业出口额的影响，发现通关时间与企业出口额成反比，即通关时间越长，则企业出口额越少。在宏观层面，孙林和徐旭霏（2011）选取东盟国家为考察对象，通过引力模型实证检验了东盟贸易便利化与中国制造业出口之间的关系，研究发现两者之间存在显著的正相关性；方晓丽和朱明侠（2013）测算了中国与东盟各国的贸易便利化水平，得出贸易便利化水平和一国出口贸易规模之间存在显著的正相关性。基于此，为弥补仅考虑单一领域或仅从宏观层面研究的不足，本章选择从微观企业层面考察省级地区贸易便利化对出口二元边际的影响。同时，考虑到贸易便利化的直接受影响者就是进出口企业，而企业的进口行为往往与其出口行为紧密联系在一起，许多企业都是"为了出口而进口"（陈勇兵等，2012），因此，本章主要从进口中间品的视角研究省级地区贸易便利化对企业出口二元边际的影响。

第一节 特征性事实与理论分析

一 特征性事实

本节基于后文测算的中国企业出口二元边际指标，按照式（6.1）进行企业出口二元边际指标的跨截面加总及比较、跨时间加总及比较。具体公式如下所示：

$$TEQ = \frac{ex\text{-}value_{inkt}}{\sum_{inkt \in \upsilon} ex\text{-}value_{inkt}} EX \tag{6.1}$$

其中，TEQ 是各个层面的整体二元边际水平；υ 是某一层面的所有样本集合，比如加工贸易企业层面、一般贸易企业层面、省级地区层面等；EX 是企业出口二元边际（包含扩展边际和集约边际）；$ex\text{-}value_{inkt}$ 是出口产品价值。根据上述公式，我们可以测算出中国整体出口二元边际的年度数据，并在此基础上画出拟合图，如图 6.1 所示（上图是扩展边际，下图是集约边际），从中可以得出以下两个结论：一是 2007 ~ 2013 年中国企业出口二元边际整体处于上升趋势；二是从 2008 年开始，出口扩展边际表现出先增后减的趋势，而出口集约边际却表现为先减后增的趋势。这是因为改革开放以来，中国企业凭借劳动力的成本优势参与出口贸易，并迅速扩大了出口贸易规模，因此出口扩展边际和集约边际整体均有所提升。随着中国制造业的不断发展，中国已经形成了比较完善的产品体系，不同类型的企业各司其职，形成了比较稳定的竞争与合作形态，此时企业要想拓展产品范围，必然会面临更多的市场竞争压力和较高的市场进入成本（比如信息搜索成本、广告成本等），这会促使企业更加专注于生产现有产品，做大做强，提升现有产品的市场竞争力，进而对企业出口扩展边际的提升存在消极影响，因此出口扩展边际从 2008 年开始呈现先增后减的变化趋势。而对于出口集约边际来说，早期企业会面临签署合同、搜索市场信息等成本，这对其出口成本优势具有削弱作用。但随着企业出口贸易规模的逐渐增加,一方面,其获得的规模经济效应增强,企业可获取更多的经济利润,从而更有动力提升其出口产品的质量,进而提升产品的市场竞争力,扩大出口市场份额;另一方面,企业在出口过程中会不断地积累声誉,良好的声誉有助于帮助企业形成稳定的消费市场,且在"声誉集聚效应"下更多的国外消费者会对其产品产生高度认可,从而进一步促进其出口市场份额的提升。因此,出口集约边际从 2008 年开始呈现先减后增的变化趋势。

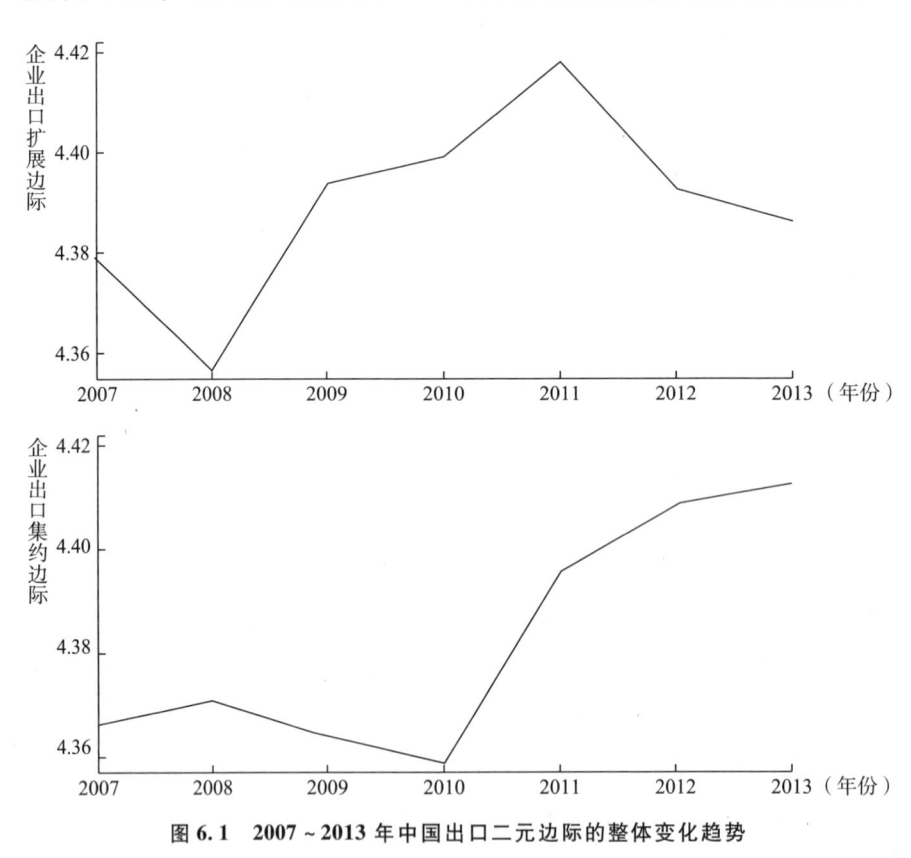

图 6.1 2007~2013 年中国出口二元边际的整体变化趋势

从图 6.1 仅可以大致得出中国出口二元边际的整体变化趋势,而不同所有制或不同贸易方式下的企业是否都服从整体发展趋势尚未可知,因此我们接下来补充不同所有制和贸易方式下中国企业出口二元边际的发展趋势。具体回归结果如表 6.1 所示,从中可以发现,不同所有制和贸易方式下企业出口二元边际整体都表现为增长趋势（即增长率都大于0），且这种增长呈现波动性。这与我们通过图6.1得出的结论相一致，说明伴随着改革开放的逐渐深化，中国出口贸易取得了骄人的成绩。

观察不同企业所有制下出口二元边际的变化趋势可以发现，私营企业出口二元边际的增长率大于国有企业和外资企业。这是因为，国有企业得到的政策扶持力度较大，且产品更多的是为了满足国内需求，因此其能更好地适应国内市场需求结构，仅通过国内市场就能获取较高利润，这导致其对外出口动力不足，出口二元边际增长率较低。外资企业享受国家招商引资的优惠政策，且本身就有着较高的生产技术水平，在国内市场和国外市场都有较稳定的消费群体，因此出口二元边际的增长率提升也不明显。对于私营企业而言，其具有更强的出口意愿，希望通过开拓国际市场来缓解国内市场的竞争压力，因此其出口二元边际增长率较高。此外，观察不同贸易方式下企业出口二元边际的变化趋势可以发现，一般贸易企业的出口二元边际增长率大于加工贸易企业。这可能是因为随着中国科学技术的进步，企业生产率不断提高，很多企业已经可以独立完成许多中间品的生产，从而可以利用国内中间品替代国外中间品，这促使中国企业由加工贸易方式向一般贸易方式转型，所以一般贸易企业的出口二元边际增长率大于加工贸易企业。

表6.1 2007~2013年不同企业所有制和贸易方式下出口二元边际的发展趋势

出口二元边际	不同所有制和贸易方式的企业	2007年	2008年	2009年	2010年	2011年	2012年	2013年	均值	增长率（%）
扩展边际	一般贸易企业	4.951	4.556	4.975	4.491	5.132	4.722	5.062	4.841	4.601
	加工贸易企业	4.971	4.559	5.021	4.452	5.092	4.729	5.059	4.840	4.219
	国有企业	5.433	4.308	3.575	4.486	4.394	4.756	5.653	4.658	9.805
	私营企业	5.003	4.406	4.411	4.513	5.542	4.669	5.437	4.854	12.131
	外资企业	4.886	4.633	4.581	4.415	4.709	4.808	4.745	4.682	2.635

续表

出口二元边际	不同所有制和贸易方式的企业	2007年	2008年	2009年	2010年	2011年	2012年	2013年	均值	增长率（%）
集约边际	一般贸易企业	14.144	14.273	14.014	13.693	16.955	13.360	13.116	14.222	3.081
	加工贸易企业	14.183	14.288	14.222	14.241	16.794	13.513	13.237	14.354	1.937
	国有企业	13.193	12.654	11.871	13.193	13.464	13.668	13.960	13.143	7.079
	私营企业	13.834	13.098	13.139	14.594	15.095	13.525	16.494	14.254	9.122
	外资企业	13.893	13.401	14.182	14.012	13.204	14.391	14.844	13.990	1.939

注：考虑到出口二元边际具有波动性，本书根据 2007~2010 年、2011~2013 年的平均值计算各个层面出口二元边际的增长率。

我们研究了不同企业所有制和贸易方式下企业出口二元边际的发展趋势，但是考虑到出口目的国的经济水平不同，市场总需求会存在很大的差异，且经济水平高的出口目的国的市场机制也会更健全，而健全的市场机制可以为他国企业出口该国市场保驾护航，因此企业选择发达国家为出口目的国更有利于其开展出口贸易，降低出口风险。基于此，我们接下来进一步探讨不同出口目的国下企业出口二元边际的发展趋势。具体地，我们采用《国际货币基金组织》定义的发达经济体和非发达经济体的分类标准，将样本分为出口发达经济体的样本和出口非发达经济体的样本，再对它们各自的变化趋势进行描述性分析。结果如图 6.2 所示，其中上图为不同出口目的国下企业出口扩展边际的变化趋势，而下图为不同出口目的国下企业出口集约边际的变化趋势。从中可以发现，出口发达经济体的企业的出口扩展边际和集约边际都大于出口非发达经济体的企业。这是因为发达经济体的人均收入水平高，消费能力强，消费升级的动力充足，有助于提高企业出口集约边际；同时，为了更好地满足发达经济体中消费者不断升级的消费需求，出口企业必须不断加大产品研发力度，推动产品换代升级，这又直接提高了企业出口扩展边际。因此与出口非发达经济体的企业相比，出口发达经济体的企业的出口二元边际更大。此外，从图 6.2 还可以发现：无论是出口发达经济体还是非发达经济体，企业出口二元边际整体上均表现为增长趋势。

可能的原因是：一方面，随着企业生产能力的不断提升，企业的生产效率会明显提高，为解决产能过剩问题，企业会积极开展出口贸易；另一方面，贸易便利化等一系列优惠政策的实施极大地降低了企业的出口贸易成本，扩大了企业出口的利润空间，从而提升了企业开展出口贸易的积极性，最终推动企业出口二元边际的增加。综合两方面来看，无论是出口发达经济体还是非发达经济体，企业出口二元边际都会表现为增长趋势。

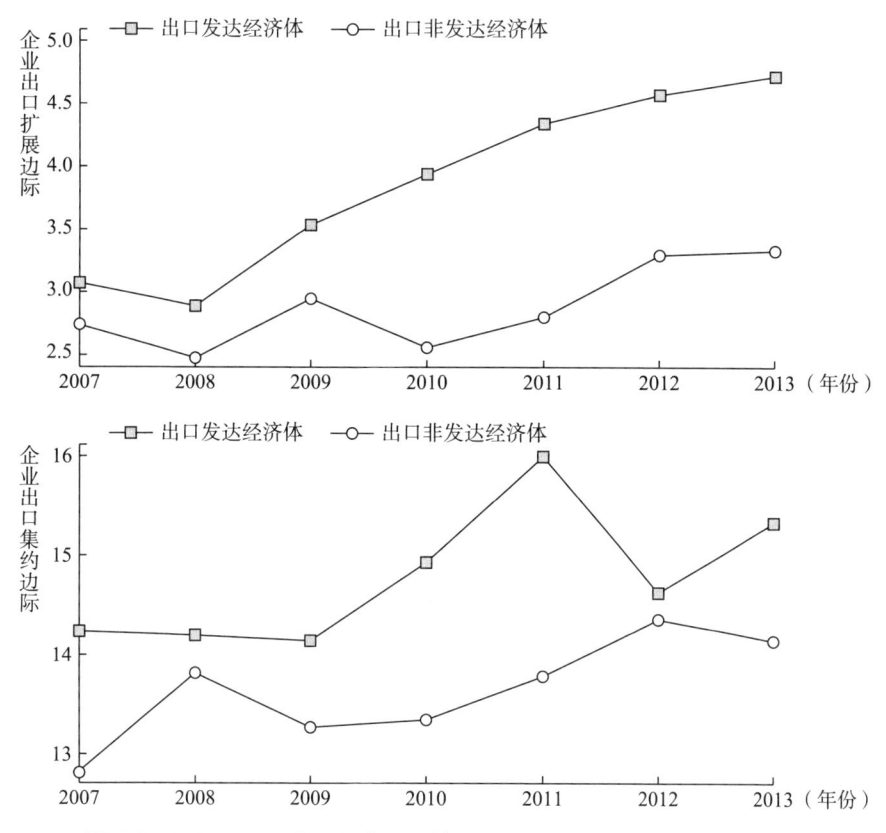

图 6.2　2007~2013 年不同出口目的国下企业出口二元边际的变化趋势

不同产品对通关时间的敏感程度存在差异，比如，食品、饮料等产品保质期较短，因此对时间比较敏感，通关时间的节约对这类产品的边际效用更大，而金属制品、纺织品等产品保质期较长，所以这类产品对通关时间的变化不敏感。基于此，我们接下来考察不同时间敏感度下企业出口二元边际的变化趋势，具体结果如图6.3所示。上图是不同时间敏感度下企业出口扩展边际的变化趋势，下图是不同时间敏感度下企业出口集约边际的变化趋势。从中可以发现，企业出口低时间敏感度产品的二元边际大于企业出口高时间敏感度产品的二元边际。这是因为与出口低时间敏感度产品相比，出口高时间敏感度产品面临的出口风险更大，这促使企业选择扩大低时间敏感度产品的出口而减少高时间敏感度产品的出口，以求降低总体出口风险。因此，企业出口低时间敏感度产品的二元边际大于企业出口高时间敏感度产品的二元边际。此外，从图6.3中还可以发现，企业出口高时间敏感度产品和出口低时间敏感度产品的扩展边际都呈现波动增长趋势，而企业出口低时间敏感度产品的集约边际总体表现为下降趋势，出口高时间敏感度产品的集约边际则表现

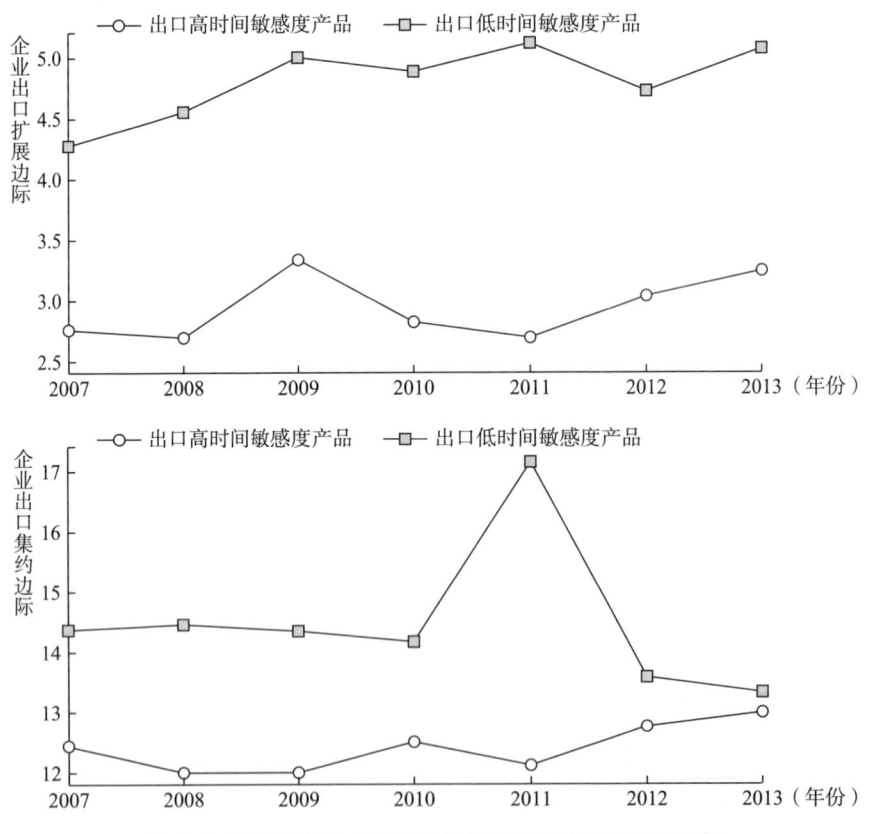

图 6.3　不同时间敏感度下企业出口二元边际的变化趋势

为波动增长趋势。

　　由于本书研究涉及省级地区，而中国幅员辽阔，各个地区之间经济发展不平衡，地区间的出口二元边际可能存在明显差异，因此我们接下来将对各省级地区出口二元边际的发展趋势进行详细分析。具体结果如表6.2所示，从东部、中部、西部三个地区的出口二元边际均值可以看出，中国各地区的出口二元边际极不平衡，呈现东部地区＞中部地区＞西部地区。这是因为东部地区整体经济水平较高，且水陆交通较为便利，因此东部地区可以依托自身的区位优势发展出口贸易（曹亮等，2020）；中部地区虽然区位优势略小于东部地区，但其可以利用东部地区的辐射效应发展出口贸易；西部地区自身区位优势小，且又离东部地区较远，因此很难利用辐射效应发展出口贸易。通过在微观层面考察各个省级地区也可以得出类似结论，具体来说，一方面，2007～2013年出口扩展边际均值大于4的地区包含北京、广东、江苏、辽宁、山东、上海、天津和安徽，除了安徽属于中部地区以外，其余都属于东部地区；另一方面，2007～2013年出口集约边际均值大于13的省级地区包含福建、广东、河北、山东、安徽、河南，其中有4个省份位于东部地区，有2个省份位于中部地区，而西部地区尚未有出口集约边际均值大于13的省份。综上，不难发现，中国不同地区出口二元边际的大小为东部地区＞中部地区＞西部地区。这要求中国政府在实现经济发展的同时，必须兼顾东部、中部、西部三个地区的均衡发展，不断强化市场之间的要素流动，突破区域限制，建立高效可持续的市场机制。

　　此外，通过比较2011～2013年与2007～2010年东部、中部和西部地区出口二元边际的差值发现，东部、中部和西部地区的出口二元边际都表现为正向增长。同时通过具体观察2011～2013年与2007～2010年各个省级地区出口二元边际的差值可以发现：除了江苏、辽宁、上海、浙江、江西、陕西、四川和云南出口扩展边际的差值为负以外，其余省级地区出口扩展边际的差值都为正；除了江西、宁夏、陕西和云南出口集约边际的差值为负以外，其余省级地区出口集约边际的差值均为正。这说明中国出口二元边际存在明显的地区差异性，但是总体来看，大部分省级地区的出口二元边际都呈现正向增长趋势，仅有少数省级地区呈现负向增长。

表 6.2 2007~2013 年不同省级地区出口二元边际的发展趋势

地区	省份	出口扩展边际 (1)	(2)	(3)	出口集约边际 (1)	(2)	(3)
东部	北京	4.578	4.710	0.132	10.911	12.807	1.896
	福建	3.887	4.594	0.707	13.741	14.105	0.364
	广东	5.124	5.342	0.218	14.645	15.184	0.539
	海南	2.610	3.744	1.134	10.056	11.344	1.288
	河北	2.879	3.630	0.751	14.000	15.789	1.789
	吉林	3.643	3.714	0.071	10.114	11.496	1.382
	江苏	4.505	4.458	-0.047	12.578	13.356	0.778
	辽宁	4.889	4.314	-0.575	12.332	13.259	0.927
	山东	4.148	4.774	0.626	14.444	15.193	0.749
	上海	4.847	4.619	-0.228	12.660	13.824	1.164
	天津	4.486	4.836	0.35	11.279	13.446	2.167
	浙江	4.226	3.998	-0.228	11.842	13.935	2.093
	小计	4.152	4.394	0.242	12.357	13.645	1.288
中部	安徽	4.315	5.103	0.788	13.542	14.054	0.512
	河南	2.500	2.764	0.264	13.632	13.956	0.324
	湖北	3.205	3.751	0.546	11.429	12.431	1.002
	湖南	3.437	3.662	0.225	11.724	13.843	2.119
	江西	3.855	3.604	-0.251	11.972	10.797	-1.175
	山西	2.557	3.695	1.138	11.257	13.734	2.477
	小计	3.312	3.597	0.285	12.259	13.136	0.877
西部	甘肃	1.499	1.779	0.280	10.433	10.781	0.348
	广西	3.611	4.062	0.451	10.590	16.565	5.975
	贵州	2.401	3.171	0.77	10.540	11.364	0.824
	宁夏	2.387	3.116	0.729	12.476	9.733	-2.743
	陕西	3.271	3.228	-0.043	11.948	10.357	-1.591
	四川	4.669	3.731	-0.938	12.773	13.395	0.622
	云南	3.910	2.598	-1.312	10.504	8.394	-2.11

续表

地区	省份	出口扩展边际			出口集约边际		
		（1）	（2）	（3）	（1）	（2）	（3）
西部	重庆	2.775	3.273	0.498	11.388	11.490	0.102
	小计	3.065	3.120	0.055	11.332	11.385	0.053

注：表中的（1）列、（2）列和（3）列分别对应2007~2010年指标的平均值、2011~2013年指标的平均值以及2011~2013年指标平均值与2007~2010年指标平均值之差；东部、中部和西部地区小计为该地区所有省份的平均值。

二 机制分析

（一）贸易便利化通过进口中间品价格影响企业出口二元边际的机制

第一，成本节约效应。正如前文所述，贸易便利化能够降低进口中间品价格，直接节约企业使用进口中间品的生产成本，间接增加企业经营利润，为企业研发资金的投入提供了有效保障，企业能将更多的资金投入产品研发，而这可以表现为两种形式：一种是促使企业对现有生产技术进行优化升级，不断提升现有产品的技术复杂度，进而促进出口产品质量提升，使得企业在出口市场获取更多的认可，从而增加出口市场份额，推动企业出口集约边际的增长；另一种是引进新的先进生产技术，加大对新产品的研发力度，通过实现出口产品的多元化积极推动企业出口贸易的多元化，进而推动企业出口扩展边际的增长。

第二，门槛效应。贸易便利化能够实现企业贸易成本的降低，从而抑制企业进口中间品的价格，使得中国企业能够进口之前无力进口的高价格中间品，而高价格往往意味着高质量，企业通过进口高价格中间品实现了其出口产品质量升级，这有助于企业提高出口产品竞争力，促进企业出口集约边际的增长。此外，高价格中间品对企业资本、劳动、生产设备等的要求也较高，这促使企业进行生产设备等的更新换代，在此基础上企业从事生产经营活动会提高其出口产品质量（李秀芳和施炳展，2016），最终促进企业出口集约边际的增长。因此，贸易便利化能够有效降低企业进口中间品价格,并通过门槛效应对企业出口集约边际的增长产生促进作用。

(二) 贸易便利化通过进口中间品种类影响企业出口二元边际的机制

第一,进口匹配效应。正如前文所述,贸易便利化有助于进口中间品种类的不断增加,而企业进口中间品种类越多,意味着企业生产的与之相匹配的最终品种类也越多,有利于企业出口扩展边际的增长。此外,企业在进口过程中可与国外中间品出口企业建立良好的合作关系,双方频繁的信息沟通可以有效地降低双方之间的信息搜寻成本,中国企业能够对国外消费者的消费偏好等有更好的认知,国外企业和消费者也会对中国企业的出口产品产生更高的认可度,从而有助于提高企业的出口市场份额,推动企业出口集约边际的增长。因此,贸易便利化能够通过增加进口中间品种类实现企业出口扩展边际和集约边际的增长。

第二,技术溢出效应。贸易便利化能够帮助企业以相对更多的资金和渠道进口更多种类的中间品,而进口中间品种类的增加能够通过技术溢出效应、生产互补效应等提升企业生产技术的多元化水平(李秀芳和施炳展,2016),且进口中间品种类越多,这种增强作用越明显(Amiti and Konings, 2007)。而随着生产技术的多元化,企业更有能力出口更多种类的产品,因此贸易便利化能够通过增加进口中间品种类对企业出口扩展边际的增长产生显著促进作用。

第三,成本分散效应。贸易便利化降低贸易成本,间接增加了企业经营利润,使其可以进口更多种类的中间品。一方面,随着企业进口中间品种类的不断增加,企业的产品生产会趋于分散化,各类产品会对其资金、设备等要素形成挤占,导致分配到每类产品生产上的要素偏少,从这个意义上来说,进口中间品种类增加不利于企业扩大产品种类,从而会抑制企业出口扩展边际的增长;另一方面,随着企业进口中间品种类的不断增加,企业生产所需的设备、劳动、资本等资源需要不断更新或补充,导致企业产品生产的分散化,对企业的专业化生产形成挤出效应，不利于实现规模经济，进而对企业出口集约边际的增长产生抑制作用。因此，贸易便利化有助于企业增加进口中间品种类，但在成本分散效应下，其对企业出口二元边际的增长存在抑制作用。

（三）贸易便利化通过进口中间品质量影响企业出口二元边际的机制

第一，声誉支持效应。正如前文所述，贸易便利化会通过提高进口中间品质量来实现企业出口产品质量升级的目的。而企业出口产品质量升级会提高企业出口产品质量声誉及出口产品在国外市场的认可度，进而扩大企业的出口市场份额和利润空间，最终促进出口集约边际的增长。此外，消费者会选择购买高声誉企业的产品而放弃低声誉"问题企业"的产品，因为声誉好的企业往往在产品质量、售后等方面更有保障。从这个意义上来说，中国企业新产品的出口或新市场的开拓会受到自身质量声誉提高的支持，进而实现企业出口扩展边际增长的目的。

第二，质量升级效应。正如前文所述，贸易便利化能够有效降低企业贸易成本，从而促进企业进口中间品质量的提升。而中国企业能通过进口高质量中间品获得国外先进技术的溢出效应，并在此基础上消化、吸收再创新，从而有效提升出口产品质量（席艳乐和胡强，2014）。随着企业出口产品质量的不断提升，其出口产品的市场竞争力也会得到增强，这有助于进一步扩大企业出口市场份额，促进其出口集约边际的增长。至于对企业出口扩展边际的影响，一方面，企业因为出口市场份额的不断增加而形成垄断势力，走向专业化生产道路，生产"专而精"的产品，此时就会对企业出口扩展边际的增长产生抑制作用；另一方面，随着企业出口市场份额的不断增加，企业会获取更多的出口利润，进而有能力投入更多的资金进行新产品的研发，实现出口战略多元化和出口产品多样化（耿晔强和史瑞祯，2018），从而促进出口扩展边际的增长。

因此，贸易便利化会通过提高中间品质量而产生声誉支持效应，促进企业出口二元边际的扩张；贸易便利化会通过提高中间品质量而产生质量升级效应，对企业出口集约边际的增长产生正向影响，但对企业出口扩展边际增长的作用则不确定。

（四）贸易便利化通过进口中间品数量影响企业出口二元边际的机制

第一，产出能力扩张效应。贸易便利化能够有效降低贸易成本，推动企业进口中间品数量的增加，而企业可以通过进口大规模的中间品来有效弥补"质量差异"，进而推动自身出口的增长（巫强和刘志彪，2009）。具体地，随着国际分工的不断细化，产品内分工也越来越明显，通过大规模进口中间品能够有效弥补中国企业的技术短板（楚明钦和陈启斐，2013），使企业在进口中间品的基础上开展生产、加工、装配等活动，进而实现自身产出能力的扩张，最终推动企业出口集约边际的增长。此外，企业产出能力的扩张也会为其带来规模经济效应，从而增加企业的经营利润，此时企业更有能力投入更多的研发资金，加大新产品研发力度，努力克服技术障碍，不断结合自身生产优势，突破原先的限制（戴翔和张二震，2010），因此进口中间品数量增加对企业出口扩展边际的增长也存在积极影响。

第二，过度外部依赖效应。贸易便利化能够通过降低企业贸易成本，帮助企业增加进口中间品数量，然而，企业使用进口中间品比例过高时，极易导致"过度依赖"（宗毅君，2017），只能不断重复"进口—简单组装或加工—出口"，创新能力得不到提升。而企业创新能力的弱化不仅会降低产品在出口市场的竞争力，阻碍出口市场份额的扩张，还会降低企业对新产品的研发热情，使企业变得"不思进取"，严重削弱企业实现出口产品多元化的动力。因此，贸易便利化通过增加进口中间品数量会对企业出口集约边际和扩展边际的增长均产生抑制作用。

综上所述，贸易便利化会通过进口中间品的四个不同维度对企业出口二元边际产生影响，具体地，贸易便利化会通过进口中间品价格的成本节约效应、门槛效应影响企业出口二元边际，会通过进口中间品数量

第六章 贸易便利化对企业出口二元边际的影响：基于进口中间品视角的理论分析与实证研究 | 169

的产出能力扩张效应、过度外部依赖效应影响企业出口二元边际，会通过进口中间品质量的声誉支持效应、质量升级效应影响企业出口二元边际，会通过进口中间品种类的进口匹配效应、成本分散效应、技术溢出效应影响企业出口二元边际。为了更直观地反映上述机制，我们绘制了如下作用机制图（见图 6.4）。

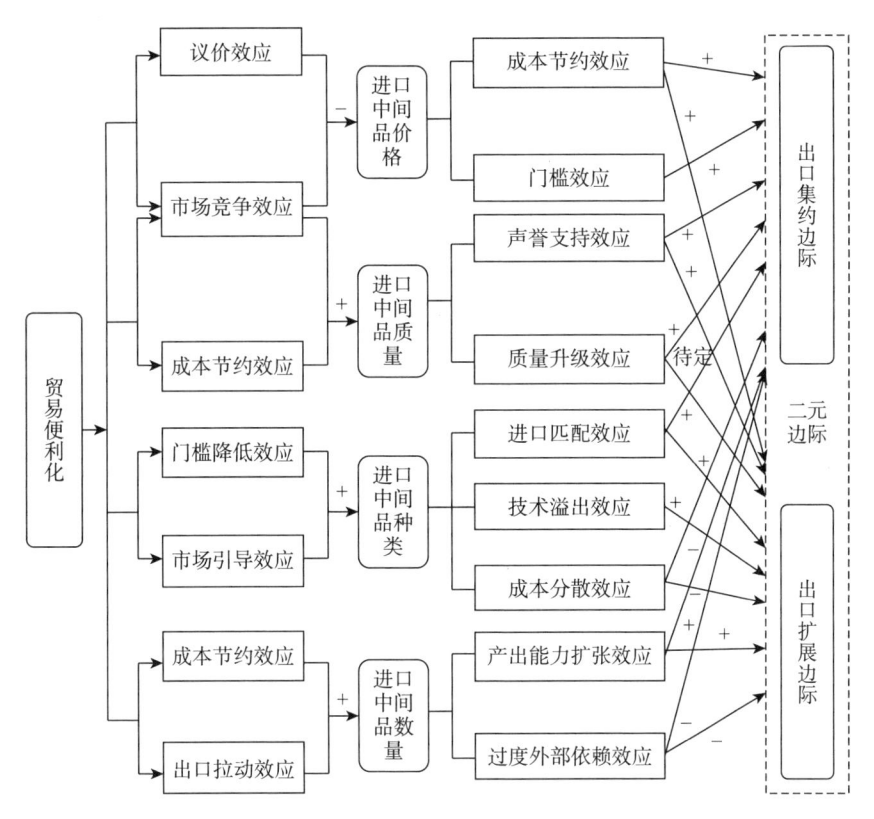

图 6.4 贸易便利化对企业出口二元边际的作用机制

三 理论模型

本节参考 Melitz 和 Ottaviano（2008）以及 Qiu 和 Yu（2014）的研究，将中间品部门纳入相互垂直关联的最终产品部门，从而聚焦于进口中间品的视角，构建贸易便利化对企业出口二元边际影响的分析框架。

(一) 模型假定

第一，假设代表性消费者具备标准 CES 函数，这意味着不同产品种类之间的外生性和同质性加价，以及不同产品种类和国家之间的需求对称。

第二，假设企业生产要素中资本和劳动不能自由跨国流动，且所需的中间品包含国内中间品和国外进口中间品。使用国内中间品的贸易成本为 0（即贸易便利化不会影响国内中间品），使用国外进口中间品的贸易成本大于 0。

第三，假设进口中间品的贸易成本仅由一个因素决定，即缺乏贸易便利化（进出口贸易程序繁杂、法律法规不完善等）所导致的贸易成本。

第四，假设中间品种类只会影响固定成本，即中间品种类越多，则企业生产经营的固定成本越大。这样做是为了将进口中间品种类纳入分析框架。

(二) 模型构建与研究假设

1. 需求

假设代表性消费者的效应函数是标准的 CES 形式：

$$u = \left[\int_{y \in \Omega}(q_y)^{\frac{\sigma-1}{\sigma}} dy\right]^{\frac{\sigma}{\sigma-1}} \tag{6.2}$$

其中，q_y 是消费者消费产品 y 的数量（即企业生产产品 y 的数量），σ 代表任意两种产品之间的替代弹性（$\sigma>1$），Ω 是出口产品种类。根据消费者效用最大化原则构建拉格朗日函数，求出消费者最优消费量，具体如下所示：

$$q_y = p_y^{-\sigma} \frac{R}{p} \tag{6.3}$$

其中，R 是消费者对产品 y 的总需求，它对应的是产品 y 部门的总收入；p_y 是产品 y 的价格指数；p 是产品市场整体的价格指数。p 具体如式（6.4）所示：

$$p = \left[\int_{y \in \Omega} p_y^{1-\sigma} \mathrm{d}y \right]^{\frac{1}{1-\sigma}} \tag{6.4}$$

2. 供给

垄断竞争市场中代表性企业的柯布－道格拉斯生产函数为：

$$Q_y = \varphi K^{\alpha} L^{1-\alpha-\beta} M^{\beta} \tag{6.5}$$

其中，Q_y 是企业产出，α、$(1-\alpha-\beta)$ 和 β 分别是资本、劳动和中间品所占的份额，φ 是企业生产率的外生固定值，K^{α} 是企业投入的资本，$L^{1-\alpha-\beta}$ 是企业投入的劳动，M^{β} 是企业投入的中间品（包含国内部分 M^h 和国外部分 M^x）。中间品的需求函数如式（6.6）所示：

$$M = \left[(M^h)^{\frac{\sigma_m-1}{\sigma_m}} + (B_m M^x)^{\frac{\sigma_m-1}{\sigma_m}} \right]^{\frac{\sigma_m}{\sigma_m-1}} = \left[\int_0^{n_h} (m_m^h)^{\frac{\sigma_m-1}{\sigma_m}} \mathrm{d}m + \int_0^{n_x} (b_m m_m^x)^{\frac{\sigma_m-1}{\sigma_m}} \mathrm{d}m \right]^{\frac{\sigma_m}{\sigma_m-1}} \tag{6.6}$$

其中，B_m 被设定为进口中间品的相对质量因子，b_m 是 m 类进口中间品的相对质量因子，m_m^h 和 m_m^x 分别是国内中间品 m 的数量和国外进口中间品 m 的数量，n_h 和 n_x 分别是企业使用国内中间品种类和国外进口中间品种类，σ_m 是中间品替代弹性且大于1。

此外，我们设定中间品的价格为 P_M，国内中间品的价格为 p_h，国外进口中间品的价格为 p_x，p_m^h 和 p_m^x 分别是 m 类国内中间品和 m 类国外进口中间品的价格。因此，企业使用中间品的整体价格为：

$$P_M = \left[(p_h)^{1-\sigma_m} + \left(\frac{p_x}{B_m}\right)^{1-\sigma_m} \right]^{\frac{1}{1-\sigma_m}} = \left[\int_0^{n_h} (p_m^h)^{1-\sigma_m} \mathrm{d}m + \int_0^{n_x} \left(\frac{p_m^x}{b_m}\right)^{1-\sigma_m} \mathrm{d}m \right]^{\frac{1}{1-\sigma_m}} \tag{6.7}$$

在前文假设的基础上，本书认为进口单位中间品会因贸易便利化的缺乏而损耗，具体损耗量为 χ，其值越大，说明贸易便利化程度越低，贸易保护越严重，当企业需要1单位进口中间品时，实际上需要进口

$(1+\chi)$ 单位中间品 ($0<\chi<1$)。因此,考虑贸易成本之后,进口中间品 m 的价格 p_{mc}^x 为:

$$p_{mc}^x = (1+\chi) p_m^x \qquad (6.8)$$

由式(6.8)可知,贸易便利化缺乏带来的损耗值越大,则企业进口中间品的价格越高 $\left(\frac{\partial p_{mc}^x}{\partial \chi} > 0\right)$,即贸易便利化降低了企业进口中间品价格。我们将考虑贸易便利化之后的进口中间品价格即式(6.8)代入企业中间品整体价格指数即式(6.7),得到式(6.9):

$$P_M = \left\{ (p_h)^{1-\sigma_m} + \left[\frac{(1+\chi)p_x}{B_m}\right]^{1-\sigma_m} \right\}^{\frac{1}{1-\sigma_m}}$$

$$= \left\{ \int_0^{n_h} (p_m^h)^{1-\sigma_m} dm + \int_0^{n_x} \left[\frac{(1+\chi)p_m^x}{b_m}\right]^{1-\sigma_m} dm \right\}^{\frac{1}{1-\sigma_m}} \qquad (6.9)$$

为了计算方便,我们假设企业使用中间品的投入指数为单位1,此时根据企业使用中间品成本最小化原则构建拉格朗日函数,计算企业最优化问题:

$$\min \int_0^{n_x} p_{mc}^x m_m^x dm + \int_0^{n_h} p_m^h m_m^h dm \qquad (6.10)$$

$$\text{s.t. } M = \left[\int_0^{n_h} (m_m^h)^{\frac{\sigma_m-1}{\sigma_m}} dm + \int_0^{n_x} (b_m m_m^x)^{\frac{\sigma_m-1}{\sigma_m}} dm \right]^{\frac{\sigma_m}{\sigma_m-1}} = 1 \qquad (6.11)$$

结合式(6.8)、式(6.10)和式(6.11),通过解上述最优化问题可以得到企业进口中间品的需求是国内中间品需求的函数:

$$m_m^x = m_m^h (b_m)^{\sigma_m - 1} \left[\frac{p_m^h}{(1+\chi)p_m^x}\right]^{\sigma_m} \qquad (6.12)$$

前文假定国内中间品不会受贸易便利化的影响,因此由式(6.12)可知,贸易便利化缺乏带来的损耗值越大,则企业对进口中间品的需求越小 $\left(\frac{\partial m_m^x}{\partial \chi} < 0\right)$,即贸易便利化增加了企业进口中间品数量。

通过理论模型我们推导出了贸易便利化会降低企业进口中间品价格 $\left(\frac{\partial p_{mc}^x}{\partial \chi} > 0\right)$ 以及增加企业进口中间品数量 $\left(\frac{\partial m_m^x}{\partial \chi} < 0\right)$，这与第四章的研究结论相一致。此外，我们通过第四章的理论分析与实证检验还发现，贸易便利化会通过门槛降低效应和市场引导效应增加企业进口中间品种类 $\left(\frac{\partial n_x}{\partial \chi} < 0\right)$，会通过市场竞争效应和成本节约效应提高企业进口中间品质量 $\left(\frac{\partial B_m}{\partial \chi} < 0\right)$。

3. 出口集约边际

（1）成本

给定中间品种类，本小节的企业可变成本主要由企业生产经营所需的资本、劳动和中间品的成本组成，我们设定资本、劳动和中间品的价格分别是 r、w 和 P_M。因此，企业的可变成本函数可表示为：

$$C_y = \frac{1}{\varphi}\left(\frac{r}{\alpha}\right)^\alpha \left(\frac{w}{1-\alpha-\beta}\right)^{1-\alpha-\beta}\left(\frac{P_M}{\beta}\right)^\beta \tag{6.13}$$

对企业固定成本的测度主要参考 Ahsan（2010）的设定形式，随着企业使用的中间品种类的增加，其管理中间品的固定成本也会增加，$F = f(n) > 0$。$f(n)$ 表示企业管理 n 类中间品所需要的固定成本，其必须满足 $f'(n) > 0$，$f''(n) > 0$。这是因为企业中间品种类增加导致固定成本提高的同时，也会给企业带来进口匹配效应、技术溢出效应和成本分散效应，从而影响企业出口二元边际。因此，企业管理者在处理涉及中间品种类的问题时，应该在成本损失和出口二元边际收益之间权衡利弊，寻找一个平衡点。

综上，为了使计算简便，我们把固定成本的函数形式设定为 $f(n) = \frac{n^2}{2}$，这里的 n 包含国内中间品 n_h 和国外进口中间品 n_x 两部分。

（2）均衡

假设每家企业只生产一种产品，企业生产产品 y 的数量为 q_y，产品

y 在市场中的销售价格为 p_y，企业生产经营的总成本是 C（包含可变成本 C_y 和固定成本 F）。因此，企业的利润函数可以表示为：

$$\pi_y = q_y p_y - C = q_y(p_y - C_y) - F \qquad (6.14)$$

根据企业加成定价原则，我们可以计算出企业利润最大化的产品销售价格为：

$$p_y = \frac{C_y \sigma}{\sigma - 1} \qquad (6.15)$$

其中，σ 是产品的替代弹性（$\sigma > 1$）。将式（6.3）、式（6.9）和式（6.15）代入式（6.14），此时企业的利润函数可以表示为：

$$\pi_y = G\left\{(p_h)^{1-\sigma_m} + \left[\frac{(1+\chi)p_x}{B_m}\right]^{1-\sigma_m}\right\}^{\frac{\beta}{1-\sigma_m}} q_y - \frac{(n_h)^2}{2} - \frac{(n_x)^2}{2} \qquad (6.16)$$

其中，$G = \frac{1}{\varphi}\left(\frac{r}{\alpha}\right)^\alpha \left(\frac{w}{1-\alpha-\beta}\right)^{1-\alpha-\beta} \frac{1}{\sigma-1}\left(\frac{1}{\beta}\right)^\beta > 0$。根据出口利润大于零时企业才会选择出口的原则，可以得出企业出口产品数量临界值为：

$$q_y^* = \left[\frac{(n_h)^2}{2} + \frac{(n_x)^2}{2}\right] \frac{1}{G\left\{(p_h)^{1-\sigma_m} + \left[\frac{(1+\chi)p_x}{B_m}\right]^{1-\sigma_m}\right\}^{\frac{\beta}{1-\sigma_m}}} \qquad (6.17)$$

其中，$\frac{\beta}{1-\sigma_m} < 0$。根据式（6.17）可知，出口产品数量临界值 q_y^* 是贸易便利化指标 χ、进口中间品种类 n_x、进口中间品质量 B_m 以及进口中间品价格 p_x 的函数。因此，我们将式（6.17）分别对贸易便利化指标 χ、进口中间品种类 n_x、进口中间品质量 B_m 以及进口中间品价格 p_x 求导得：

$$\frac{\partial q_y^*}{\partial \chi} = \frac{-\beta\left[\frac{(n_h)^2}{2} + \frac{(n_x)^2}{2}\right]}{G\left\{(p_h)^{1-\sigma} + \left[\frac{(1+\chi)p_x}{B_m}\right]^{1-\sigma_m}\right\}^{\frac{\beta}{1-\sigma_m}+1}} \left[\frac{(1+\chi)p_x}{B_m}\right]^{-\sigma_m} \frac{p_x}{B_m} < 0 \quad (6.18)$$

第六章 贸易便利化对企业出口二元边际的影响：基于进口中间品视角的理论分析与实证研究

$$\frac{\partial q_y^*}{\partial n_x} = n_x \frac{1}{G\left\{(p_h)^{1-\sigma_m} + \left[\frac{(1+\chi)p_x}{B_m}\right]^{1-\sigma_m}\right\}^{\frac{\beta}{1-\sigma_m}}} > 0 \qquad (6.19)$$

$$\frac{\partial q_y^*}{\partial B_m} = \frac{\beta\left[\frac{(n_h)^2}{2} + \frac{(n_x)^2}{2}\right]}{G\left\{(p_h)^{1-\sigma} + \left[\frac{(1+\chi)p_x}{B_m}\right]^{1-\sigma_m}\right\}^{\frac{\beta}{1-\sigma_m}+1}} \left[\frac{(1+\chi)p_x}{B_m}\right]^{-\sigma_m} \frac{(1+\chi)p_x}{(B_m)^2} > 0$$

(6.20)

$$\frac{\partial q_y^*}{\partial p_x} = \frac{-\beta\left[\frac{(n_h)^2}{2} + \frac{(n_x)^2}{2}\right]}{G\left\{(p_h)^{1-\sigma} + \left[\frac{(1+\chi)p_x}{B_m}\right]^{1-\sigma_m}\right\}^{\frac{\beta}{1-\sigma_m}+1}} \left[\frac{(1+\chi)p_x}{B_m}\right]^{-\sigma_m} \frac{(1+\chi)}{B_m} < 0$$

(6.21)

根据式（6.18）可知，贸易便利化对企业出口集约边际整体表现为促进作用。将式（6.19）与前文的理论分析部分结合可以发现，进口中间品种类对企业出口集约边际的正向作用大于负向作用（即进口匹配效应和技术溢出效应之和大于成本分散效应），因此两者最终表现为正相关关系。由式（6.20）可以得知，进口中间品质量对企业集约边际表现为促进作用，这与前文的理论分析相一致。由式（6.20）可知，进口中间品价格提升抑制了企业出口集约边际的增长，这也与前文的理论分析相一致。最后将式（6.19）至式（6.21）与前文分析结合可以得出：①贸易便利化会通过提高企业进口中间品质量促进企业出口集约边际增长（$\frac{\partial q_y^*}{\partial \chi} = \frac{\partial q_y^*}{\partial B_m} \frac{\partial B_m}{\partial \chi} < 0$）；②贸易便利化会通过降低企业进口中间品价格促进企业出口集约边际增长（$\frac{\partial q_y^*}{\partial \chi} = \frac{\partial q_y^*}{\partial p_x} \frac{\partial p_x}{\partial \chi} < 0$）；③贸易便利化会通过增加企业进口中间品种类促进企业出口集约边际增长（$\frac{\partial q_y^*}{\partial n_x} = \frac{\partial q_y^*}{\partial n_x} \frac{\partial n_x}{\partial \chi} < 0$）。

此外，前文理论分析部分我们已经发现，进口中间品数量对企业出口集约边际存在正负两方面的影响,总体作用取决于正向作用和负向作用的大小,还需要我们在后文进一步检验,因此二者关系暂时无法确定($\frac{\partial q_y^*}{\partial m_x}$? 0),将该结论与式(6.12)结合起来可知:④贸易便利化通过增加进口中间品数量对企业出口集约边际产生的作用无法确定($\frac{\partial q_y^*}{\partial m_x} = \frac{\partial q_y^*}{\partial m_x} \frac{\partial m_x}{\partial \chi}$? 0)。

4. 出口扩展边际

(1) 成本

我们设定资本、劳动和中间品的价格分别是 r、w 和 P_M,同时参考邱斌等(2020)的研究,将企业生产产品种类 Ω 引入企业可变成本函数,即随着企业生产产品种类的增加,其生产可变成本会越来越大。因此,企业的可变成本函数可表示为:

$$C_y = \frac{\Omega}{\varphi}\left(\frac{r}{\alpha}\right)^\alpha \left(\frac{w}{1-\alpha-\beta}\right)^{1-\alpha-\beta}\left(\frac{P_M}{\beta}\right)^\beta \tag{6.22}$$

关于企业的固定成本,主要参考 Ahsan(2010)的设定形式,随着企业所使用的中间品种类的增加,其管理中间品的固定成本也会增加,$F = f(n) > 0$。$f(n)$ 表示企业管理 n 类中间品所需要的固定投入成本,其必须满足 $f'(n) > 0$,$f''(n) > 0$。

此外,考虑到企业生产产品种类越多,对企业生产设备等固定资产的要求更高,即生产产品种类越多,固定成本越大,因此本章把企业产品种类 Ω 纳入企业固定成本函数。

综上,为了使计算简便,我们把固定成本的函数形式设定为 $f(n) = \frac{n^2}{2}\Omega$,这里的 n 包含国内中间品 n_h 和国外进口中间品 n_x 两部分。

(2) 均衡

假设企业生产 Ω 种产品,企业生产产品 y 的数量为 q_y,产品 y 在市场中的销售价格为 p_y,企业生产经营的总成本是 C(包含可变成本 C_y

和固定成本 F）。因此，企业的利润函数可以表示为：

$$\pi_y = \int_0^{\Omega} q_y p_y \mathrm{d}y - C = \int_0^{\Omega} q_y (p_y - C_y) \mathrm{d}y - F \tag{6.23}$$

将式（6.23）对企业生产产品种类 Ω 求一阶偏导，可以得到：

$$\frac{\partial \pi_y}{\partial \Omega} = q_y (p_y - C_y) - \frac{n^2}{2} = 0 \tag{6.24}$$

根据企业加成定价原则，我们可以计算出企业利润最大化的产品销售价格为：

$$p_y = \frac{C_y \sigma}{\sigma - 1} \tag{6.25}$$

其中，σ 是产品的替代弹性（$\sigma > 1$）。根据式（6.3）、式（6.22）、式（6.24）和式（6.25），可以求出企业出口产品种类（即企业出口扩展边际）为：

$$\Omega^* = G_1 \frac{\left[\frac{(n_h)^2}{2} + \frac{(n_x)^2}{2}\right]^{\frac{1}{1-\sigma}}}{\left\{(p_h)^{1-\sigma_m} + \left[\frac{(1+\chi)p_x}{B_m}\right]^{1-\sigma_m}\right\}^{\frac{\beta}{1-\sigma_m}}} \tag{6.26}$$

其中，$G_1 = \dfrac{\left[\sigma^{\sigma}(\sigma-1)^{1-\sigma}\right]^{\frac{1}{1-\sigma}}\left(\dfrac{p}{R}\right)^{\frac{1}{1-\sigma}}\varphi\beta^{\beta}}{\left(\dfrac{r}{\alpha}\right)^{\alpha}\left(\dfrac{w}{1-\alpha-\beta}\right)^{1-\alpha-\beta}} > 0$。根据式（6.26）可知，企业出口扩展边际 Ω^* 是贸易便利化 χ、进口中间品种类 n_x、进口中间品质量 B_m 以及进口中间品价格 p_x 的函数。因此，我们将式（6.26）分别对贸易便利化 χ、进口中间品种类 n_x、进口中间品质量 B_m 以及进口中间品价格 p_x 求偏导得：

$$\frac{\partial \Omega^*}{\partial \chi} = \frac{-\beta(1+\chi)^{-\sigma_m}\left(\dfrac{p_x}{B_m}\right)^{1-\sigma_m} G_1 \left[\dfrac{(n_h)^2}{2} + \dfrac{(n_x)^2}{2}\right]^{\frac{1}{1-\sigma}}}{\left\{(p_h)^{1-\sigma_m} + \left[\dfrac{(1+\chi)p_x}{B_m}\right]^{1-\sigma_m}\right\}^{\frac{\beta}{1-\sigma_m}+1}} < 0 \tag{6.27}$$

$$\frac{\partial \Omega^*}{\partial n_x} = G_1 \frac{\frac{1}{1-\sigma}\left[\frac{(n_h)^2}{2} + \frac{(n_x)^2}{2}\right]^{\frac{1}{1-\sigma}-1} n_x}{\left\{(p_h)^{1-\sigma_m} + \left[\frac{(1+\chi)p_x}{B_m}\right]^{1-\sigma_m}\right\}^{\frac{\beta}{1-\sigma_m}}} < 0 \qquad (6.28)$$

$$\frac{\partial \Omega^*}{\partial B_m} = \beta G_1 \frac{(B_m)^{\sigma_m - 2}\left[\frac{(n_h)^2}{2} + \frac{(n_x)^2}{2}\right]^{\frac{1}{1-\sigma}}\left[(1+\chi)p_x\right]^{1-\sigma_m}}{\left\{(p_h)^{1-\sigma_m} + \left[\frac{(1+\chi)p_x}{B_m}\right]^{1-\sigma_m}\right\}^{\frac{\beta}{1-\sigma_m}+1}} > 0 \qquad (6.29)$$

$$\frac{\partial \Omega^*}{\partial p_x} = \frac{-\beta(1+\chi)^{1-\sigma_m}\frac{1}{B_m}\left(\frac{p_x}{B_m}\right)^{-\sigma_m}G_1\left[\frac{(n_h)^2}{2} + \frac{(n_x)^2}{2}\right]^{\frac{1}{1-\sigma}}}{\left\{(p_h)^{1-\sigma_m} + \left[\frac{(1+\chi)p_x}{B_m}\right]^{1-\sigma_m}\right\}^{\frac{\beta}{1-\sigma_m}+1}} < 0 \qquad (6.30)$$

根据式（6.27）可知，贸易便利化对企业出口扩展边际整体表现为促进作用。将式（6.28）与前文的理论分析部分结合可以发现，进口中间品种类对企业出口扩展边际的负向作用大于正向作用，因此两者最终表现为负相关关系。由式（6.29）可以得出，进口中间品质量对企业出口扩展边际表现为促进作用。由式（6.30）可知，进口中间品价格增加抑制了企业出口扩展边际的增长。将式（6.28）至式（6.30）与前文分析结合可以得出：①贸易便利化会通过提高企业进口中间品质量促进企业出口扩展边际增加（$\frac{\partial \Omega^*}{\partial \chi} = \frac{\partial \Omega^*}{\partial B_m}\frac{\partial B_m}{\partial \chi} < 0$）；②贸易便利化会通过降低企业进口中间品价格促进企业出口扩展边际增加（$\frac{\partial \Omega^*}{\partial \chi} = \frac{\partial \Omega^*}{\partial p_x}\frac{\partial p_x}{\partial \chi} < 0$）；③贸易便利化会通过增加企业进口中间品种类抑制企业出口扩展边际增加（$\frac{\partial \Omega^*}{\partial \chi} = \frac{\partial \Omega^*}{\partial n_x}\frac{\partial n_x}{\partial \chi} > 0$）。

此外，在前文理论分析部分，我们已经发现进口中间品数量对企业出口扩展边际存在正负两方面的影响，总体作用取决于正向作用和负向作用的大小，还需要我们在后文进一步检验，因此二者关系暂时无法确定（$\frac{\partial \Omega^*}{\partial m_x}$? 0），将该结论与式（6.12）结合起来可知：④贸易便利化通过增加进口中间品数量对企业出口扩展边际产生的作用无法确定（$\frac{\partial q_y^*}{\partial m_x} = \frac{\partial q_y^*}{\partial m_x} \frac{\partial m_x}{\partial \chi} ? \ 0$）。

综上，本章提出以下研究假设。

研究假设 5：贸易便利化会通过提高企业进口中间品质量和降低进口中间品价格，对其出口二元边际产生促进作用。

研究假设 6：贸易便利化会通过增加企业进口中间品种类，对其出口集约边际产生促进作用，对其出口扩展边际产生抑制作用。此外，贸易便利化通过增加进口中间品数量对企业出口二元边际产生的作用无法确定。

研究假设 7：贸易便利化对企业出口二元边际的增长总体具有促进作用。

第二节 模型设定、变量说明与资料来源

一 模型设定

在理论分析中，我们从进口中间品视角分析了贸易便利化对企业出口二元边际的作用机制，发现贸易便利化会通过影响企业进口中间品的四个维度获得成本分散效应、技术溢出效应、产出能力扩张效应、过度外部依赖效应等，最终影响企业出口二元边际。在此基础上，我们构建了理论模型，将贸易便利化、进口中间品与企业出口二元边际纳入统一分析框架，并根据理论模型的推演结果提出研究假设 5、研究假设 6 和研究假设 7，但是这些假设究竟是否合理，还需要我们进一步检验。根据 Hummels 和 Klenow（2005）的研究可知，企业出口扩展边际可以由企业是否选择出口、出口市场范围和出口产品种类表示，但是由于本书研究的企业样本都是出口企业，因为无法利用企业出口与否衡量扩展边际。基于此，本书选择用企业出口产品种类表示其扩展边际，并用出口市场范围做替换指标进行稳健性检验。而企业集约边际可以用企业出口

产品数量和出口产品价格表示（刘斌和王乃嘉，2016），本章选择用企业出口产品数量衡量企业出口集约边际，并用出口产品价格作为替换指标进行稳健性检验。此外，由于本书研究样本是非平衡面板，每年都有企业进入和退出，为了控制不随企业和时间变化的因素，我们在设定模型时还控制了企业固定效应和时间固定效应。需要特别说明的是，由于企业在某行业和某地区是不随时间发生变化的，因此我们在模型中仅控制了企业固定效应，并未控制行业固定效应和地区固定效应。综上，模型具体设定如下所示：

$$\ln num_{idkt} = \alpha_0 + \alpha_1 \ln tf_{dt} + \gamma \ln X + \mu_i + \mu_t + \varepsilon_{idkt} \quad (6.31)$$

$$\ln exp_{idkt} = \beta_0 + \beta_1 \ln tf_{dt} + \lambda \ln X + \mu_i + \mu_t + \varepsilon_{idkt} \quad (6.32)$$

其中，i 代表企业，d 代表省级地区，t 代表年度，k 代表制造业行业。$\ln num_{idkt}$ 代表企业出口扩展边际，即企业出口产品种类；$\ln exp_{idkt}$ 代表企业出口集约边际，即出口产品数量。tf_{dt} 是地区贸易便利化水平，X 是一系列控制变量（企业利润率 $\ln profit_{idkt}$、企业规模 $\ln size_{idkt}$、企业存续年限 $\ln age_{idkt}$、企业全要素生产率 $\ln tfp_{idkt}$），μ_i 为企业固定效应，μ_t 是时间固定效应，ε_{idkt} 是随机扰动项。式（6.31）和式（6.32）是本章实证的基准回归模型，其作用是检验贸易便利化对中国企业出口二元边际的总体影响。其中，估计系数 α_1 刻画的是贸易便利化对企业出口扩展边际的总体影响，若估计系数为正，说明贸易便利化对中国企业出口扩展边际总体上存在显著的促进作用，反之，则是抑制作用；β_1 刻画的是贸易便利化对企业出口集约边际的总体影响，若估计系数为正，说明贸易便利化对中国企业出口集约边际总体上存在显著的促进作用，反之，则是抑制作用。

二 变量说明

在第四章中，我们已经对核心自变量（贸易便利化）的指标进行了测度，因此本部分不再对该变量的指标测度做重复说明，而主要是对以下变量的测度及其影响机制进行说明。

（一）被解释变量

企业出口扩展边际（ln num_{idkt}）。对该指标的测度，参考刘斌和王乃嘉（2016）的做法，用企业在 HS6 分位的出口产品种类之和表示。

企业出口集约边际（ln exp_{idkt}）。本书用企业在 HS6 分位的所有出口产品的数量之和表示出口集约边际。

（二）控制变量

企业利润率（ln $profit_{idkt}$）。该指标用企业营业利润与销售额的比值来衡量。企业利润率的提高，可以在很大程度上缓解自身融资约束问题，使得企业有更多资金开展技术研发活动，提高企业出口产品的市场竞争力，从而促使其出口二元边际增长。考虑到企业利润率对出口二元边际的影响，本书将其作为一个控制变量纳入研究范畴。

企业规模（ln $size_{idkt}$）。本书以全部职工人数作为该变量的替代指标。在新贸易理论的框架下，企业自身规模会使其获得成本优势（Krugman，1980）。企业规模越大，则其市场扩张能力越强，实物资本和人力资本也越丰富（李波，2016；Bernard and Jensen，2004），而其占有的资源越多，越有利于实现规模经济，从而增加企业的出口利润（Audia and Greve，2006），因此规模越大的企业越有能力开展出口贸易，进而提高自身出口二元边际。所以，我们引入企业规模以控制该因素对企业出口二元边际的影响。

企业存续年限（ln age_{idkt}）。该指标采用当年年份与企业成立年份之差来表示。企业存续年限可能会对出口二元边际产生正负两方面的影响。具体来说，一方面，企业存续年限越长，员工的生产和管理经验越丰富，企业的品牌效应也会越强，这有利于其后续资源的积累和生产能力的提升（Henderson，1999；Agarwal et al.，2002；Thornhill and Amit，2003），增加企业出口的可能性，从而对企业出口二元边际产生促进作用；另一方面，企业存续年限越长，生产设备的磨损程度可能就越严重，且其在发展过程中存在惰性的可能性越大，以致不能够灵活使用组织变革来快速适应环境变化（张慧，2018），缺乏新进入企业的市场开拓精神，在面临海外市场的冲击时，其很可能会减少甚至放弃出口业务，最终抑制出口二元边际的增长。综上，我们引入企业存续年限以控制该因素对企业出口二元边际的影响。

企业全要素生产率（ln tfp_{idkt}）。新增长理论将全要素生产率作为衡量技术进步的指标，本书主要参考 Head 和 Ries（2003）提出的近似全要素生产率的估计方法，估计方程为 $tfp = \ln(y/l) - s\ln(k/l)$，其中：$y$ 为工业增加值；l 为年从业人数；k 为固定资产规模；s 为生产函数中的资本贡献度。我们参考许和连和王海成（2016）的做法，设定 s 为 1/3。鉴于数据的限制，y 以企业工业总产值近似替代。Melitz（2003）首次利用异质性企业贸易模型来分析国际贸易问题，认为企业生产率的异质性决定了其是否开展出口贸易，即企业生产率越高，越有助于企业跨过出口市场准入门槛，从而提高企业的出口概率，增加企业出口二元边际。在此基础上，Fan（2005）进一步研究也发现，企业生产率越高，则出口产品质量越高，出口产品范围越大，出口产品的规模也越大。基于此，本书选择将全要素生产率作为控制变量纳入模型，以控制技术因素对企业出口二元边际的影响。

表 6.3 为变量的描述性统计。需要特别说明的是，由于本书对贸易便利化和进口中间品质量指标均做了标准化处理，而标准化后的指标取值区间为 0 到 1，因此取对数之后，两个变量的均值、最小值和最大值都不为正。我们可以由表 6.3 了解各个变量的数据结构，但是为了更直观地展现贸易便利化与企业出口二元边际之间的关系，本书进一步补充了贸易便利化与企业出口二元边际的散点图，图 6.5 上图为贸易便利化与企业出口扩展边际的散点图，下图为贸易便利化与企业出口集约边际的散点图。根据图 6.5 可以看出，拟合曲线的斜率为正，说明贸易便利化水平的提高可以增加中国企业出口二元边际。当然，要了解它们之间更为精确的关系，还需要我们在后文做进一步检验。

第六章 贸易便利化对企业出口二元边际的影响：基于进口中间品视角的理论分析与实证研究

表 6.3 描述性统计

变量	变量说明	观测值	均值	标准差	最小值	最大值
$\ln p_{idkt}$	企业出口产品价格	1420266	2.996	2.176	-7.346	14.914
$\ln numl_{idkt}$	企业出口目的国数	1420266	4.234	1.466	0.000	9.462
$\ln num_{idkt}$	企业出口扩展边际	1420266	4.234	1.466	0.000	9.460
$\ln exp_{idkt}$	企业出口集约边际	1420266	13.334	3.334	0.000	27.606
$\ln tf_{dt}$	贸易便利化	1420266	-0.802	0.281	-2.618	-0.315
$\ln age_{idkt}$	企业存续年限	1418333	2.432	0.536	0.000	5.081
$\ln size_{idkt}$	企业规模	1420266	6.468	1.359	0.000	11.784
$\ln tfp_{idkt}$	企业全要素生产率	1420266	4.788	0.974	-3.841	10.366
$\ln profit_{idkt}$	企业利润率	1418870	0.052	0.134	-4.261	5.965
$ZCF\text{-}\ln tf_{dt}$	主成分贸易便利化	1420266	-0.504	0.280	-2.345	-0.048
$\ln post_{dt}$	省级地区邮电局数目	1420266	8.318	0.636	5.565	9.548
$im\text{-}\ln p_{idkt}$	进口中间品价格	1420266	4.014	2.947	-10.305	18.304
$im\text{-}\ln number_{idt}$	进口中间品种类	1420266	4.213	1.409	0.000	7.871
$im\text{-}\ln quality_{idkt}$	进口中间品质量	1419295	-1.164	0.615	-10.797	0.000
$im\text{-}\ln quantity_{idkt}$	进口中间品数量	1420266	4.898	3.820	0.000	23.387

注：以上数据根据相应数据库整理计算而得，且都进行了取对数处理。

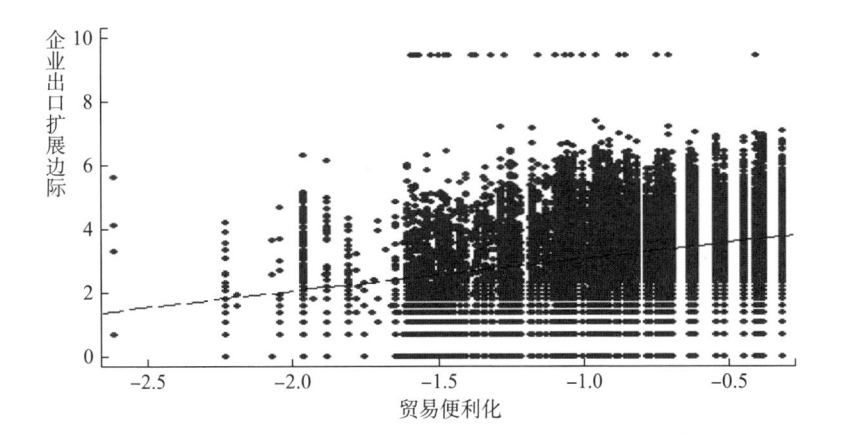

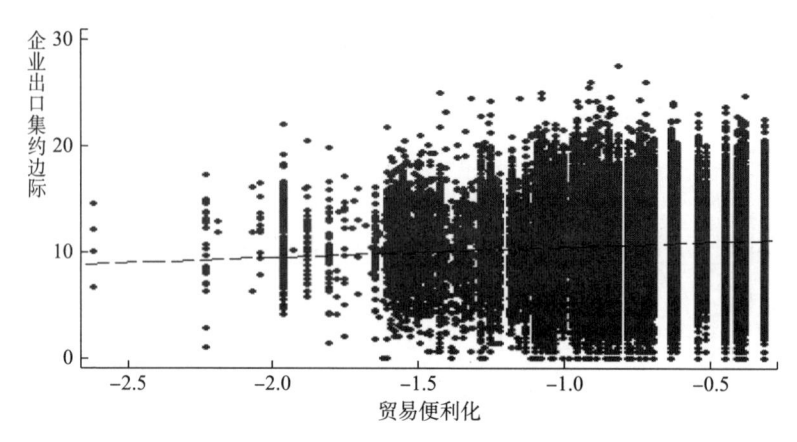

图 6.5　贸易便利化与企业出口二元边际的关系

三　资料来源

本章资料来源与第四章相同，此处不再赘述。

第三节　模型检验与结果分析

一　基准回归结果

表 6.4 为本章基准回归结果。为防止可能存在的多重共线性问题，本章将核心变量和控制变量依次引入模型进行回归分析，其中（1）列和（3）列是模型仅引入核心变量的回归结果，而（2）列和（4）列是将控制变量引入模型后的回归结果。根据表 6.4 的回归结果可知，贸易便利化总体上促进了企业出口二元边际的增长，证明了本章提出的研究假设 7 是合理的。企业规模的回归系数符号为正，这是因为规模越大的企业越有能力开展出口贸易，从而增加企业出口二元边际。企业全要素生产率对出口二元边际也表现出显著的促进作用，主要是因为全要素生产率作为技术水平的衡量指标，其值越大，说明企业技术越进步，而随着企业技术的进步，其出口产品质量会更高（施炳展和邵文波，2014），有助于提高企业出口产品竞争力，使企业更容易跨过出口市场准入门槛，

最终增加企业出口二元边际。企业存续年限对出口扩展边际具有正向影响，但对出口集约边际有负向影响。这是因为企业存续年限越长，员工的生产和管理经验越丰富，企业的品牌效应也会越强，这有助于企业后续资源的积累和生产能力的提升，间接提高企业出口新产品到海外市场的可能性，增加企业出口扩展边际。然而，企业存续年限越长，生产设备的磨损程度可能就越严重，且其在发展过程中存在惰性的可能性越大，以致不能够灵活运用组织变革、技术升级等措施来快速适应环境变化（张慧，2018），新时代的新产品、新技术等会不断侵占老牌企业的传统领域（李诚，2008），这对传统企业的出口市场份额必然存在较大的"挤出效应"，从而会抑制企业出口集约边际的增长。企业利润率的回归系数显著为正，这是因为企业利润率的提高使企业有更多资金开展技术研发活动，提高企业出口产品的市场竞争力，从而促进出口二元边际增长。

表 6.4 基准回归结果

变量	扩展边际		集约边际	
	（1）	（2）	（3）	（4）
$\ln tf_{dt}$	0.176*** （24.65）	0.179*** （24.94）	0.120*** （5.70）	0.151*** （7.16）
$\ln size_{idkt}$		0.072*** （62.51）		0.089*** （26.29）
$\ln tfp_{idkt}$		0.068*** （58.83）		0.135*** （39.71）
$\ln age_{idkt}$		0.043*** （12.85）		-0.380*** （-38.66）
$\ln profit_{idkt}$		0.027*** （5.67）		0.446*** （31.41）
常数项	4.329*** （790.19）	3.461*** （255.56）	13.522*** （839.26）	13.118*** （329.32）
企业固定效应	Yes	Yes	Yes	Yes
年度固定效应	Yes	Yes	Yes	Yes
R^2	0.905	0.905	0.840	0.841
观测值	1420266	1416939	1420266	1416939

注：括号内为回归系数的 t 值；***、**和*分别表示1%、5%和10%的显著性水平。

二 异质性分析

(一) 企业所有制异质性

在基准回归中我们已经发现,贸易便利化对企业出口二元边际具有显著的促进作用。然而,考虑到外资企业在中国经济中的重要地位及各级政府出台的招商引资优惠政策,以及国有企业和私营企业在国家政策支持上的差距(钱学锋等,2016),都可能会影响本章的基准回归结果,因此我们补充分析企业所有制异质性的回归结果。按照企业所有制将总样本分为国有企业、私营企业和外资企业三组样本,其中外资企业包含中外合资企业和外商独资企业。

表6.5为企业所有制异质性的回归结果。根据(1)列至(3)列的回归结果可以发现,贸易便利化对私营企业出口扩展边际的促进作用大于外资企业和国有企业。存在这种差异的原因可能是,国有企业和外资企业得到的政策支持较多,它们占据了大量的国内外市场份额,迫使私营企业为了提高经营利润而选择开发新产品,以求通过新产品来抢夺市场份额,因此贸易便利化对私营企业出口扩展边际的作用大于国有企业和外资企业。观察(4)列至(6)列的回归结果发现,贸易便利化对国有企业出口集约边际的促进作用大于私营企业,而对外资企业出口集约边际具有负向影响。这可能是因为国有企业有国家政策支持,规模往往大于私营企业,因此与私营企业相比,其生产规模会更大,当面临贸易便利化降低企业贸易成本时,国有企业会在最大限度上提高出口产品规模,因此贸易便利化对国有企业出口集约边际的促进作用大于私营企业。外资企业主要是利用中国市场劳动力的成本优势开展出口贸易,且其本身就享有东道国众多的贸易便利性政策,因此贸易便利化对其的效用会低于国有企业和私营企业。此外,贸易便利化降低了企业出口贸易成本,使得同样具有劳动成本优势的中国国有企业和私营企业进入出口市场,这极大地加剧了外资企业面临的市场竞争,挤占了外资企业的市场份额,因此贸易便利化对外资企业的出口集约边际具有负向影响。

表 6.5 企业所有制异质性的回归结果

变量	扩展边际			集约边际		
	(1) 国有企业	(2) 私营企业	(3) 外资企业	(4) 国有企业	(5) 私营企业	(6) 外资企业
$\ln tf_{dt}$	0.055* (1.69)	0.299*** (27.84)	0.079*** (8.05)	0.790*** (8.85)	0.566*** (16.74)	-0.253*** (-9.08)
$\ln size_{idkt}$	0.071*** (17.65)	0.041*** (23.48)	0.128*** (72.48)	0.148*** (13.47)	0.026*** (4.71)	0.164*** (32.85)
$\ln tfp_{idkt}$	0.140*** (37.38)	0.075*** (40.45)	0.109*** (55.49)	0.554*** (53.93)	0.090*** (15.56)	0.223*** (40.21)
$\ln age_{idkt}$	-0.172*** (-10.60)	0.073*** (16.12)	0.031*** (5.89)	-0.164*** (-3.69)	-0.160*** (-11.22)	-0.748*** (-50.88)
$\ln profit_{idkt}$	0.077*** (5.83)	-0.115*** (-11.63)	0.030*** (4.58)	1.195*** (32.91)	0.083*** (2.64)	0.459*** (24.70)
常数项	3.383*** (56.48)	3.527*** (172.59)	2.982*** (143.20)	10.805*** (65.94)	13.443*** (208.65)	12.798*** (216.65)
企业固定效应	Yes	Yes	Yes	Yes	Yes	Yes
年度固定效应	Yes	Yes	Yes	Yes	Yes	Yes
R^2	0.969	0.927	0.891	0.957	0.845	0.843
观测值	148372	544784	716956	148372	544784	716956

注：同表6.4。

（二）企业所处地区异质性

不同地区经济发展水平、贸易便利化进程与出口贸易水平存在巨大的差异（苏素和宋云河，2011），而这种差异可能会对本章的基准回归结果产生影响。因此，我们按照企业所处地区，将研究样本分为东部、中部和西部地区企业，以考察地区异质性对本章基准回归结果的影响。表6.6为具体的回归结果，从中可以发现，贸易便利化对东中部地区企业的出口二元边际均存在促进作用，而对西部地区企业的出口二元边际具有负向影响。这可能是因为东中部地区的市场化程度要比西部地区更高，因此东中部地区企业更容易实现较大的资金规模积累，在面临贸易便利化带来的贸易成本降低时，其更有能力使用进口中间品来增加自身出口二元边际，从而强化了贸易便利化对出口二元边际的促进作用。西部地区企业整体资金规模不大，往往较为缺乏使用进口中间品的能力，虽然贸易便利化降低了进口成本，但还是不足以弥补其使用国外进口中间品的高昂成本，因此西部地区企业缺乏利用贸易便利化增加出口二元边际的桥梁，而贸易便利化带来的激烈市场竞争还会挤占其原来的出口市场份额，抑制其出口二元边际的增长。此外，从表6.6还可以发现，贸易便利化对东部地区企业出口二元边际的促进作用大于中部地区企业，这是因为东部地区整体经济水平较高，且水陆交通较为便利，因此东部地区企业可以依托自身的区位优势发展出口贸易（曹亮等，2020），随着贸易便利化改革进程的不断推进，东部地区企业更有条件享受贸易便利化的红利，从而增加企业的出口二元边际，而中部地区企业在区位上本身不占优势，更多的是依靠东部地区发展的辐射效应推动本地企业出口增长，因此其获得的贸易便利化红利低于东部地区企业，最终贸易便利化对东部地区企业出口二元边际的促进作用更大。

表6.6 企业所处地区异质性的回归结果

变量	扩展边际			集约边际		
	(1) 东部地区	(2) 中部地区	(3) 西部地区	(4) 东部地区	(5) 中部地区	(6) 西部地区
$\ln tf_{dt}$	0.233 *** (29.06)	0.004 (0.19)	-0.524 *** (-6.14)	0.141 *** (6.82)	0.097 * (1.78)	-2.190 *** (-7.14)
$\ln size_{idkt}$	0.100 *** (79.02)	-0.068 *** (-21.39)	-0.023 *** (-3.07)	0.142 *** (38.85)	-0.103 *** (-10.42)	-0.408 *** (-15.53)
$\ln tfp_{idkt}$	0.081 *** (63.27)	0.018 *** (5.61)	0.022 *** (2.77)	0.155 *** (42.03)	0.026 *** (2.66)	0.011 (0.39)
$\ln age_{idkt}$	0.035 *** (9.65)	0.063 *** (4.79)	0.246 *** (7.67)	-0.334 *** (-31.70)	-0.525 *** (-12.79)	4.051 *** (35.09)
$\ln profit_{idkt}$	0.033 *** (6.31)	0.110 *** (7.43)	0.121 ** (2.20)	0.485 *** (32.46)	0.305 *** (6.62)	-1.724 *** (-8.74)
常数项	3.250 *** (218.26)	4.714 *** (115.55)	4.291 *** (27.87)	12.460 *** (289.13)	15.699 *** (123.12)	2.409 *** (4.35)
企业固定效应	Yes	Yes	Yes	Yes	Yes	Yes

续表

变量	扩展边际			集约边际		
	(1) 东部地区	(2) 中部地区	(3) 西部地区	(4) 东部地区	(5) 中部地区	(6) 西部地区
年度固定效应	Yes	Yes	Yes	Yes	Yes	Yes
R^2	0.905	0.899	0.907	0.843	0.833	0.769
观测值	1268227	124282	16359	1268227	124282	16359

注：同表 6.4。

(三) 企业所处行业通关时间敏感度的异质性

简化审批程序、提高口岸效率、改善海关服务等贸易便利化措施会极大地缩短企业通关时间，从而降低企业贸易成本，但是不同产品对通关时间的敏感度完全不同，如食品、饮料等对通关时间较为敏感，因为这些产品往往保质期较短，而金属制品、塑料、皮革、纺织品等对通关时间的敏感度不高，因为这类产品保质期较长。这种敏感度的差异可能会影响贸易便利化对企业出口二元边际的作用，为了验证这一可能性，接下来我们将进一步引入行业通关时间敏感度的异质性进行研究。具体参考赵永亮和唐姣美 (2019) 的做法，将制造业行业分为高时间敏感度行业和低时间敏感度行业。其中，高时间敏感度行业包含农副食品加工业，食品制造业，酒、饮料和精制茶制造业；剩余行业均为低时间敏感度行业。

表 6.7 为具体的回归结果。从中可知，无论是高时间敏感度行业还是低时间敏感度行业，贸易便利化对企业出口二元边际都存在显著促进作用。但是对高时间敏感度行业企业出口二元边际的促进作用大于对低时间敏感度行业企业出口二元边际的促进作用 [具体参考 (2) 列 > (1) 列、(4) 列 > (3) 列可知]。这是因为与低时间敏感度行业相比，高时间敏感度行业的产品受到保质期的制约更大，且出口海外需经过长途运输，若在通关过程中耗费的时间过长，则会增加产品出口的风险，比如海外消费者观测到产品保质期过短可能会选择放弃购买，从而影响产品在出口目的国市场的销售，最终使企业遭受损失。因此，高时间敏

感度行业企业对贸易便利化程度有着更高的需求，更加注重时间效率，对通关时间也更敏感，当贸易便利化改善缩短了企业出口产品的通关时间后，其获得的边际效益更大。

表6.7 企业所处行业通关时间敏感度异质性的回归结果

变量	扩展边际		集约边际	
	（1）低时间敏感度行业	（2）高时间敏感度行业	（3）低时间敏感度行业	（4）高时间敏感度行业
$\ln tf_{dt}$	0.176*** (24.27)	0.915*** (2.76)	0.151*** (7.10)	0.606*** (4.12)
$\ln size_{idkt}$	0.075*** (64.22)	0.032*** (4.66)	0.082*** (23.81)	0.426*** (22.44)
$\ln tfp_{idkt}$	0.068*** (58.20)	0.069*** (10.11)	0.127*** (36.70)	0.345*** (18.56)
$\ln age_{idkt}$	0.046*** (13.61)	-0.047** (-2.11)	-0.382*** (-38.25)	-0.436*** (-7.16)
$\ln profit_{idkt}$	0.027*** (5.35)	0.032* (1.71)	0.483*** (32.86)	-0.328*** (-6.48)
常数项	3.457*** (251.98)	2.783*** (30.80)	13.263*** (327.96)	8.467*** (34.30)
企业固定效应	Yes	Yes	Yes	Yes
年度固定效应	Yes	Yes	Yes	Yes
R^2	0.904	0.905	0.840	0.857
观测值	1378582	38357	1378582	38357

注：同表6.4。

（四）企业出口目的国异质性

我们按照国际货币基金组织的分类标准，将出口目的国分为发达经济体和非发达经济体，以考察企业出口目的国异质性对本章基准回归结果的影响。表6.8为具体检验结果。从中可知，企业无论选择发达经济体为出口目的国还是选择非发达经济体为出口目的国，贸易便利化对其出口二元边际均存在显著的促进作用。其中，贸易便利化对出口发达经济体企业出口二元边际的促进作用大于出口非发达经济体的企业［具体参考（1）列＞（2）列、（3）列＞（4）列可知]。可能的原因是，与非发达经济体相比，发达经济体居民收入水平更高，消费能力更强，市场机制也更加完善，因此发达经济体是企业首选的出口目的地，这导致发达经济体的市场竞争更激烈，而贸易便利化降低了企业贸易成本，间接增加了企业经营利润，促使企业将更多的资金投入新产品研发、产品质量升级等活动以应对发达经济体激烈的市场竞争，进而提高企业出口产品多元化水平和市场竞争力，因此贸易便利化对出口发达经济体企业出口二元边际的促进作用更大。

表 6.8　企业出口目的国异质性的回归结果

变量	扩展边际		集约边际	
	（1）出口发达经济体	（2）出口非发达经济体	（3）出口发达经济体	（4）出口非发达经济体
$\ln tf_{dt}$	0.204 *** (24.95)	0.064 *** (4.34)	0.163 *** (6.78)	0.116 *** (3.15)
$\ln size_{idkt}$	0.087 *** (66.54)	0.053 *** (19.44)	0.112 *** (29.05)	0.182 *** (26.71)
$\ln tfp_{idkt}$	0.059 *** (45.96)	0.133 *** (43.48)	0.119 *** (31.48)	0.299 *** (38.77)
$\ln age_{idkt}$	0.025 *** (6.74)	0.124 *** (13.00)	-0.517 *** (-48.43)	0.497 *** (20.67)
$\ln profit_{idkt}$	0.036 *** (6.59)	0.106 *** (8.41)	0.161 *** (10.16)	1.582 *** (50.09)
常数项	3.439 *** (229.61)	3.042 *** (83.88)	13.340 *** (303.42)	9.559 *** (104.86)
企业固定效应	Yes	Yes	Yes	Yes
年度固定效应	Yes	Yes	Yes	Yes
R^2	0.906	0.933	0.844	0.917
观测值	1162508	254431	1162508	254431

注：同表 6.4。

三　基于进口中间品的影响渠道分析

基准回归和稳健性检验结果都表明，贸易便利化对企业出口二元边际总体具有促进作用,但是贸易便利化是通过何种渠道影响企业出口二元边际的尚未可知,还需要进一步分析。基于此,我们构建中介效应模型来揭示贸易便利化与企业出口二元边际之间的内在作用机制,进而验证我们提出的研究假设的合理性。根据前文的理论分析部分和理论模型部分,我们选取进口中间品价格、进口中间品数量、进口中间品质量和进口中间品种类作为中介变量开展相应的机制检验。

(一) 基于进口中间品价格的机制检验

理论上,贸易便利化会通过降低企业进口中间品价格增加企业出口二元边际。但是,实际情形是否与理论预期相一致尚未可知,因此我们在这里补充机制检验。基于此,我们将进口中间品价格作为中介变量以检验上述机制的合理性,具体模型设定如下所示:

$$im\text{-}\ln p_{idkt} = \alpha_0 + \alpha_1 \ln tf_{dt} + \alpha_2 X + \mu_i + \mu_t + \varepsilon_{idkt} \tag{6.33}$$

$$\ln exp_{idkt} = \beta_0 + \beta_1 \ln tf_{dt} + \beta_2 im\text{-}\ln p_{idkt} + \beta_3 X + \mu_i + \mu_t + \varepsilon_{idkt} \tag{6.34}$$

$$\ln num_{idkt} = \chi_0 + \chi_1 \ln tf_{dt} + \chi_2 im\text{-}\ln p_{idkt} + \chi_3 X + \mu_i + \mu_t + \varepsilon_{idkt} \tag{6.35}$$

其中,$im\text{-}\ln p_{idkt}$是t年地区d的企业i进口中间品k的价格,其余变量在模型设定中已经交代,不再重复阐释。我们主要关注回归系数α_1、β_2和χ_2,表6.9中(1)列至(3)列是具体检验结果。由(1)列回归结果可知,回归系数α_1为负,说明贸易便利化降低了企业进口中间品价格;由(2)列回归结果可知,回归系数β_2为负,说明企业使用的进口中间品价格越低,则其出口集约边际越大;由(3)列回归结果可知,回归系数χ_2为负,说明企业使用进口中间品价格越低,则其出口扩展边际越大。综合(1)列至(3)列可知,贸易便利化降低了企业进口中间品价格,从而增加企业出口二元边际。

(二) 基于进口中间品质量的机制检验

总体上,贸易便利化会通过提高企业进口中间品质量,实现出口二元边际的增长。基于此,我们将进口中间品质量作为中介变量检验前述

机制的合理性,并构建如下中介效应模型:

$$im\text{-}\ln quality_{idkt} = \alpha_0 + \alpha_1 \ln tf_{dt} + \alpha_2 X + \mu_i + \mu_t + \varepsilon_{idkt} \quad (6.36)$$

$$\ln exp_{idkt} = \beta_0 + \beta_1 \ln tf_{dt} + \beta_2 im\text{-}\ln quality_{idkt} + \beta_3 X + \mu_i + \mu_t + \varepsilon_{idkt} \quad (6.37)$$

$$\ln num_{idkt} = \chi_0 + \chi_1 \ln tf_{dt} + \chi_2 im\text{-}\ln quality_{idkt} + \chi_3 X + \mu_i + \mu_t + \varepsilon_{idkt} \quad (6.38)$$

其中,$im\text{-}\ln quality_{idkt}$是进口中间品质量的衡量指标,其余变量在模型设定中已经做出交代,不再重复阐述。我们主要关注回归系数α_1、β_2和χ_2,表6.9中(4)列至(6)列是具体检验结果。根据(4)列的回归结果可以发现,回归系数α_1为正,说明贸易便利化促进了企业进口中间品质量升级;根据(5)列的回归结果可知,回归系数β_2大于零,说明进口中间品质量升级对企业出口集约边际具有促进作用;根据(6)列的回归结果可知,回归系数χ_2为正,说明进口中间品质量升级对企业出口扩展边际的正向影响大于负向影响,即企业使用进口中间品质量越高,则其出口扩展边际越大。通过表6.9中(4)列至(6)列可知,贸易便利化提高了企业进口中间品质量,从而促使其出口二元边际增加。综合表6.9可知本章提出的研究假设5是合理的,即贸易便利化会通过提高企业进口中间品质量和降低进口中间品价格,对其出口二元边际产生促进作用。

表6.9 机制检验结果(一)

变量	(1) $im\text{-}\ln p_{idkt}$	(2) $\ln exp_{idkt}$	(3) $\ln num_{idkt}$	(4) $im\text{-}\ln quality_{idkt}$	(5) $\ln exp_{idkt}$	(6) $\ln num_{idkt}$
$\ln tf_{dt}$	-0.308*** (-7.85)	0.150*** (7.14)	0.179*** (24.98)	0.054*** (6.09)	0.1500*** (7.12)	0.179*** (24.99)
$im\text{-}\ln p_{idkt}$		-0.001** (-1.99)	-0.001*** (-7.01)			
$im\text{-}\ln quality_{idkt}$					0.003*** (3.38)	0.013*** (18.37)
$\ln size_{idkt}$	0.029*** (4.64)	0.089*** (26.29)	0.072*** (62.48)	0.011*** (7.51)	0.089*** (26.29)	0.72*** (62.68)
$\ln tfp_{idkt}$	0.048*** (7.51)	0.135*** (39.72)	0.068*** (58.78)	0.016*** (10.78)	0.135*** (39.71)	0.068*** (58.95)

续表

变量	(1) $im\text{-}\ln p_{idkt}$	(2) $\ln exp_{idkt}$	(3) $\ln num_{idkt}$	(4) $im\text{-}\ln quality_{idkt}$	(5) $\ln exp_{idkt}$	(6) $\ln num_{idkt}$
$\ln age_{idkt}$	-0.066*** (-3.62)	-0.380*** (-38.66)	0.043*** (12.87)	0.016*** (3.83)	-0.380*** (-38.63)	0.043*** (12.97)
$\ln profit_{idkt}$	0.157*** (5.91)	0.447*** (31.42)	0.027*** (5.63)	0.072*** (12.01)	0.447*** (31.41)	0.028*** (5.84)
常数项	3.326*** (44.83)	13.121*** (329.16)	3.457*** (255.11)	-1.302*** (-77.15)	13.120*** (328.58)	3.444*** (253.72)
企业固定效应	Yes	Yes	Yes	Yes	Yes	Yes
年度固定效应	Yes	Yes	Yes	Yes	Yes	Yes
R^2	0.294	0.841	0.905	0.162	0.841	0.905
观测值	1416939	1416939	1416939	1415969	1415969	1415969

注：同表 6.4。

（三）基于进口中间品数量的机制检验

在理论分析中我们提出，贸易便利化可通过增加进口中间品数量影响企业出口二元边际，但其存在正负两方面的影响，最终作用结果如何还需进一步验证。基于此，我们将进口中间品数量作为中介变量以检验上述机制的合理性，并设定如下中介效应模型：

$$im\text{-}\ln quantity_{idkt} = \alpha_0 + \alpha_1 \ln tf_{dt} + \alpha_2 X + \mu_i + \mu_t + \varepsilon_{idkt} \quad (6.39)$$

$$\ln exp_{idkt} = \beta_0 + \beta_1 \ln tf_{dt} + \beta_2 im\text{-}\ln quantity_{idkt} + \beta_3 X + \mu_i + \mu_t + \varepsilon_{idkt} \quad (6.40)$$

$$\ln num_{idkt} = \chi_0 + \chi_1 \ln tf_{dt} + \chi_2 im\text{-}\ln quantity_{idkt} + \chi_3 X + \mu_i + \mu_t + \varepsilon_{idkt} \quad (6.41)$$

其中，$im\text{-}\ln quantity_{idkt}$ 是进口中间品数量的衡量指标，其余变量在模型设定中已经做出交代。其中，我们主要关注回归系数 α_1、β_2 和 χ_2，表 6.10 中（1）列至（3）列是具体的检验结果。根据（1）列的回归结果可知，回归系数 α_1 大于零，说明贸易便利化增加了企业进口中间品数量；由（2）列的回归结果可知，回归系数 β_2 大于零，说明进口中间品数量对企业出口集约边际的增长总体具有促进作用，产出能力扩张效应要大于过度外部依赖效应，即企业进口中间品数量越多，则企业出口集约边际越大；由（3）列的回归结果可知，回归系数 χ_2 小于零，说明进口中间品数量对企业出口扩展边际的增长总体具有抑制作用，产出能力扩张效应要小于过度外部依赖效应，即企业进口中间品数量越多，越不利于企业出口扩展边际的增长。综合表 6.10 中（1）列至（3）列的回归结果可以发现，贸易便利化会通过增加企业进口中间品数量增加其出口集约边际以及减少其出口扩展边际。

（四）基于进口中间品种类的机制检验

根据理论模型我们得出，贸易便利化通过增加企业进口中间品种类，总体上对其出口集约边际具有促进作用，而对其出口扩展边际具有抑制作用。基于此，我们将进口中间品种类作为中介变量检验上述机制的合理性，并设定如下中介效应模型：

$$im\text{-}\ln number_{idt} = \alpha_0 + \alpha_1 \ln tf_{dt} + \alpha_2 X + \mu_i + \mu_t + \varepsilon_{idkt} \tag{6.42}$$

$$\ln exp_{idkt} = \beta_0 + \beta_1 \ln tf_{dt} + \beta_2 im\text{-}\ln number_{idt} + \beta_3 X + \mu_i + \mu_t + \varepsilon_{idkt} \tag{6.43}$$

$$\ln num_{idkt} = \chi_0 + \chi_1 \ln tf_{dt} + \chi_2 im\text{-}\ln number_{idt} + \chi_3 X + \mu_i + \mu_t + \varepsilon_{idkt} \tag{6.44}$$

其中，$im\text{-}\ln number_{idt}$ 是进口中间品种类的衡量指标，其余变量在模型设定中已经做出交代。其中，我们主要关注回归系数 α_1、β_2 和 χ_2，表 6.10 中（4）列至（6）列是具体的检验结果。根据（4）列的回归结果可知，回归系数 α_1 大于零，说明贸易便利化增加了企业进口中间品种类；根据（5）列的回归结果可知，回归系数 β_2 大于零，说明进口中间品种类的增加对企业出口集约边际存在显著的促进作用；根据（6）列的回归结果可知，回归系数 χ_2 小于零，说明进口中间品种类的增加会抑制企业出口扩展边际的增长。综合（4）列至（6）列的回归结果可知，贸易便利化会通过增加企业进口中间品种类，对企业出口集约边际产生提升作用，但会对企业出口扩展边际产生抑制作用。综合表 6.10 的检验结果可以证明本章提出的研究假设 6 是合理的。

表 6.10 机制检验结果（二）

变量	(1) im-ln quantity$_{idkt}$	(2) ln exp$_{idkt}$	(3) ln num$_{idkt}$	(4) im-ln number$_{idt}$	(5) ln exp$_{idkt}$	(6) ln num$_{idkt}$
ln tf_{dt}	0.311*** (6.15)	0.150*** (7.14)	0.179*** (25.04)	0.627*** (86.19)	0.093*** (4.45)	0.114*** (17.39)
im-ln quantity$_{idkt}$		0.001*** (3.13)	−0.002*** (−19.34)			
im-ln number$_{idt}$					0.346*** (146.55)	−0.388*** (−525.30)
ln size$_{idkt}$	0.055*** (6.74)	0.089*** (26.27)	0.072*** (62.62)	0.071*** (61.34)	0.084*** (25.16)	0.067*** (63.65)
ln tfp_{idkt}	0.070*** (8.50)	0.135*** (39.68)	0.068*** (58.97)	0.069*** (58.72)	0.130*** (38.31)	0.062*** (58.28)
ln age$_{idkt}$	0.054** (2.29)	−0.380*** (−38.66)	0.043*** (12.89)	0.034*** (10.04)	−0.387*** (−39.66)	0.035*** (11.53)
ln profit$_{idkt}$	0.184*** (5.38)	0.446*** (31.40)	0.028*** (5.76)	0.036*** (7.34)	0.437*** (31.01)	0.017*** (3.89)
常数项	4.306*** (45.00)	13.113*** (328.97)	3.471*** (256.14)	3.790*** (275.50)	13.155*** (332.78)	3.503*** (283.06)
企业固定效应	Yes	Yes	Yes	Yes	Yes	Yes
年度固定效应	Yes	Yes	Yes	Yes	Yes	Yes
R^2	0.301	0.841	0.905	0.894	0.844	0.921
观测值	1416939	1416939	1416939	1416939	1416938	1416938

注：同表 6.4。

四 稳健性检验

（一）异常值处理

表 6.11 是异常值处理后的回归结果。在基准回归中我们已经发现，贸易便利化对企业出口二元边际总体上具有提升作用，但是考虑到企业出口二元边际的测度数据中可能存在异常值，会对回归结果造成影响，因此我们参考 Crinò 和 Ogliari（2015）的方法，对企业出口二元边际分别进行双边缩尾处理和双边截尾处理。表 6.11 中（1）列和（3）列分别表示企业出口二元边际在 5% 水平上进行双边缩尾处理后的检验结果，（2）

列和（4）列分别表示企业出口二元边际在5%水平上进行双边截尾处理后的检验结果。从表6.11的回归结果可知，贸易便利化的回归系数大小和方向都没有发生较大的变化，因此本章的基准回归结果是稳健的。

表6.11 异常值处理后的回归结果

变量	扩展边际		集约边际	
	（1）缩尾5%	（2）截尾5%	（3）缩尾5%	（4）截尾5%
$\ln tf_{dt}$	0.408*** (21.78)	0.288*** (38.91)	0.175*** (26.74)	0.653*** (35.78)
$\ln size_{idkt}$	0.089*** (29.52)	0.054*** (52.17)	0.062*** (59.43)	0.077*** (26.07)
$\ln tfp_{idkt}$	0.147*** (48.66)	0.053*** (51.44)	0.059*** (56.12)	0.139*** (47.17)
$\ln age_{idkt}$	-0.283*** (-32.43)	0.022*** (7.19)	0.050*** (16.29)	-0.236*** (-27.55)
$\ln profit_{idkt}$	0.363*** (28.72)	0.031*** (7.11)	0.021*** (4.81)	0.314*** (23.85)
常数项	13.039*** (367.87)	3.792*** (304.49)	3.538*** (286.24)	13.246*** (383.40)
企业固定效应	Yes	Yes	Yes	Yes
年度固定效应	Yes	Yes	Yes	Yes
R^2	0.842	0.881	0.899	0.813
观测值	1416939	1264743	1416939	1275018

注：同表6.4。

（二）变量替换处理

表6.12是变量替换后的回归结果。我们利用主成分分析方法对口岸效率、规制环境、交通基础设施和电子商务四个领域分别赋予权重，以重新测度贸易便利化综合指标，并利用其替换算术平均数下贸易便利化的指标，从而进行自变量替换的稳健性检验。此外，为了保证结果的稳健性，我们选取企业出口市场范围和出口产品价格替换企业出口二元边际的原指标，从而进行因变量替换的稳健性检验。其中，出口市场范围指企业出口目的国数量，而出口产品价格是企业所有出口产品价格的

加权平均值，权重为出口额。表6.12中（1）列是用企业出口市场范围来替换企业出口扩展边际的检验结果，（2）列是以主成分贸易便利化来替换算术平均数贸易便利化的检验结果，（3）列是同时以企业出口市场范围替换企业出口扩展边际和以主成分贸易便利化替换算术平均数贸易便利化的检验结果，（4）列是以企业出口产品价格替换企业出口集约边际的检验结果，（5）列是以主成分贸易便利化替换算术平均数贸易便利化的检验结果，（6）列是同时以企业出口产品价格替换企业出口集约边际和以主成分贸易便利化替换算术平均数贸易便利化的检验结果。根据（1）列至（6）列的检验结果均可以发现，贸易便利化对企业出口二元边际存在显著稳健的提升作用，且回归系数大小也没有发生大的变化，因此本章的基准回归结果是稳健的。

表6.12 变量替换处理后的回归结果

变量	扩展边际			集约边际		
	（1）因变量替换	（2）自变量替换	（3）同时替换	（4）因变量替换	（5）自变量替换	（6）同时替换
$\ln tf_{dt}$	0.181*** (25.33)	0.179*** (23.17)	0.182*** (23.54)	0.482*** (30.61)	0.077*** (3.39)	0.515*** (30.33)
$\ln size_{idkt}$	0.073*** (63.50)	0.072*** (62.60)	0.073*** (63.60)	0.049*** (19.40)	0.089*** (26.31)	0.049*** (19.52)
$\ln tfp_{idkt}$	0.069*** (59.54)	0.068*** (58.86)	0.069*** (59.57)	0.049*** (19.18)	0.135*** (39.67)	0.049*** (19.25)
$\ln age_{idkt}$	0.039*** (11.54)	0.043*** (13.01)	0.039*** (11.70)	0.283*** (38.59)	-0.378*** (-38.49)	0.284*** (38.71)
$\ln profit_{idkt}$	0.030*** (6.13)	0.027*** (5.62)	0.029*** (6.07)	-0.039*** (-3.69)	0.445*** (31.30)	-0.039*** (-3.70)
常数项	3.460*** (255.37)	3.413*** (263.50)	3.412*** (263.25)	1.560*** (52.36)	13.040*** (342.25)	1.447*** (50.81)
企业固定效应	Yes	Yes	Yes	Yes	Yes	Yes
年度固定效应	Yes	Yes	Yes	Yes	Yes	Yes
R^2	0.905	0.905	0.905	0.791	0.841	0.791
观测值	1416939	1416939	1416939	1416939	1416939	1416939

注：同表6.4。

(三) 内生性问题处理

表 6.13 是内生性检验的结果。本章采用滞后二期的贸易便利化指标和省级地区邮电局数目作为贸易便利化的工具变量，进行两阶段最小二乘法估计，以处理内生性问题。当然，为保证工具变量的有效，我们进行了一系列检验，详细检验方法与第四章一致，不在这里重复阐述。

表 6.13 中（1）列和（4）列是仅以贸易便利化滞后二期值为工具变量的两阶段最小二乘法检验结果，（2）列和（5）列是仅以省级地区邮电局数目为工具变量的两阶段最小二乘法检验结果，（3）列和（6）列是同时选择以贸易便利化滞后二期值和省级地区邮电局数目为工具变量的两阶段最小二乘法检验结果。其中，工具变量的检验结果表明本章选择的工具变量是有效的，具体对各个检验统计量的分析与第五章类似，这里也不再重复说明。需要特别说明的是，由于（1）列、（2）列、（4）列和（5）列的检验仅选择了一个工具变量，所以并不存在工具变量过度识别检验，因此 STATA 软件的检验结果中也并未汇报 Hansen J 统计量。根据表 6.13 可知，与基准回归结果相比，贸易便利化的回归系数大小和方向均未发生大的变化，这说明考虑了内生性问题后，本章的基准回归结果依旧是稳健的，即贸易便利化增加了企业出口二元边际。

表 6.13 内生性检验的结果

变量	扩展边际			集约边际		
	(1) 仅以贸易便利化滞后二期值为工具变量	(2) 仅以省级地区邮电局数目为工具变量	(3) 同时选择两个工具变量	(4) 仅以贸易便利化滞后二期值为工具变量	(5) 仅以省级地区邮电局数目为工具变量	(6) 同时选择两个工具变量
$\ln tf_{dt}$	1.166*** (28.53)	0.839*** (18.06)	0.881*** (24.22)	0.540*** (6.39)	0.773*** (6.07)	0.612*** (7.63)
$\ln size_{idkt}$	0.452*** (550.13)	0.477*** (598.72)	0.452*** (550.07)	0.801*** (302.54)	0.780*** (372.77)	0.801*** (302.61)

续表

变量	扩展边际			集约边际		
	(1) 仅以贸易便利化滞后二期值为工具变量	(2) 仅以省级地区邮电局数目为工具变量	(3) 同时选择两个工具变量	(4) 仅以贸易便利化滞后二期值为工具变量	(5) 仅以省级地区邮电局数目为工具变量	(6) 同时选择两个工具变量
$\ln tfp_{idkt}$	0.348*** (294.11)	0.380*** (334.69)	0.348*** (294.49)	-0.063*** (-18.11)	0.081*** (28.82)	-0.063*** (-18.08)
$\ln age_{idkt}$	-0.203*** (-82.01)	-0.150*** (-64.62)	-0.203*** (-82.21)	-0.117*** (-15.55)	-0.117*** (-21.28)	-0.117*** (-15.57)
$\ln profit_{idkt}$	-0.201*** (-22.03)	-0.116*** (-13.31)	-0.198*** (-21.75)	-0.931*** (-29.26)	-0.861*** (-42.91)	-0.931*** (-29.23)
常数项	0.549*** (18.85)	0.076** (2.32)	0.358*** (13.59)	8.115*** (125.74)	7.586*** (84.34)	8.163*** (131.99)
企业固定效应	Yes	Yes	Yes	Yes	Yes	Yes
年度固定效应	Yes	Yes	Yes	Yes	Yes	Yes
Kleibergen-Paap rk LM 统计量	1.2e+05 [0.000]	1.7e+05 [0.000]	1.8e+05 [0.000]	1.2e+05 [0.000]	1.7e+05 [0.000]	1.8e+05 [0.000]
Anderson-Rubin Wald 统计量	812.66 [0.000]	326.60 [0.000]	1066.91 [0.000]	40.89 [0.000]	38.56 [0.000]	65.59 [0.000]
Kleibergen-Paap rk Wald F 统计量	1.6e+05 {16.38}	2.6e+05 {16.38}	2.0e+05 {19.93}	1.6e+05 {16.38}	2.6e+05 {16.38}	4.0e+05 {19.93}
Hansen J 统计量			842.39 [0.415]			7.32 [0.680]
第一阶段的 F 值	1.6e+05 [0.000]	2.6e+05 [0.000]	2.0e+05 [0.000]	1.6e+05 [0.000]	2.6e+05 [0.000]	2.0e+05 [0.000]
R^2	0.301	0.298	0.302	0.120	0.114	0.120
观测值	1013758	1416939	1013758	1013758	1416939	1013758

注：" ( ) "内是 z 值，" [ ] "内是 p 值，" { } "是相应统计量在10%水平下的临界值；其余同表6.4。

第四节 进一步分析

一 技术匹配效应

我们在本小节将企业技术匹配度引入模型，考察企业与进口中间品

第六章　贸易便利化对企业出口二元边际的影响：基于进口中间品视角的理论分析与实证研究

的不同技术匹配度①对本章基准回归结果的影响。具体地，本节设定模型（6.45）和模型（6.46）检验贸易便利化对企业出口二元边际影响的技术匹配效应：

$$\ln num_{idkt} = \beta_0 + \beta_1 \ln tf_{dt} + \beta_2 tech_1 + \beta_3 tech_2 + \beta_4 tech_3 + \beta_5 \ln tf_{dt} \times tech_1 + \beta_6 \ln tf_{dt}$$
$$\times tech_2 + \beta_7 \ln tf_{dt} \times tech_3 + \beta_8 \ln new_{idkt} + \varphi \ln X + \mu_i + \mu_t + \varepsilon_{idkt} \quad (6.45)$$

$$\ln exp_{idkt} = \beta_0 + \beta_1 \ln tf_{dt} + \beta_2 tech_1 + \beta_3 tech_2 + \beta_4 tech_3 + \beta_5 \ln tf_{dt} \times tech_1 + \beta_6 \ln tf_{dt}$$
$$\times tech_2 + \beta_7 \ln tf_{dt} \times tech_3 + \beta_8 \ln new_{idkt} + \varphi \ln X + \mu_i + \mu_t + \varepsilon_{idkt} \quad (6.46)$$

其中，$tech_1$、$tech_2$ 和 $tech_3$ 分别是高技术进口中间品与企业技术水平、中技术进口中间品与企业技术水平以及低技术进口中间品与企业技术水平的交互项，衡量的是企业技术水平与进口中间品技术等级的匹配程度（即技术匹配度）。当回归系数大于零时，说明对应等级的进口中间品对高技术水平企业的出口二元边际的提升作用更大；反之，小于零则说明对应等级的进口中间品对低技术企业的出口二元边际的提升作用更大。$\ln new_{idkt}$ 是企业技术水平（即新产品产值）；其余变量在模型设定部分已经做出交代，因此便不在这里重复说明。需要特别说明的是，由于中国工业企业数据库中企业新产品产值的指标在 2010 年之后就不再披露，因此回归样本大面积减少。

表 6.14 为具体结果。从技术匹配度的回归系数可知，高技术企业通过进口高技术中间品对其出口二元边际的提升作用更大，而低技术企业通过进口中低技术中间品对其出口二元边际的提升作用更大。这说明企业与进口中间品的技术匹配度越高，则对其出口二元边际的提升作用越大。根据贸易便利化与技术匹配度的交互项回归系数可以得出以下两个结论：一是与使用高技术进口中间品的低技术企业相比，贸易便利化改善对使用高技术进口中间品的高技术企业出口二元边际的提升作用更大；二是与使用中低技术进口中间品的高技术企业相比，贸易便利化改善对使用中低技术进口中间品的低技术企业出口二元边际的提升作用更

---

① 技术匹配度的设定与第五章完全一致。

大。这说明企业与进口中间品的技术匹配度越高，则贸易便利化对其出口二元边际的提升作用越大。

表 6.14 技术匹配效应的回归结果

变量	扩展边际 (1)	扩展边际 (2)	集约边际 (3)	集约边际 (4)
$\ln tf_{dt}$	0.061*** (8.15)	0.059*** (7.91)	0.264*** (8.58)	0.263*** (8.57)
$tech_1$	0.016*** (8.95)	0.026*** (13.51)	0.010*** (11.73)	0.092*** (44.42)
$tech_2$	−0.023*** (−12.45)	−0.020*** (−9.13)	−0.009*** (−3.04)	−0.010*** (−3.58)
$tech_3$	−0.016*** (−7.51)	−0.101*** (−7.93)	−0.033*** (−9.79)	−0.665*** (−16.84)
$\ln tf_{dt} \times tech_1$		0.096*** (9.29)		0.575*** (17.73)
$\ln tf_{dt} \times tech_2$		−0.013*** (−15.51)		−0.117*** (−43.52)
$\ln tf_{dt} \times tech_3$		−0.004** (−2.42)		−0.014*** (−7.88)
$\ln new_{idkt}$	0.016*** (9.17)	0.016*** (9.20)	0.004*** (4.14)	0.001 (0.62)
$\ln size_{idkt}$	0.078*** (36.48)	0.079*** (36.64)	0.178*** (26.59)	0.176*** (26.35)
$\ln tfp_{idkt}$	0.021*** (12.35)	0.021*** (12.29)	0.138*** (25.12)	0.135*** (24.55)
$\ln age_{idkt}$	−0.001 (−0.32)	−0.0001 (−0.01)	−0.480*** (−36.90)	−0.467*** (−35.95)
$\ln profit_{idkt}$	0.027*** (4.36)	0.029*** (4.62)	0.302*** (15.58)	0.316*** (16.38)
常数项	3.591*** (199.51)	3.588*** (199.28)	12.805*** (226.89)	12.804*** (226.62)
企业固定效应	Yes	Yes	Yes	Yes
年度固定效应	Yes	Yes	Yes	Yes
R^2	0.934	0.934	0.878	0.878
观测值	707923	707923	654004	654004

注：同表 6.4。

二 滞后效应

考虑到贸易便利化对企业出口二元边际的影响可能存在滞后效应，我们选择将出口扩展边际和集约边际的指标分别前推一期、两期和三期（这等同于分别将所有自变量取滞后一期值、两期值和三期值），从而设定模型（6.47）和模型（6.48）探讨贸易便利化对企业出口二元边际影响的滞后效应：

$$\ln num_{idkt}F = \beta_0 + \beta_1 \ln tf_{dt} + \varphi \ln X + \mu_i + \mu_t + \varepsilon_{idkt} \quad (6.47)$$

$$\ln exp_{idkt}F = \beta_0 + \beta_1 \ln tf_{dt} + \varphi \ln X + \mu_i + \mu_t + \varepsilon_{idkt} \quad (6.48)$$

其中，$\ln num_{idkt}F$ 和 $\ln exp_{idkt}F$ 分别是 t 年地区 d 的企业 i 的出口扩展边际和出口集约边际的前推值，其余变量在模型设定中已经交代，因此便不再重复阐释。具体回归结果如表 6.15 所示，从中可知，贸易便利化对企业出口二元边际的提升作用存在显著的滞后效应。具体地，贸易便利化水平每提高 1%，一方面会促使中国企业滞后一期、滞后两期和滞后三期的出口扩展边际分别提高 0.101 个、0.130 个和 0.160 个百分点，另一方面会促使中国企业滞后一期、滞后两期和滞后三期的出口集约边际分别提高 0.044 个、0.120 个和 0.165 个百分点。因此，无论是出口扩展边际还是出口集约边际，贸易便利化对其的提升作用都表现出逐渐增加的趋势（前推一期＜前推两期＜前推三期）。这是因为贸易便利化主要通过进口中间品提升企业出口二元边际，但在企业将进口中间品完全转化为生产资料之前，其需要展开吸收、学习、匹配等活动，这无疑会推迟企业全面利用进口中间品开展生产经营活动的时间，因此贸易便利化对企业出口二元边际的提升作用会随着时间推移而逐渐增强。

表 6.15 贸易便利化对企业出口二元边际影响的滞后效应

变量	前推一期 (1)	前推两期 (2)	前推三期 (3)	前推一期 (4)	前推两期 (5)	前推三期 (6)
$\ln tf_{dt}$	0.101*** (14.14)	0.130*** (10.05)	0.160*** (8.75)	0.044* (1.80)	0.120*** (4.52)	0.165*** (5.90)

续表

变量	前推一期 (1)	前推两期 (2)	前推三期 (3)	前推一期 (4)	前推两期 (5)	前推三期 (6)
$\ln size_{idkt}$	0.064 *** (55.56)	0.068 *** (60.44)	0.070 *** (63.49)	0.045 *** (11.64)	0.035 *** (8.25)	0.024 *** (5.27)
$\ln tfp_{idkt}$	0.055 *** (48.13)	0.055 *** (49.26)	0.055 *** (49.73)	0.093 *** (24.11)	0.080 *** (18.96)	0.073 *** (16.25)
$\ln age_{idkt}$	0.023 *** (6.85)	0.027 *** (8.33)	0.037 *** (11.79)	-0.483 *** (-43.37)	-0.527 *** (-43.65)	-0.560 *** (-43.94)
$\ln profit_{idkt}$	0.002 (0.33)	0.010 ** (2.15)	0.007 * (1.61)	0.441 *** (27.80)	0.428 *** (25.10)	0.427 *** (23.90)
常数项	3.757 *** (278.91)	3.815 *** (289.55)	3.854 *** (299.07)	13.837 *** (304.01)	14.072 *** (282.88)	14.273 *** (270.67)
企业固定效应	Yes	Yes	Yes	Yes	Yes	Yes
年度固定效应	Yes	Yes	Yes	Yes	Yes	Yes
R^2	0.911	0.918	0.923	0.835	0.832	0.830
观测值	1147999	1012292	934655	1147999	1012292	934655

注：同表6.4。

第五节 本章小结

本章侧重从进口中间品的视角考察贸易便利化对企业出口二元边际的影响。第一步，分析中国企业出口二元边际的特征性事实以及贸易便利化对企业出口二元边际的影响机制。第二步，基于理论构建相应的基准回归模型，并交代研究所涉及的变量如何测度，在此基础上对本章涉及的各个变量进行描述性统计，分析各个变量大概的数据结构，利用软件画出贸易便利化与企业出口二元边际的散点图。第三步，运用2007~2013年中国工业企业数据库与中国海关进出口贸易数据库对基准回归模型（6.31）和模型（6.32）进行实证分析，以检验贸易便利化对企业出口二元边际的影响。第四步，从异质性的视角出发探讨贸易便利化对企业出口二元边际的影响，具体选取了企业所有制、企业所处行业通关时间敏感度、企业所处地区、企业出口目的国四个维度下的异质性。

第五步，利用双边缩尾、双边截尾以及变量替换法对本章的基准回归结果进行一系列稳健性检验，检验结果均为通过。第六步，利用贸易便利化的滞后二期变量和省级地区邮电局数目为工具变量，基于两阶段最小二乘法对模型内生性问题进行处理，结果发现考虑内生性之后本章的基准回归结果依旧是稳健的。第七步，利用中介效应模型检验前文的理论部分是否合理。第八步，进一步分析贸易便利化对企业出口二元边际的技术匹配效应和滞后效应。本章的具体研究内容和结论如下所示。

第一，贸易便利化对企业出口二元边际总体上具有显著稳健的提升作用，且该提升作用因企业所有制、企业所处地区、企业所处行业通关时间敏感度和企业出口目的国的异质性而存在差异。就企业所有制异质性而言，贸易便利化对私营企业出口扩展边际的提升作用大于外资企业和国有企业，对国有企业出口集约边际的提升作用大于私营企业，而对外资企业的出口集约边际具有负向影响。就企业所处地区异质性而言，贸易便利化对东中部地区企业出口二元边际存在显著的提升作用，而对西部地区企业出口二元边际具有负向影响。就企业所处行业通关时间敏感度的异质性而言，无论是高时间敏感度行业还是低时间敏感度行业企业，贸易便利化对企业出口二元边际都存在显著的提升作用，但是对高时间敏感度行业企业出口二元边际的提升作用大于对低时间敏感度行业企业出口二元边际的提升作用。就企业出口目的国异质性而言，企业无论选择发达经济体为出口目的国还是选择非发达经济体为出口目的国，贸易便利化对其出口二元边际均存在显著的提升作用。其中，对出口发达经济体的企业出口二元边际的提升作用大于对出口非发达经济体的企业出口二元边际的提升作用。

第二，通过三类稳健性检验发现本章的回归结果依旧是稳健的。第一类，对企业出口二元边际分别进行双边缩尾和双边截尾处理；第二类，分别采用企业出口市场范围和出口产品价格的指标来替代企业出口二元边际的指标，采用主成分贸易便利化指标来替代算术平均数贸易便利化指标；第三类，将贸易便利化的滞后二期值和省级地区邮电局数目作为工具变量，基于两阶段最小二乘法进行内生性处理。

第三，通过对四条影响途径的中介效应检验发现，贸易便利化对企业出口二元边际的提升作用主要通过影响企业进口中间品价格、种类、数量与质量来实现。进一步分析表明，贸易便利化对企业出口二元边际的提升作用随着技术匹配度的提高而增大，且随着时间的推移表现出增长趋势。

第七章　贸易便利化对企业出口持续时间的影响：基于进口中间品视角的理论分析与实证研究

新新贸易理论认为，企业在出口市场中的生产率临界值大于在国内市场的生产率临界值，因为企业进入出口市场需要额外支付出口固定成本，而只有生产率高的企业才能承担出口的固定成本（Melitz，2003）。在此基础上，施炳展（2014）进一步研究发现，与出口低质量产品的企业相比，出口高质量产品的企业更容易进入出口市场。因此，产品质量的高低会影响企业的出口决策，即生产高质量产品的企业能够承担出口固定成本而选择进入出口市场，生产低质量产品的企业只会选择经营国内市场。由第五章的基准回归结果与稳健性检验我们得出，贸易便利化对企业出口产品质量具有提升作用。既然贸易便利化对企业出口产品质量存在显著影响，而产品质量提升又能够帮助企业跨过在出口市场中生存所需的质量门槛，进而延长企业出口持续时间（施炳展，2014），那么贸易便利化究竟会不会对企业出口持续时间存在影响？进口中间品在其中又发挥着什么作用？基于此，我们接下来从进口中间品视角分析贸易便利化与企业出口持续时间之间的内在机制，并在此基础上利用生存分析模型实证检验贸易便利化对企业出口持续时间的影响。

第一节　特征性事实与理论分析

一　特征性事实

本节首先对 2007~2013 年中国企业在出口市场的生存状况进行统计分析，之所以采用年份来度量企业出口持续时间，主要是考虑到中国工业企业数据库只披露了年度数据。表 7.1 汇报了中国企业的出口持续时间，从中不难发现，随着出口持续时间的延长，企业生存率逐渐降低，由 1 年及以上的 0.680 下降到 6 年及以上的 0.490；同时，出口市场中的企业数目也随着企业出口持续时间的延长而减少，由出口持续时间 1 年及以上的 432367 家企业减少到出口持续时间 6 年及以上的 22142 家企业。这说明中国企业在国际市场中的出口持续时间较短，整体生存率较低，因此贸易可持续性仍然应该是中国对外开放中的重要关注点，这要求中国政府在推动全方位对外开放时不仅应该注重增加贸易合作国的数量，还应该关注如何有效维持贸易的可持续性。

表 7.1　中国企业出口持续时间统计

出口持续时间	中国企业数目（家）	退出数目（家）	生存率
1 年及以上	432367	1.4e+05	0.680
2 年及以上	266967	3.5e+04	0.592
3 年及以上	156557	7772	0.562
4 年及以上	91323	3819	0.539
5 年及以上	51120	1795	0.520
6 年及以上	22142	1272	0.490

注：作者计算整理得来。

接下来，我们主要基于 Kaplan-Meier 生存函数对企业出口持续时间的分布特征进行深入的描述性分析。生存函数 $S_i(t)$ 具体如下所示：

$$S_i(t) = pr(T_i > t) \tag{7.1}$$

其中，T 表示企业的出口持续时间；生存函数 $S_i(t)$ 表示企业出口持续时间大于 t 年的概率，其非参数估计由 Kaplan-Meier 乘积项的方式给出，具体如式（7.2）所示：

$$\overline{S}(t) = \prod_{k=1}^{t}[(n_k - d_k)/n_k] \tag{7.2}$$

其中，n_k 代表在 k 年面临出口风险的企业数目，d_k 代表在 k 年企业退出出口市场的数目，两者之差表示生存企业的数目。

基于上述两式，我们对不同所有制、不同贸易方式、不同行业技术水平下企业出口的生存函数进行估计，得到如表 7.2 所示的估计结果。整体而言，中国企业出口持续时间的均值为 2.360 年，中位数为 2 年，且随着企业出口持续时间的延长，企业生存率逐渐降低，出口持续时间超过 1 年、3 年、5 年的企业占比依次为 68%、56.2%、52%，这也间接表明有近 45% 的企业会在出口 3 年之后退出海外市场不再出口。分类型来看，国有企业、私营企业和外资企业的出口持续时间中位数均为 2 年，且均值在 2 年至 3 年之间波动。当出口持续时间超过 1 年时，私营企业和外资企业的生存率高于国有企业，这主要是因为私营企业和外资企业在管理方式上更加灵活，生产技术更加高超，这些均为其持续出口带来了巨大优势，而国有企业经营活力存在明显不足，经营方式和管理方法比较老套，不利于出口贸易的发展（黎谧，2016）。但是当出口持续时间超过 3 年时，国有企业生存率开始高于私营企业，当然，外资企业生存率依旧是最高的。这可能是因为随着出口持续时间的延长，企业逐渐进入成熟期，而国有企业出口产品的技术水平较低，产品的生命周期较长，因此出口更稳定；私营企业的产品技术水平较高，技术更新更快，这使得私营企业进入和退出更频繁。分贸易方式来看，一般贸易企业和加工贸易企业的出口持续时间中位数为 2 年，均值也在 2 年至 3 年之间，但是一般贸易企业的出口持续时间均值和三个时间片段的生存率都高于加工贸易企业。这可能是因为加工贸易企业的技术水平往往低于一般贸易企业，而企业技术水平越高越有利于其提高在出口市场中的学习能力和竞争力（赵瑞丽等，2017），进而维持企业的出口贸易稳定性。

分行业技术水平来看，三个不同行业技术水平的企业出口持续时间中位数都是2年，但是均值和三个时间片段的生存率都表现出：高技术行业企业＞低技术行业企业＞中技术行业企业。这是因为行业技术水平越高，则企业生产产品的质量也越高，这有利于该行业内的企业提高出口产品竞争力，从而更容易扩大出口市场份额，增强出口贸易稳定性。此外，低技术行业生产的往往是劳动密集型产品，而中国又是一个劳动力丰裕的国家，生产劳动密集型产品更容易发挥其资源禀赋优势，使低技术行业企业能够更好地发挥劳动力的成本优势，降低出口产品价格，进而形成稳定的产品消费群体，延长企业出口存续时间，因此，低技术行业企业要比中技术行业企业更容易保持出口贸易的稳定性。

表7.2 中国企业出口生存函数的估计（一）

企业分类	出口持续时间（年）		企业生存率			持续出口企业数目（家）	出口企业总数（家）
	均值	中位数	＞1年	＞3年	＞5年		
全部样本企业	2.360	2	0.680	0.562	0.520	244643	432367
国有企业	2.485	2	0.610	0.554	0.554	19393	34660
私营企业	2.224	2	0.659	0.531	0.481	103525	192482
外资企业	2.487	2	0.716	0.598	0.557	114484	191241
加工贸易企业	2.369	2	0.680	0.558	0.515	88400	157579
一般贸易企业	2.455	2	0.697	0.565	0.523	155989	274397
高技术行业企业	2.502	2	0.718	0.593	0.551	76279	128476
中技术行业企业	2.191	2	0.640	0.522	0.479	47996	90431
低技术行业企业	2.346	2	0.673	0.561	0.518	120367	213460

注：同表7.1。

表7.3是我们对不同地区、不同产品质量、不同产品核心程度的企业出口生存函数的估计结果。分地区来看，东部地区、中部地区和西部地区企业的出口持续时间中位数均为2年，但是均值和生存率表现出异质性，即东部地区＞中部地区＞西部地区。首先，我国东部地区拥有高

度开放的市场、优越的制度环境及较高的经济发展水平（张慧，2018），尤其是大量港口的分布和便捷的海上运输条件，为东部地区的出口贸易带来了巨大的区位优势（曹亮等，2020），这降低了当地企业出口贸易的运输成本（黎谧，2016），是中西部地区企业难以比拟的优势，因此东部地区的企业出口持续时间均值和生存率要比中西部地区企业高。其次，改革开放初期优先发展的就是东部沿海地区，这极大地推动了东部地区企业学习国外先进的技术和管理方式，因此东部地区企业的生产技术和对外贸易发展水平要明显高于中西部地区企业，这为东部地区企业的出口带来了明显的竞争优势（黎谧，2016），因此东部地区企业比中西部地区企业有着更强的贸易稳定性。最后，中部地区企业虽然区位优势弱于东部地区企业，但其可以利用东部地区的辐射效应发展出口贸易，而西部地区企业自身区位优势小，且又离东部地区较远，因此很难利用辐射效应发展出口贸易。综上，整体而言，中国不同区域企业出口生存率的高低依次为：东部地区企业＞中部地区企业＞西部地区企业。

分产品质量和产品核心程度来看，无论产品质量和产品核心程度是高是低，企业出口持续时间中位数都为2年，但是出口高质量产品和核心产品的企业出口持续时间均值和生存率都高于出口低质量产品和非核心产品的企业。这是因为企业对核心产品的生产更有经验，生产成本会更低，也更容易实现规模经济，从而增加出口利润，延长出口持续时间；高质量产品的竞争力本来就较强，有助于企业开展出口贸易活动（黎谧，2016），因此企业出口高质量产品有利于延长自身出口持续时间。

表 7.3 中国企业出口生存函数的估计（二）

企业分类	出口持续时间（年） 均值	出口持续时间（年） 中位数	企业生存率 ＞1 年	企业生存率 ＞3 年	企业生存率 ＞5 年	持续出口企业数目（家）	出口企业总数（家）
全部样本企业	2.360	2	0.680	0.562	0.520	244643	432367
东部地区企业	2.374	2	0.684	0.568	0.525	228721	400918
中部地区企业	2.227	2	0.638	0.509	0.469	12855	24841
西部地区企业	2.061	2	0.573	0.429	0.403	2185	4926

续表

企业分类	出口持续时间（年）		企业生存率			持续出口企业数目（家）	出口企业总数（家）
	均值	中位数	>1年	>3年	>5年		
出口高质量产品企业	2.401	2	0.692	0.574	0.530	123992	215195
出口低质量产品企业	2.320	2	0.667	0.551	0.510	120651	217172
出口核心产品企业	2.733	2	0.783	0.659	0.612	135517	207203
出口非核心产品企业	2.017	2	0.584	0.472	0.432	109126	225164

注：同表7.1。

二 机制分析

（一）贸易便利化通过进口中间品价格影响企业出口持续时间的机制

第一，质量升级效应。正如前文所述，贸易便利化能够有效地降低进口中间品价格，使得企业有能力进口之前无力进口的高技术中间品，并在此基础上开展生产经营活动，促使出口产品质量升级，而产品质量升级能够使企业在国际市场中形成良好的品牌效应及较高的认可度（周定根等，2019），进而延长出口持续时间。

第二，成本节约效应。在供给层面，贸易便利化能够便利海外中间品企业进入中国市场，导致海外中间品企业在中国市场面临的竞争压力加剧，迫使其为获取市场竞争优势而降低中间品价格；在需求层面，贸易便利化水平的提升，能有效降低中国企业出口临界生产率，从而帮助其克服出口固定成本和可变成本（刘晨阳和段文奇，2019）。从这两个层面来看，贸易便利化都降低了中国企业的生产经营成本，进而增加了企业出口利润，但是这也导致大量新企业进入出口市场以攫取出口利润，而原企业为了保持或扩大出口市场份额会选择将更多的资金用于开展技术研发、设备更新等活动，从而提高企业出口产品的市场竞争力，延长其出口持续时间。

综上所述,贸易便利化能够通过降低进口中间品价格,从而使得企业获得质量升级效应和成本降低效应,最终延长企业出口持续时间。

(二)贸易便利化通过进口中间品数量影响企业出口持续时间的机制

第一,学习效应。正如前文所述,贸易便利化可以增加进口中间品数量,而进口中间品往往代表了较高的技术水平,企业可以通过进口中间品的技术溢出效应来学习发达国家先进的生产技术,且进口中间品数量越多,进口中间品的技术溢出效应越大(Romer,1990)。在此基础上,企业可以实现生产技术升级,从而延长出口持续时间。

第二,规模经济效应。贸易便利化能降低企业的贸易成本,有助于企业以相同的资金进口更大规模的中间品,而这能够帮助企业获得规模经济,通过规模经济降低自身的生产成本,提高企业的生产经营利润(Goldberg and Campa,2010),为企业研发资金的投入提供有效保障,进而提高企业出口产品的市场竞争力,最终增强企业出口贸易的可持续性(钱学锋,2008)。

第三,过度依赖效应。企业对进口中间品数量的需求越大,可能表明该企业对进口中间品的依赖性越强,这会削弱企业参与研发创新的积极性,不利于企业出口贸易的可持续性,因为一旦国外生产该中间品的企业停止对该中间品的出口,企业就会因为生产资料供应不足而被迫停产,最终退出出口市场,从而缩短企业出口持续时间。

综上所述,贸易便利化降低了企业贸易成本,帮助企业实现进口中间品数量的增加,但这会产生两方面的影响:一方面,企业会获得规模经济效应和学习效应,增强出口可持续性;另一方面,企业会因为过多地使用进口中间品而产生过度依赖效应,缩短出口持续时间。

（三）贸易便利化通过进口中间品种类影响企业出口持续时间的机制

第一，市场选择效应。贸易便利化降低了企业的贸易成本，使之前无力参与出口贸易的企业获得了出口机会（杨继军等，2020），对市场中原企业的出口市场份额造成挤出效应，迫使原出口企业采取多元化措施以提升出口绩效。而正如前文所述，贸易便利化会增加企业进口中间品种类，企业可以在多元化进口中间品的基础上开展生产、加工、组装等活动，实现自身出口产品种类的增加（Colantone and Crino，2014），进而提高出口产品的差异化程度（魏悦羚和张洪胜，2019），有效扩大消费者的选择范围（张先锋等，2019），从而更好地满足国外消费者的市场需求（Kahneman and Sarin，1997），这有助于企业获取更大的市场份额，从而延长出口持续时间。

第二，风险分散效应。贸易便利化能够增加企业进口中间品种类，而进口中间品种类的增加能够提升企业生产技术的多元化水平（李秀芳和施炳展，2016），且进口中间品种类越多，这种作用越明显（Amiti and Konings，2007）。而企业生产技术的多元化可以帮助其实现所生产产品的多元化（郑亚莉等，2017），进而增加企业出口产品种类，使企业可以利用不同出口产品种类之间收益率变化的相关性，以达到分散出口风险的目的，从而提高企业在出口市场中的生存率，最终延长企业出口持续时间（杜运苏等，2017）。

第三，成本节约效应。贸易便利化降低了中国市场的准入门槛，使海外中间品企业大量进入中国市场，直接增加了中国市场中的进口中间品种类，加剧了国内要素市场的竞争，迫使海外中间品企业降低中间品的出口价格（施炳展和李秀芳，2016），这使得中国企业能以更低的价格获得进口中间品，间接提高了中国企业的生产经营利润，有助于其将更多的资金投入技术研发、产品升级等活动，进而提高出口产品的市场竞争力，延长出口持续时间（刘海洋等，2017b）。

综上所述，贸易便利化能够增加企业进口中间品种类，进而通过市场选择效应、风险分散效应、成本节约效应延长企业出口持续时间。

（四）贸易便利化通过进口中间品质量影响企业出口持续时间的机制

第一，技术溢出效应。贸易便利化通过降低企业贸易成本帮助企业提高进口中间品质量，进而实现高新技术在中国市场的溢出和扩散。这主要是因为高质量中间品内嵌的进口来源国技术和制造工艺往往更为先进（Blalock and Veloso，2007），而企业可以对高质量中间品实施逆向工程，破解、模仿中间品所包含的先进技术与制造工艺，从而减少自主研发的不确定性，积累研发所需的经验。因此，高质量进口中间品的技术溢出效应能够有效促进企业研发创新，进而提高企业出口产品竞争力（Fan et al.，2017；许家云等，2017），降低企业出口风险，最终延长企业出口持续时间。

第二，声誉保护效应。贸易便利化可通过降低企业的贸易成本间接增加企业经营利润，进而提升进口中间品质量（施炳展和张雅睿，2016），最终实现出口产品质量升级的目的（许家云等，2017）。而企业出口高质量产品容易形成良好的质量声誉，一方面，企业拥有良好的质量声誉能够增加顾客对该出口产品的购买信心（Lafferty and Goldsmith，1999），培育消费者的忠诚度（Preece and Shneiderman，1995），进而推动企业形成稳定的市场消费群体，使企业保持长期的出口利润，从而维持在海外出口市场的贸易稳定性，延长出口持续时间；另一方面，企业拥有良好的质量声誉还能够提高其他潜在竞争者的进入壁垒（Roberts and Dowling，2002），从而维持稳定的出口市场份额，获取持续的出口利润，最终延长出口持续时间。

综上所述，贸易便利化能够提升进口中间品质量，进而通过技术溢出效应、声誉保护效应降低企业出口风险，延长企业出口持续时间。

为了更加直观地描述贸易便利化如何通过进口中间品影响企业出口持续时间，我们绘制了作用机制图（见图7.1）。综合贸易便利化对企业出口持续时间的理论分析，提出以下研究假设。

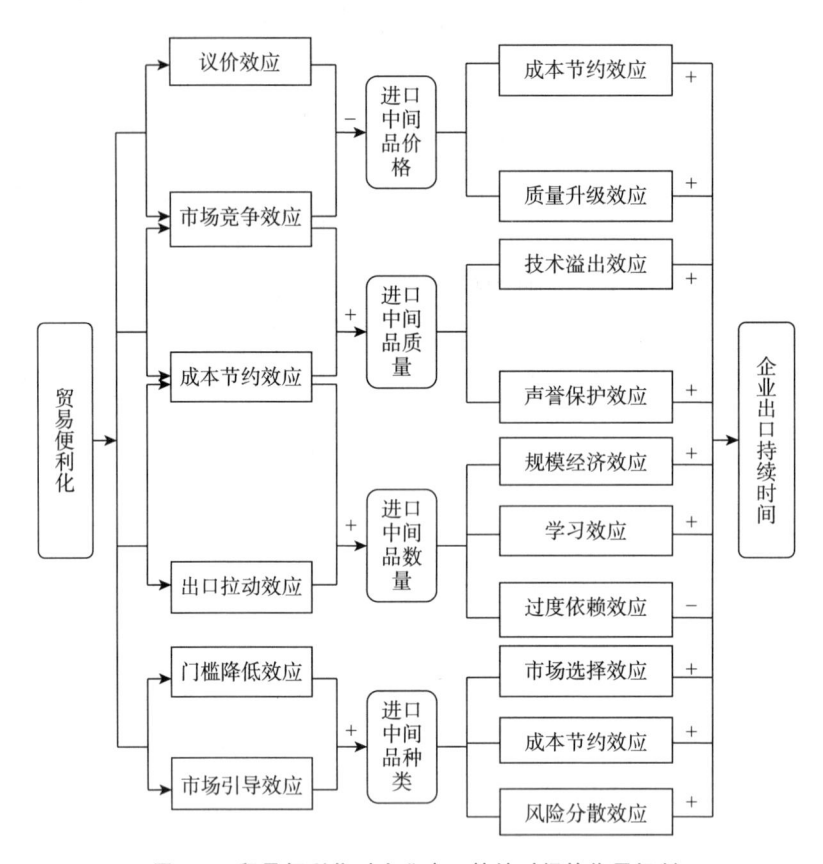

图 7.1 贸易便利化对企业出口持续时间的作用机制

研究假设 8：贸易便利化会通过降低进口中间品价格、提高进口中间品质量以及增加进口中间品种类来延长企业出口持续时间。但是贸易便利化带来的进口中间品数量的增加对企业出口持续时间存在正负两方面的影响，至于究竟总体是表现出正向影响还是负向影响，还需要我们做进一步检验。

第二节 模型设定、变量说明与资料来源

一 模型设定

结合前文的理论分析，我们设定基准回归模型如下：

第七章　贸易便利化对企业出口持续时间的影响：基于进口中间品视角的理论分析与实证研究 | 217

$$\text{Cloglog}(1 - h_{ikt}) = \beta_0 + \beta_1 \ln tf_{dt} + \beta_2 \ln X + \mu_i + \mu_t + \varepsilon_{idkt} \tag{7.3}$$

其中，Cloglog $(1 - h_{ikt})$ 是企业在第 t 年退出出口市场的风险概率，即企业出口持续时间；$\ln tf_{dt}$ 是贸易便利化；μ_i 是企业固定效应；μ_t 是时间固定效应；$\ln X$ 是一系列控制变量（包含企业全要素生产率 $\ln tfp_{idkt}$、企业存续年限 $\ln age_{idkt}$、企业规模 $\ln size_{idkt}$ 和企业资本密集度 $\ln klratio_{idkt}$）；ε_{idkt} 是残差项。公式（7.3）是本章实证的基准回归模型，其作用是检验贸易便利化对中国企业出口持续时间的总体影响，其中估计系数 β_1 刻画的是贸易便利化对中国企业出口持续时间的总体影响，若估计系数为负，说明贸易便利化降低了企业出口风险率，延长了出口持续时间，反之，则是缩短了出口持续时间。

二　变量说明

（一）被解释变量

企业出口持续时间 $[\text{Cloglog}(1 - h_{ikt})]$。离散时间生存模型是一个二项选择模型，被解释变量表示企业在 t 年是否退出出口市场。具体地，如果企业出口片段完整，则企业出口片段最后一年设定为 1（即失败事件发生），其余年度为 0；如果企业出口片段右删失（即在 2013 年仍未退出市场），那么将其每一年度都设定为 0。

（二）控制变量

企业利润率（$\ln profit_{idkt}$）。该指标用营业利润与企业销售额的比值来衡量。利润率提高可以使企业有更多资金开展生产经营活动，从而降低出口风险，延长出口持续时间。考虑到企业利润率对出口持续时间的影响，本章将企业利润率作为一个控制变量纳入研究范畴。

企业规模（$\ln size_{idkt}$）。以全部职工人数作为该变量的替代指标。新贸易理论认为，企业自身规模会使其获得成本优势（Krugman，1980）。企业规模越大，市场扩张能力越强，实物资本和人力资本也越丰富

(李波，2016；Bernard and Jensen，2004），越有利于其实现规模经济，并且规模大的企业风险承担能力更强（Dunne and Hughes，1994；Audia and Greve，2006）。因此，企业规模有助于企业提高自身持续出口能力，延长出口持续时间。所以，我们引入企业规模以控制该因素对企业出口持续时间的影响。

企业存续年限（$\ln age_{idkt}$）。该指标采用当年年份与企业成立年份之差来表示。一方面，企业存续年限越长，员工的生产和管理经验越丰富，员工的自身能力也就越强，这有助于企业后续资源的积累和生产能力的提升（Henderson，1999；Agarwal et al.，2002；Thornhill and Amit，2003），从而降低企业出口风险，延长出口持续时间；另一方面，企业存续年限越长，生产设备的磨损程度可能就越严重，且其在发展过程中可能存在惰性，以致不能够灵活实施组织变革来快速适应环境变化（张慧，2018），进而导致在生产经营中难以做出有效调整，最终增加出口风险。综上，我们引入企业存续年限以控制该因素对企业出口持续时间的影响。

企业全要素生产率（$\ln tfp_{idkt}$）。新增长理论将全要素生产率作为衡量技术进步的指标，Fan（2005）研究发现，企业全要素生产率越高，越容易开展出口贸易，出口产品范围越大，从而降低了企业出口风险率，延长出口持续时间。基于此，本书选择将全要素生产率作为控制变量纳入模型，以控制技术因素对企业出口持续时间的影响，本章对企业全要素生产率的设定同前文一致。

表7.4为变量的描述性统计。需要特别说明的是，由于本章对贸易便利化和进口中间品质量的指标均做了标准化处理，而标准化后的指标取值区间为0到1，因此取对数之后，两个变量的均值、最小值和最大值都不为正。

我们可以由表7.4了解各个变量的数据结构，为了更直观地展现贸易便利化与企业出口持续时间之间的关系，本部分进一步补充贸易便利化与企业出口持续时间的生存函数和风险函数估计曲线。具体地，首先，我们按照地区贸易便利化水平的高低将地区分为贸易便利化地区和贸易不便利地区，详细分类方法参考许家云等（2015），将贸易便利化水平大于中位数的地区设定为贸易便利化地区，反之，将贸易便利化水平低于中位数的地区设定为贸易不便利地区；其次，采用 Kaplan-Meier 乘积项估计式，从生存函数和风险函数两个视角出发，总体估计贸易便利化改善时中国企业在出口市场的生存时间，结果如图 7.2 所示（上图为生存函数曲线，下图为风险函数曲线）。

表 7.4　描述性统计

变量	变量说明	观测值	均值	标准差	最小值	最大值
$\ln tf_{dt}$	贸易便利化	432367	−0.827	0.257	−2.618	−0.315
$\ln age_{idkt}$	企业存续年限	431830	2.411	0.523	0.000	5.081
$\ln size_{idkt}$	企业规模	432367	6.296	1.323	0.000	11.784
$\ln tfp_{idkt}$	企业全要素生产率	432367	4.651	0.955	−3.841	10.366
$\ln profit_{idkt}$	企业利润率	432041	0.051	0.120	−4.261	5.965
$ZCF\text{-}\ln tf_{dt}$	主成分贸易便利化	432367	−0.560	0.255	−2.345	−0.048
$JQ\text{-}\ln tf_{dt}$	加权贸易便利化	432367	−0.722	0.271	−2.461	−0.150
$im\text{-}\ln p_{idkt}$	进口中间品价格	432367	3.559	2.932	−7.929	17.769
$im\text{-}\ln number_{idt}$	进口中间品种类	432367	3.350	1.404	0.000	7.871
$im\text{-}\ln quality_{idkt}$	进口中间品质量	431965	−1.166	0.617	−8.730	0.000
$im\text{-}\ln quantity_{idkt}$	进口中间品数量	432367	5.300	3.851	0.000	21.573

注：以上数据根据相应数据库整理计算而得，且都进行了取对数处理。

从图 7.2 中的上图可知，企业生存函数曲线总体呈下降趋势，但是随着时间的推移逐渐趋于平稳。此外，还可进一步发现，贸易便利化地区企业的生存函数曲线位于贸易不便利地区的企业上方，这充分表明贸易便利化水平的不断提升有助于企业出口持续时间的延长。

从图 7.2 中的下图可知，企业在出口市场中的退出风险会随着时间的推移而上升，但同样会趋于平稳。此外，可进一步发现，贸易便利化地区企业的风险函数曲线位于贸易不便利地区的企业下方，这说明贸易便利化地区的企业在出口市场中的退出风险低于贸易不便利地区的企业，这与我们在生存函数曲线图中得到的结论相一致。

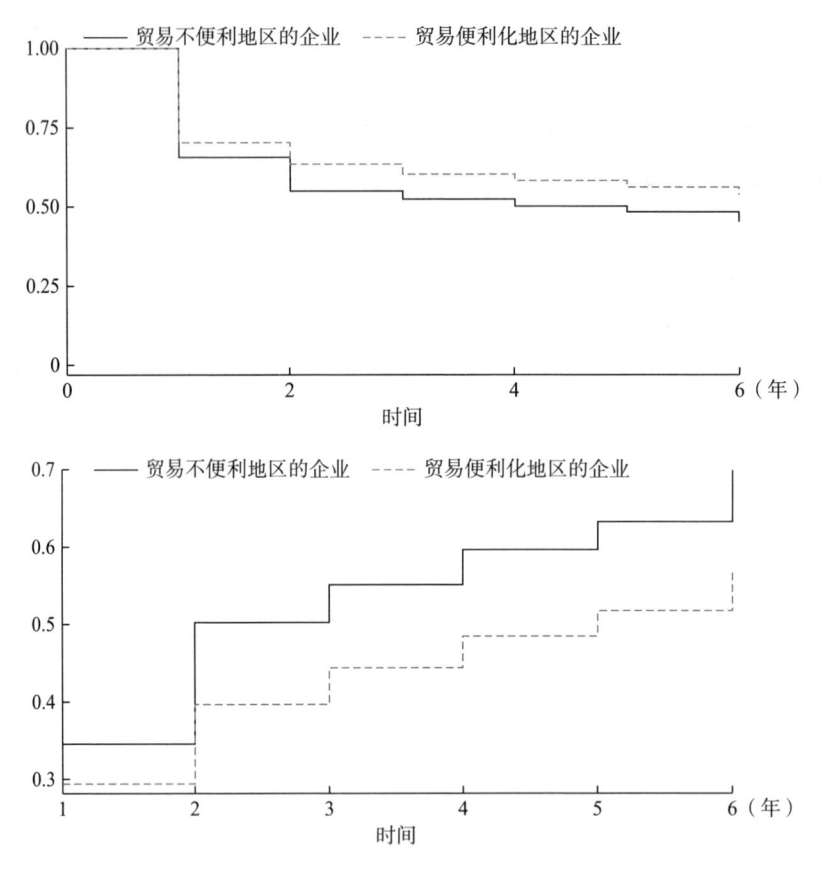

图 7.2　贸易便利化改善的企业生存函数曲线和风险函数曲线

三　资料来源

本章资料来源于中国工业企业数据库、中国海关进出口贸易数据库与贸易便利化指标的相关数据，样本时间跨度为 2007～2013 年，第四章对资料来源与处理进行了详细说明，不再重复阐述。

在第四章数据样本的基础上，我们主要进行两点处理：①删除重复值；②数据删失处理。关于第一点，本章借鉴蒋灵多和陈勇兵（2015）的做法，将企业出口某种产品到国外市场直至退出国外市场的时间定义为企业出口持续时间。但是考虑到同一家企业可能会在同一年度出口同一种产品到不同的国家，因此我们将企业－产品－年度层面重复的样本进行删除处理，以保证企业-产品-年度层面样本的唯一性，删除后的企业样本数量为 472086 家。关于第二点，本章研究所用的数据样本存在左右删失问题，左删失指的是如果企业在 2007 年有出口，那么我们就无法观察到企业具体的开始出口时间；右删失指的是如果企业在 2013 年还在出口，那么我们就无法确定企业停止出口的时间。为了解决样本左删失问题，我们参考陈勇兵等（2012）的方法，直接将左删失的观测值进行删除处理，删除之后样本还剩 432367 家，并且企业最长出口持续时间为 6 年；为了解决样本右删失问题，我们采用生存分析模型进行本章的实证研究。

第三节　模型检验与结果分析

一　基准回归结果

表 7.5 为本章的基准回归结果。为防止可能存在的多重共线性问题，本章将核心变量和控制变量依次引入模型进行回归分析，其中（1）列是模型仅引入核心变量的回归结果，而（2）列至（5）列是逐渐将控制变量引入模型的回归结果。根据表 7.2 的结果可知，贸易便利化总体上降低了企业出口风险，延长了企业出口持续时间，说明贸易便利化对企业出口持续时间整体上具有延长作用。企业规模的回归系数符号为负，说明企业规模对企业出口持续时间具有延长作用，这与理论预期相一致。因为企业规模越大，越容易实现规模经济，从而提高企业经营利润，并且规模大的企业还具有更高的风险承担能力（Dunne and Hughes，1994；Audia and Greve，2006），因此企业规模增加能降低出口风险，延长出口持续时间。企业全要素生产率对企业出口持续时间具有抑制作用，这与理论预期相反，主要是因为我们采用了中国企业作为研究样本，与发达国家企业相比，中国出口企业整体的生产率和技术水平还比较低，大多从事低附加值的加工贸易，因此产品市场竞争力较弱，企业全要素生产率对企业出口持续时间表现为抑制作用。只有当中

国企业整体生产率超过某一临界值（即企业产品竞争力超过某一临界值）时，全要素生产率才会对企业出口持续时间产生延长作用，这也与李春顶和唐丁祥（2010）、范剑勇和冯猛（2013）等的研究结论相符合，说明中国出口企业的"生产率悖论"确实存在。企业存续年限的回归系数为负，说明企业存续年限降低了企业出口风险，延长了企业出口持续时间。虽然在理论预期中我们提出企业存续年限对出口持续时间具有正负两方面的影响，但是该结果表明企业存续年限对出口持续时间的正向影响要大于负向影响，这也与张文武等（2020）的研究结论相一致。企业利润率的回归系数不显著，说明企业利润率对出口持续时间影响不大。这是因为企业出口持续时间不仅会受到利润率的约束，还会受到产品竞争力的约束，企业利润率高很可能是因为采用了薄利多销的低价竞争策略，并不意味着产品实际竞争力强，因此当面临出口市场的激烈竞争时，企业利润率的高低并不能完全决定企业出口持续时间的长短。

表 7.5 基准回归结果

变量	(1)	(2)	(3)	(4)	(5)
$\ln tf_{dt}$	-0.604 *** (-71.40)	-0.652 *** (-77.39)	-0.654 *** (-77.63)	-0.635 *** (-74.90)	-0.636 *** (-74.91)
$\ln size_{idkt}$		-0.135 *** (-71.50)	-0.133 *** (-71.15)	-0.099 *** (-52.10)	-0.099 *** (-51.88)
$\ln tfp_{idkt}$			0.033 *** (14.19)	0.033 *** (14.05)	0.034 *** (14.11)
$\ln age_{idkt}$				-0.424 *** (-88.60)	-0.424 *** (-88.40)
$\ln profit_{idkt}$					0.006 (0.27)
常数值	-439.377 *** (-156.62)	-483.691 *** (-167.60)	-480.014 *** (-165.67)	-652.834 *** (-229.29)	-542.019 *** (-182.21)
企业固定效应	Yes	Yes	Yes	Yes	Yes
年度固定效应	Yes	Yes	Yes	Yes	Yes
似然比检验	32596.88 ***	37818.69 ***	38018.01 ***	45080.36 ***	45036.66 ***

续表

变量	(1)	(2)	(3)	(4)	(5)
L. likelihood	-443661.40	-441050.50	-440950.84	-436806.80	-436438.34
观测值	432367	432367	432367	431830	431506

注：括号内为 z 值；***、** 和 * 分别表示 1%、5% 和 10% 的显著性水平。

二 异质性分析

（一）企业所有制和贸易方式异质性

在基准回归中我们已经发现贸易便利化会降低企业出口风险，从而延长企业出口持续时间，但是考虑到该效应可能会随着企业所有制和贸易方式的不同而存在差异，因此我们补充分析企业所有制和贸易方式异质性的回归结果。首先，按照企业所有制将总样本分为国有企业、私营企业和外资企业三组样本，其中外资企业包含中外合资企业和外商独资企业；其次，按照贸易方式将总样本分为一般贸易企业和加工贸易企业两组样本。

表 7.6 为企业所有制和贸易方式异质性的回归结果。根据（1）列至（3）列的回归结果可以发现，无论是国有企业、私营企业还是外资企业，贸易便利化都能够延长其出口持续时间，但是作用大小表现为私营企业＞外资企业＞国有企业。存在这种差异的原因可能是以下两方面。首先，国有企业得到的政策和经济扶持最大，且获取银行贷款最为轻松，其资金往往最为充足，所受的融资约束也最小；私营企业在国内面临较为严格的贷款审查、抵押担保要求等，受到的融资约束最大；外资企业是地方政府招商引资优惠政策的受益者，加之其可以调用母公司及海外其他市场子公司的资金，因此与私营企业相比，其所受融资约束相对较小。所以总体来看，私营企业对贸易便利化改善带来的优惠政策最为敏感，外资企业次之，国有企业最弱。其次，国有企业在享受国家优惠政策的同时也肩负维持社会经济稳定的责任，因此其赢利能力受到了制约，而私营企业和外资企业的首要目标就是利润最大化，它们会充

分利用贸易便利化实现持续出口从而获利的目的，因此私营企业和外资企业的出口持续时间受贸易便利化的影响大于国有企业。综上，贸易便利化对企业出口持续时间的延长作用表现为：私营企业＞外资企业＞国有企业。

根据（4）列和（5）列可知，贸易便利化对一般贸易企业出口持续时间的延长作用大于加工贸易企业，这主要是因为：加工贸易企业主要依靠进口原材料、零部件等中间品进行低附加值的加工装配活动，然后将产成品出口到国外，其技术水平往往低于一般贸易企业，而企业技术水平越高越有利于提高自身在出口市场上的学习能力和竞争力（赵瑞丽等，2017），从而维持出口贸易稳定性。此外，企业技术水平越高还意味着其对进口中间品的转化能力越强，因此面对贸易便利化带来的进口机遇，一般贸易企业会尽可能地通过进口中间品实现出口产品质量升级的目标，提高出口产品竞争力（张先锋等，2019），最终维持出口贸易稳定性。因此，贸易便利化对一般贸易企业出口持续时间的延长作用大于加工贸易企业。

表 7.6 企业所有制和贸易方式异质性的回归结果

变量	（1）国有企业	（2）私营企业	（3）外资企业	（4）加工贸易企业	（5）一般贸易企业
$\ln tf_{dt}$	-0.420*** (-11.86)	-0.663*** (-58.67)	-0.544*** (-37.27)	-0.611*** (-42.89)	-0.648*** (-61.29)
$\ln size_{idkt}$	-0.133*** (-20.97)	-0.107*** (-40.29)	-0.073*** (-22.44)	-0.086*** (-27.90)	-0.107*** (-44.04)
$\ln tfp_{idkt}$	0.025*** (3.08)	0.014*** (4.15)	0.035*** (8.84)	0.021*** (5.39)	0.040*** (13.33)
$\ln age_{idkt}$	-0.563*** (-29.21)	-0.348*** (-54.43)	-0.625*** (-64.45)	-0.444*** (-57.41)	-0.411*** (-67.16)
$\ln profit_{idkt}$	-0.132*** (-2.90)	-0.093*** (-2.64)	-0.303*** (-5.67)	0.040 (1.17)	-0.013 (-0.49)
常数值	0.341*** (4.66)	-534.569*** (-125.42)	-610.336*** (-124.34)	-560.712*** (-108.30)	-642.915*** (-183.38)
企业固定效应	Yes	Yes	Yes	Yes	Yes

续表

变量	（1）国有企业	（2）私营企业	（3）外资企业	（4）加工贸易企业	（5）一般贸易企业
年度固定效应	Yes	Yes	Yes	Yes	Yes
似然比检验	2107.09***	22017.71***	19255.85***	16441.47***	28668.93***
L. likelihood	-39156.77	-194914.69	-185879.98	-159802.44	-276229.96
观测值	34634	192082	190842	157312	273804

注：同表7.5。

（二）企业所处地区异质性

按照企业所在的地区，我们将研究样本分为东部、中部和西部地区企业，以考察地区异质性对本章基准回归结果的影响。表7.7为具体的回归结果，从中可以发现，贸易便利化对东部地区企业出口持续时间的延长作用最大，其次是中部地区企业，最后是西部地区企业。存在这种差异的原因主要有两个：一是资金原因，二是地理原因。在资金方面，东部地区的市场化程度要比中西部地区更高，东部地区企业更容易实现较大的资金规模积累，在面临贸易便利化带来的贸易成本降低时，东部地区企业更有能力提高进口中间品质量、降低进口中间品价格、增加进口中间品种类和数量，因此贸易便利化对东部地区企业出口持续时间的延长作用大于中西部地区企业。西部地区经济较为落后，企业整体资金规模不大，其往往较为缺乏使用进口中间品的能力，虽然贸易便利化降低了进口成本，但还是不足以弥补其使用进口中间品的高昂成本，促使其仍选择利用国内中间品来替代进口中间品，因此贸易便利化对西部地区企业出口持续时间的影响最小。在地理方面，东部地区贸易便利化改革所需的配套设施更完善，因此东部地区推动贸易便利化的进程会快于中西部地区，即东部地区的贸易便利化水平会高于中西部地区；以此类推，中部地区的贸易便利化进程会高于西部地区，即中部地区的贸易便利化水平高于西部地区。因此，贸易便利化对东部地区企业出口持续时间的延长作用最大，其次是中部地区企业，最后是西部地区企业。

表 7.7 企业所处地区异质性的回归结果

变量	(1) 东部地区	(2) 中部地区	(3) 西部地区
$\ln tf_{dt}$	-0.615*** (-61.95)	-0.542*** (-32.50)	-0.149 (-1.42)
$\ln size_{idkt}$	-0.106*** (-52.22)	-0.047*** (-7.03)	-0.035*** (-2.88)
$\ln tfp_{idkt}$	0.030*** (11.71)	0.052*** (6.21)	0.144*** (6.67)
$\ln age_{idkt}$	-0.435*** (-85.06)	-0.422*** (-23.06)	-0.081*** (-3.15)
$\ln profit_{idkt}$	0.076*** (3.53)	-0.454*** (-5.71)	-2.260*** (-11.78)
常数值	-548.758*** (-176.26)	-485.540*** (-41.23)	-595.177*** (-20.80)
企业固定效应	Yes	Yes	Yes
年度固定效应	Yes	Yes	Yes
似然比检验	40285.01***	3532.63***	1236.81***
L. likelihood	-403429.04	-25708.20	-5485.76
观测值	400125	24780	4919

注：同表 7.5。

(三) 企业所处行业技术水平异质性

如前所述，企业所处行业技术水平的差异可能会对本章的基准回归结果产生影响，为了验证这一可能性，接下来进一步引入行业技术水平异质性进行研究。具体参考傅元海等 (2014) 的分类方式，将制造业行业分为高技术行业、中技术行业和低技术行业。表 7.8 为具体的回归结果。从中可知，无论企业所处行业技术水平是高是低，贸易便利化对企业出口持续时间都存在显著的延长作用，但是作用大小存在差异，具体表现为高技术行业企业 > 低技术行业企业 > 中技术行业企业，这可能主要是因为两个方面的原因。第一，对进口中间品的转化能力存在差异。行业技术水平越高，则该行业内的企业对进口中间品的转化能力越强，从而越能够发挥贸易便利化对企业出口持续时间的延长作用，因此贸易便利化对高技术行业企业出口持续时间的延长作用大于中低技术行业企业。第二，存在价格优势效应。低技术行业生产的往往是劳动密集型产品，而中国又是一个劳动力禀赋丰裕的国家，低技术行业中的企业更能够发挥中国劳动力的成本优势，从而降低出口产品价格，以获得企业出口产品的价格优势，而贸易便利化降低了企业贸易成本，这会进一步加强企业的出口产品价格优势，因此贸易便利化对低技术行业企业出口持续时间的延长作用大于中技术行业企业。综上，高技术行业企业对进口中间品的转化能力更强，而对于低技术行业企业而言，价格优势效应又会发挥主导作用，这在一定程度上能够弥补其对进口中间品转化能力的不足，所以贸易便利化对高技术行业企业出口持续时间的延长作用最大，其次是低技术行业企业，最后是中技术行业企业。

表7.8 企业所处行业技术水平异质性的回归结果

变量	（1）高技术行业	（2）中技术行业	（3）低技术行业
$\ln tf_{dt}$	-0.759*** (-46.55)	-0.464*** (-25.68)	-0.610*** (-51.05)
$\ln size_{idkt}$	-0.119*** (-35.07)	-0.063*** (-15.04)	-0.075*** (-26.31)
$\ln tfp_{idkt}$	0.059*** (12.97)	0.089*** (17.09)	0.013*** (3.53)
$\ln age_{idkt}$	-0.449*** (-51.89)	-0.419*** (-40.64)	-0.430*** (-61.79)
$\ln profit_{idkt}$	-0.114*** (-3.21)	-0.055 (-1.17)	0.129*** (4.03)
常数值	-620.020*** (-107.06)	-491.866*** (-79.47)	-520.930*** (-123.92)
企业固定效应	Yes	Yes	Yes
年度固定效应	Yes	Yes	Yes
似然比检验	16768.76***	8354.06***	20340.78***
L. likelihood	-123889.30	-93941.32	-217324.45
观测值	128227	90189	213090

注：同表7.5。

（四）企业出口产品异质性

在基准回归中我们已经发现，贸易便利化会延长企业出口持续时间，但是考虑到贸易便利化降低市场准入门槛之后，会使得大量企业涌入市场，激烈的竞争环境会使资源重新分配，企业的出口产品组合可能也会随之调整，即企业会扩大竞争力较强的核心产品的出口，而放弃部分竞争力较弱的非核心产品的出口，这种再分配效应可能会使贸易便利化对企业出口持续时间的延长作用存在差异性。我们用出口额来衡量产品是不是核心产品，用产品质量来衡量产品的市场竞争力。具体地，将当年出口额排在企业内部所有产品前50%的产品定义为核心产品，将余下的50%定义为非核心产品。需要特别说明的是，仅出口一种产品的企业，默认该产品为核心产品；将所有企业出口产品质量的前50%定义为高质量产品，反之则为低质量产品。

表7.9为企业出口产品异质性的回归结果。由（1）列和（2）列的回归结果可知，贸易便利化对企业核心产品和非核心产品的出口持续时间都存在显著的延长作用，但是这种延长作用的大小存在差异：对企业核心产品出口持续时间的延长作用大于非核心产品。这是因为贸易便利化降低了出口市场准入门槛，促使大量出口同类产品的企业进入海外市场，从而加剧了市场竞争，而企业非核心产品本身在市场中的竞争力就弱于核心产品，企业为了可以"集中力量办大事"，实现资源的优化配置，其出口产品组合会存在明显的"倾斜效应"（亢梅玲等，2017），即企业为进一步扩大市场份额会集中核心产品的出口，因此贸易便利化对企业核心产品出口持续时间的延长作用大于非核心产品。由（3）列和（4）列的回归结果可知，贸易便利化对企业高质量产品的出口持续时间和低质量产品的出口持续时间均存在显著的延长作用，但是对高质量产品的作用大于低质量产品。这是因为贸易便利化降低了企业出口成本，使得市场竞争力较弱的低质量产品能够继续出口，延长了企业低质量产品的出口持续时间，但贸易便利化也使得大量新企业和新产品进入出口市场，分享出口利润，这加剧

了出口市场的竞争,促使企业为了提高产品竞争力而集中高质量产品的出口(Staber,2010),因此贸易便利化对企业高质量产品出口持续时间的延长作用大于低质量产品。

表7.9 企业出口产品异质性的回归结果

变量	（1）核心产品	（2）非核心产品	（3）高质量产品	（4）低质量产品
$\ln tf_{dt}$	-0.817*** (-61.67)	-0.554*** (-50.39)	-0.643*** (-52.47)	-0.637*** (-54.19)
$\ln size_{idkt}$	-0.131*** (-41.08)	-0.102*** (-42.47)	-0.075*** (-28.20)	-0.121*** (-44.12)
$\ln tfp_{idkt}$	0.023*** (5.69)	0.011*** (3.65)	0.040*** (12.03)	0.030*** (8.78)
$\ln age_{idkt}$	-0.490*** (-65.14)	-0.389*** (-62.18)	-0.436*** (-63.73)	-0.410*** (-61.05)
$\ln profit_{idkt}$	0.025 (0.75)	-0.033 (-1.27)	-0.015 (-0.49)	0.024 (0.86)
常数值	-664.147*** (-133.34)	-484.068*** (-130.19)	-554.474*** (-129.75)	-529.814*** (-127.76)
企业固定效应	Yes	Yes	Yes	Yes
年度固定效应	Yes	Yes	Yes	Yes
似然比检验	25353.16***	22624.23***	22545.95***	22603.53***
L. likelihood	-181763.17	-240036.47	-214592.45	-221613.02
观测值	206779	224727	214792	216714

注：同表7.5。

三 基于进口中间品的影响渠道分析

基准回归和稳健性检验结果都表明贸易便利化延长了企业出口持续时间,但是贸易便利化是通过何种渠道影响企业出口持续时间的尚未可知,还需要做进一步分析。基于此,我们构建中介效应模型来揭示贸易便利化与企业出口持续时间之间的内在作用机制,进而验证我们在理论分析部分提出的研究假设8的合理性。

（一）基于进口中间品价格的机制检验

在理论分析中我们得出，贸易便利化会通过降低企业进口中间品价格延长企业出口持续时间。但是实际情形是否与理论预期一致尚未可知，因此我们在本部分补充机制检验。基于此，我们将进口中间品价格作为中介变量以检验前述机制的合理性，具体模型设定如下所示：

$$im\text{-}\ln p_{idkt} = \alpha_0 + \alpha_1 \ln tf_{dt} + \alpha_2 X + \mu_i + \mu_t + \varepsilon_{idkt} \tag{7.4}$$

$$\text{Cloglog}(1-h_{ikt}) = \beta_0 + \beta_1 \ln tf_{dt} + \beta_2 im\text{-}\ln p_{idkt} + \beta_3 X + \mu_i + \mu_t + \varepsilon_{idkt} \tag{7.5}$$

其中，$im\text{-}\ln p_{idkt}$ 是 t 年地区 d 的企业 i 进口中间品 k 的价格，其余变量在模型设定中已经交代，不再重复阐释。我们主要关注回归系数 α_1 和 β_2，表 7.10 中的（1）列和（2）列是具体检验结果。由（1）列回归结果可知，回归系数 α_1 为负，说明贸易便利化降低了企业进口中间品的价格；由（2）列回归结果可知，回归系数 β_2 为正，说明企业使用的进口中间品价格提高会增加企业出口风险，缩短其出口持续时间。综合（1）列和（2）列可知，贸易便利化会降低企业进口中间品价格，从而延长企业出口持续时间。

（二）基于进口中间品质量的机制检验

在理论分析中我们发现，贸易便利化会通过提高企业进口中间品质量来延长企业出口持续时间。基于此，我们将进口中间品质量作为中介变量检验前述机制的合理性，并由此构建如下中介效应模型：

$$im\text{-}\ln quality_{idkt} = \alpha_0 + \alpha_1 \ln tf_{dt} + \alpha_2 X + \mu_i + \mu_t + \varepsilon_{idkt} \tag{7.6}$$

$$\text{Cloglog}(1-h_{ikt}) = \beta_0 + \beta_1 \ln tf_{dt} + \beta_2 im\text{-}\ln quality_{idkt} + \beta_3 X + \mu_i + \mu_t + \varepsilon_{idkt} \tag{7.7}$$

其中，$im\text{-}quality_{idkt}$ 是进口中间品质量的衡量指标，其余变量在模型设定中已经做出交代，不再重复阐述。我们主要关注回归系数 α_1 和 β_2，表 7.10 中（3）列和（4）列是具体的检验结果。根据（3）列的回归结果可以发现，回归系数 α_1 为正，说明贸易便利化促进了企业进口中间品质量升级；根据（4）列的回归结果可知，回归系数 β_2 小于零，说明进口中间品质量越高，则企业出口风险越低，企业出口持续时间越长，也就是说，进口中间品质量升级促进了企业出口持续时间的延长。综合表 7.10 中（3）列和（4）列可以得出，贸易便利化提高了企业进口中间品质量，从而延长了其出口持续时间。

表 7.10　机制检验结果（一）

变量	（1） $im\text{-}\ln p_{idkt}$	（2） Cloglog $(1-h_{ikt})$	（3） $im\text{-}\ln quality_{idkt}$	（4） Cloglog $(1-h_{ikt})$
$\ln tf_{dt}$	-0.047*** (-3.12)	-0.637*** (-75.19)	0.032** (1.97)	-0.637*** (-75.05)
$im\text{-}\ln p_{idkt}$		0.0115*** (14.48)		
$im\text{-}\ln quality_{idkt}$				-0.048*** (-13.01)
$\ln size_{idkt}$	-0.013 (-1.18)	-0.101*** (-52.84)	0.011*** (4.48)	-0.098*** (-51.26)
$\ln tfp_{idkt}$	0.043*** (3.88)	0.031*** (13.05)	0.024*** (9.46)	0.035*** (14.75)
$\ln age_{idkt}$	0.019 (0.56)	-0.424*** (-88.44)	0.039*** (4.98)	-0.424*** (-88.29)
$\ln profit_{idkt}$	0.144*** (2.86)	-0.011 (-0.52)	0.102*** (8.79)	0.004 (0.20)
常数项	3.363*** (25.73)	-540.396*** (-181.54)	-1.393*** (-46.49)	-540.937*** (-181.72)
企业固定效应	Yes	Yes	Yes	Yes
年度固定效应	Yes	Yes	Yes	Yes
似然比检验		45245.33***		45141.38***
L. likelihood		-436334.00		-435906.33
R^2	0.399		0.287	
观测值	431506	431506	431104	431104

注：同表 7.5。

(三) 基于进口中间品数量的机制检验

在理论分析中我们提出,贸易便利化会通过增加进口中间品数量,对企业出口持续时间形成正负两方面的作用。基于此,我们将进口中间品数量作为中介变量以检验前述机制的合理性,并设定如下中介效应模型:

$$im\text{-}\ln quantity_{idkt} = \alpha_0 + \alpha_1 \ln tf_{dt} + \alpha_2 X + \mu_i + \mu_t + \varepsilon_{idkt} \quad (7.8)$$

$$\text{Cloglog}(1 - h_{ikt}) = \beta_0 + \beta_1 \ln tf_{dt} + \beta_{21} im\text{-}\ln quantity_{idkt} + \beta_3 X + \mu_i + \mu_t + \varepsilon_{idkt} \quad (7.9)$$

其中,$im\text{-}\ln quantity_{idkt}$ 是进口中间品数量的衡量指标,其余变量在模型设定中已经做出交代。其中,我们主要关注回归系数 α_1 和 β_2,表 7.11 中 (1) 列和 (2) 列是具体的检验结果。根据 (1) 列的回归结果可知,回归系数 α_1 大于零,说明贸易便利化增加了企业进口中间品数量;由 (2) 列的回归结果可知,回归系数 β_2 小于零,说明进口中间品数量增加对企业出口持续时间的正向作用大于负向作用,即进口中间品数量越多,则企业出口风险越低,出口持续时间越长。综合表 7.11 中 (1) 列和 (2) 列的回归结果可以得出,贸易便利化会通过增加企业进口中间品数量,对其出口持续时间产生延长作用。

(四) 基于进口中间品种类的机制检验

在理论分析中我们提出,贸易便利化会通过增加企业进口中间品种类延长企业出口持续时间。基于此,我们将进口中间品种类作为中介变量以检验前述机制的合理性,并设定如下中介效应模型:

$$im\text{-}\ln number_{idt} = \alpha_0 + \alpha_1 \ln tf_{dt} + \alpha_2 X + \mu_i + \mu_t + \varepsilon_{idkt} \quad (7.10)$$

$$\text{Cloglog}(1 - h_{ikt}) = \beta_0 + \beta_1 \ln tf_{dt} + \beta_2 im\text{-}\ln number_{idt} + \beta_3 X + \mu_i + \mu_t + \varepsilon_{idkt} \quad (7.11)$$

其中,$im\text{-}\ln number_{idt}$ 是进口中间品种类的衡量指标,其余变量在模型设定中已经做出交代。其中,我们主要关注回归系数 α_1 和 β_2,表 7.11 中 (3) 列和 (4) 列是具体的检验结果。根据 (3) 列的回归结果可知，回归系数 α_1 大于零，说明贸易便利化增加了企业进口中间品种类；根据（4）列的回归结果可知，回归系数 β_2 小于零，说明进口中间品种类增加对企业出口持续时间具有正向影响。综合（3）列和（4）列的结果可知，贸易便利化会通过增加企业进口中间品种类延长企业出口持续时间。综合表 7.10 和 7.11 的回归结果还可以证明本章提出的研究假设 8 是合理的，即贸易便利化会通过降低进口中间品价格、提高进口中间品质量、增加进口中间品数量和种类延长企业出口持续时间。

表 7.11　机制检验结果（二）

变量	（1） $im\text{-}\ln quantity_{idkt}$	（2） Cloglog $(1-h_{ikt})$	（3） $im\text{-}\ln number_{idt}$	（4） Cloglog $(1-h_{ikt})$
$\ln tf_{dt}$	0.011*** (12.35)	−0.638*** (−75.42)	0.653*** (40.03)	−0.620*** (−72.49)
$im\text{-}\ln quantity_{idkt}$		−0.016*** (−25.64)		
$im\text{-}\ln number_{idt}$				−0.031*** (−15.38)
$\ln size_{idkt}$	0.075*** (5.42)	−0.099*** (−51.80)	0.062*** (25.42)	−0.086*** (−41.27)
$\ln tfp_{idkt}$	0.082*** (6.06)	0.034*** (14.42)	0.082*** (33.03)	0.044*** (17.78)
$\ln age_{idkt}$	0.133*** (3.03)	−0.424*** (−88.48)	0.042*** (5.44)	−0.426*** (−88.90)
$\ln profit_{idkt}$	0.330*** (5.11)	−0.018 (−0.87)	0.128*** (11.26)	0.013 (0.60)
常数项	4.072*** (24.31)	−541.360*** (−181.98)	2.923*** (98.91)	−548.152*** (−182.60)
企业固定效应	Yes	Yes	Yes	Yes
年度固定效应	Yes	Yes	Yes	Yes
似然比检验		45701.75***		45272.86***
L. likelihood		−436105.79		−436320.24
R^2	0.428		0.866	
观测值	431506	431506	431506	431506

注：同表 7.5。

四 稳健性检验

（一）更换估计方法

在前文，我们假设 h_{ikt} 服从极值分布，因此离散时间生存模型为 Cloglog 生存模型，并借此实证检验了贸易便利化与企业出口持续时间的关系，发现贸易便利化延长了企业出口持续时间。为了保证回归结果的稳健性，我们选择更换估计方法再次进行回归分析，以考察基准回归结果的稳健性。具体地，一方面，假设风险率 h_{ikt} 还服从正态分布和 Logistic 分布，从而利用 Probit 模型和 Logit 模型进行稳健性检验；另一方面，参考冯等田等（2020）的方法，利用连续时间风险模型（Cox 模型）进行稳健性检验。表 7.12 为更换估计方法后的检验结果。其中，（1）列是基准回归结果，（2）列是连续时间风险模型的估计结果，（3）列和（4）列分别是 Probit 模型和 Logit 模型的估计结果。通过将（2）列至（4）列的回归结果与（1）列的回归结果相比我们发现，贸易便利化的回归系数大小和方向都没有大的变化，可以说明本章节的基准回归结果是稳健的。

表 7.12 更换估计方法后的检验结果

变量	（1）Cloglog 模型	（2）Cox 模型	（3）Probit 模型	（4）Logit 模型
$\ln tf_{dt}$	-0.636*** (-74.91)	-0.517*** (-78.39)	-0.200*** (-22.61)	-0.327*** (-22.38)
$\ln size_{idkt}$	-0.099*** (-51.88)	-0.085*** (-54.05)	-0.082*** (-48.74)	-0.135*** (-48.76)
$\ln tfp_{idkt}$	0.034*** (14.11)	0.016*** (8.41)	0.045*** (20.23)	0.073*** (20.02)
$\ln age_{idkt}$	-0.424*** (-88.40)	-0.235*** (-63.30)	-0.252*** (-52.76)	-0.409*** (-51.76)
$\ln profit_{idkt}$	0.006 (0.27)	0.019 (1.06)	-0.035** (-2.03)	-0.060** (-2.10)

续表

变量	(1) Cloglog 模型	(2) Cox 模型	(3) Probit 模型	(4) Logit 模型
常数值	-542.019*** (-182.21)		1.776*** (82.53)	2.904*** (81.44)
企业固定效应	Yes	Yes	Yes	Yes
年度固定效应	Yes	Yes	Yes	Yes
似然比检验	45036.66***	55201.30***	55298.31***	55297.61***
L. likelihood	-436438.34	-2374466.50	-245405.83	-245406.18
观测值	431506	431506	394673	394673

注：同表7.5。

(二) 变量替换

为了便于计算，在前文我们一直采用口岸效率、电子商务、交通基础设施和规制环境四个领域的算术平均数表示贸易便利化综合指标，但是这种计算方法只是人为地赋予其各自25%的权重，忽略了贸易便利化四个领域之间的差异，可能会影响本章的基准回归结果。基于此，我们接下来分别采用加权算法和主成分分析法下贸易便利化的综合指标来替换算术平均数下的贸易便利化综合指标。表7.13是变量替换后的检验结果。其中，(1) 列是基准回归结果，(2) 列和 (3) 列分别是加权贸易便利化和主成分贸易便利化的回归结果。通过将 (2) 列和 (3) 列与 (1) 列回归结果相比可以发现，贸易便利化的回归系数大小和方向均未发生较大变化，说明本章的基准回归结果是稳健的，即贸易便利化延长了企业出口持续时间。

表7.13 变量替换后的检验结果

变量	(1) 算术平均贸易便利化	(2) 加权贸易便利化	(3) 主成分贸易便利化
$\ln tf_{dt}$	-0.636*** (-74.91)	-0.558*** (-64.96)	-0.673*** (-77.44)

续表

变量	(1) 算术平均贸易便利化	(2) 加权贸易便利化	(3) 主成分贸易便利化
$\ln size_{idkt}$	-0.099 *** (-51.88)	-0.097 *** (-50.99)	-0.100 *** (-52.35)
$\ln tfp_{idkt}$	0.034 *** (14.11)	0.033 *** (13.59)	0.035 *** (14.62)
$\ln age_{idkt}$	-0.424 *** (-88.40)	-0.422 *** (-88.17)	-0.421 *** (-87.73)
$\ln profit_{idkt}$	0.006 (0.27)	-0.004 (-0.21)	0.007 (0.34)
常数值	-542.019 *** (-182.21)	-559.019 *** (-186.34)	-532.819 *** (-179.07)
企业固定效应	Yes	Yes	Yes
年度固定效应	Yes	Yes	Yes
似然比检验	45036.66 ***	43798.65 ***	45453.31 ***
L. likelihood	-436438.34	-437057.34	-436230.01
观测值	431506	431506	431506

注：同表7.5。

（三）内生性问题处理

生存分析中的内生性问题主要由三个方面原因引起：一是样本的自选择效应；二是自变量与因变量互为因果；三是遗漏变量。关于样本的自选择效应，本书研究样本是左删失的样本，仅考虑了2007年未出口，而2008年新出口的企业，但是可能会存在某些企业在2008年退出出口市场，又在之后的年份进入出口市场，因此样本可能存在自选择效应。关于自变量与因变量互为因果，比如，随着中国企业出口持续时间的延长，企业更可能会游说政府部门加强贸易便利化建设，从而通过提高地区贸易便利化水平降低自身出口所需的成本，以进一步扩大出口利润空间，由此产生了内生性问题。关于遗漏变量，模型中可能存在潜在的遗漏变量，对贸易便利化和企业出口持续时间均有影响。考虑到这些问题都可能对本章的基准回归结果产生影响，我们一方面采用滞后二期的贸易便利化指标和省级地区邮电局数目作为贸易便利化的工具变量,并借鉴包群等(2015)的两步估计法处理内生性问题;另一方面,参考王开和佟家栋(2019)的办法,即考虑2008年没有出口而2009年新出口的企业,并以此类推进行多次分析,以弱化样本自选择效应。

表 7.14 是内生性问题处理后的检验结果。由(1)列至(3)列的回归结果可知,在考虑了样本自选择效应之后,本章的基准回归结果依旧是稳健的;由(4)列和(5)列的回归结果可知,使用两阶段工具变量法对模型重新估计之后,贸易便利化的回归系数大小和方向均未发生太大变化,这也说明本章的基准回归结果是稳健的。综上表明,考虑内生性问题之后,贸易便利化依旧会降低企业出口风险,从而延长企业出口持续时间。

表 7.14　内生性问题处理后的检验结果

变量	(1) 2009年新企业	(2) 2010年新企业	(3) 2011年新企业	(4) 以贸易便利化滞后二期值为工具变量	(5) 以省级地区邮电局数目为工具变量
$\ln tf_{dt}$	-0.627*** (-73.62)	-0.616*** (-68.91)	-0.585*** (-61.80)	-0.254*** (-87.61)	-0.246*** (-95.09)
$\ln size_{idkt}$	-0.095*** (-50.19)	-0.092*** (-46.20)	-0.094*** (-43.80)	-0.095*** (-45.12)	-0.096*** (-49.40)
$\ln tfp_{idkt}$	0.035*** (14.49)	0.035*** (14.31)	0.023*** (8.83)	0.043*** (16.36)	0.035*** (14.40)
$\ln age_{idkt}$	-0.433*** (-90.50)	-0.457*** (-91.65)	-0.405*** (-73.39)	-0.425*** (-78.71)	-0.428*** (-87.23)
$\ln profit_{idkt}$	-0.017 (-0.82)	0.083*** (3.81)	0.285*** (12.42)	0.029 (1.25)	-0.006 (-0.27)
常数值	-480.090*** (-156.15)	-553.419*** (-141.53)	-689.817*** (-132.72)	-590.941*** (-178.50)	-508.767*** (-170.66)
企业固定效应	Yes	Yes	Yes	Yes	Yes
年度固定效应	Yes	Yes	Yes	Yes	Yes
似然比检验	36182.76***	33928.59***	30315.28***	39577.68***	46533.39***
L. likelihood	-432956.92	-382707.88	-334401.58	-370819.74	-425610.06
观测值	394673	347072	304189	370523	423614

注:同表 7.5。

第四节 进一步分析

一 技术匹配效应

企业与进口中间品的技术匹配度会直接影响贸易便利化对企业出口持续时间的作用。基于此，我们在本小节将技术匹配度引入模型，考察企业与进口中间品的不同技术匹配度对本章基准回归结果的影响。基于此，设定模型（7.12）检验贸易便利化对企业出口持续时间影响的技术匹配效应：

$$\text{Cloglog}(1 - h_{ikt}) = \beta_0 + \beta_1 \ln tf_{dt} + \beta_2 tech_1 + \beta_3 tech_2 + \beta_4 tech_3 + \beta_5 \ln tf_{dt} \times tech_1$$
$$+ \beta_6 \ln tf_{dt} \times tech_2 + \beta_7 \ln tf_{dt} \times tech_3 + \beta_8 \ln new_{idkt} + \varphi \ln X + \mu_i + \mu_t + \varepsilon_{idkt} \quad (7.12)$$

其中，$tech_1$、$tech_2$和$tech_3$分别是高技术进口中间品与企业技术水平、中技术进口中间品与企业技术水平以及低技术进口中间品与企业技术水平的交互项，衡量的是企业技术水平与进口中间品技术等级的匹配程度（即技术匹配度）。当回归系数大于零时，说明对应等级的进口中间品对高技术水平企业出口持续时间的延长作用更大；反之，则说明对应等级的进口中间品对低技术企业出口持续时间的延长作用更大。$\ln new_{idkt}$是企业技术水平（即新产品产值）；其余变量在模型设定部分已经做出交代，不再重复说明。需要特别说明的是，由于新产品产值的指标在 2010 年之后就不再披露，因此回归样本大面积减少。

具体回归结果如表 7.15 所示。从技术匹配度的回归系数可知，与高技术企业使用低技术进口中间品相比，高技术企业使用高技术进口中间品对其出口持续时间的延长作用更大；与低技术企业使用高技术进口中间品相比，低技术企业使用中低技术中间品对其出口持续时间的延长作用更大。这说明企业与进口中间品的技术匹配度越高，则对其出口持续时间的延长作用越大。根据贸易便利化与技术匹配度的交互项回归系数可以得出以下两个结论：一是与使用高技术进口中间品的低技术企业相比，贸易便利化对使用高技术进口中间品的高技术企业出口持续时间的延长作用更大；二是与使用中低技术进口中间品的高技术企业相比，贸易便利化对使用中低技术进口中间品的低技术企业出口持续时间的延长作用更大。这说明企业与进口中间品的技术匹配度越高，则贸易便利化对其出口持续时间的延长作用越大。

表 7.15 技术匹配效应的回归结果

变量	（1）	（2）	（3）	（4）
$\ln tf_{dt}$	-0.415*** (-19.31)	-0.458*** (-20.93)	-0.414*** (-19.24)	-0.456*** (-20.84)
$tech_1$	-0.026*** (-8.21)	-0.021*** (6.13)	-0.053*** (-4.81)	-0.056*** (-4.48)
$tech_2$	0.030*** (6.84)	0.026*** (5.36)	0.056*** (3.81)	0.067*** (3.96)
$tech_3$	0.028*** (10.34)	0.023*** (7.53)	0.046*** (4.82)	0.047*** (4.38)
$\ln tf_{dt} \times tech_1$			-0.034*** (-2.62)	-0.043*** (-2.90)
$\ln tf_{dt} \times tech_2$			0.031* (1.86)	0.049** (2.54)
$\ln tf_{dt} \times tech_3$			0.020** (1.95)	0.027** (2.36)
$\ln new_{idkt}$		-0.008*** (-6.42)		-0.008*** (-6.38)
$\ln size_{idkt}$		-0.096*** (-22.96)		-0.096*** (-23.01)
$\ln tfp_{idkt}$		0.062*** (10.85)		0.062*** (10.86)
$\ln age_{idkt}$		-0.544*** (-51.66)		-0.544*** (-51.70)
$\ln profit_{idkt}$		-0.319*** (-10.55)		-0.319*** (-10.54)
常数项	-594.740*** (-54.52)	-780.957*** (-67.66)	-595.527*** (-54.56)	-782.065*** (-67.71)
企业固定效应	Yes	Yes	Yes	Yes
年度固定效应	Yes	Yes	Yes	Yes

续表

变量	(1)	(2)	(3)	(4)
似然比检验	4526.42***	9401.88***	4539.23***	9420.18***
L. likelihood	-107332.39	-104486.25	-107325.99	-104477.10
观测值	111957	111609	111957	111609

注：同表 7.5。

二 滞后效应

贸易便利化对企业出口持续时间的影响是通过进口中间品实现的，而企业将进口中间品转化为自身所需的生产资料需要一定时间的消化吸收过程，这会造成贸易便利化对企业出口持续时间的影响存在滞后效应。本章与第五章和第六章设定方式的不同之处在于，由于生存分析模型的被解释变量是一个通过软件直接识别的二项选择变量，因此这里选择对自变量（即贸易便利化）取滞后值，以替代对因变量取前推值的做法。基于此，将贸易便利化的指标分别取滞后一期、滞后两期、滞后三期和滞后四期值，从而设定模型（7.13）探讨贸易便利化对企业出口持续时间的滞后效应：

$$\text{Cloglog}(1-h_{ikt}) = \beta_0 + \beta_1 \ln tf_{dt}L + \varphi \ln X + \mu_i + \mu_t + \varepsilon_{idkt} \quad (7.13)$$

其中，$\ln tf_{dt}L$ 是 t 年地区 d 的贸易便利化的滞后值，其余变量在模型设定中已经交代，不再重复阐释。具体回归结果如表 7.16 所示，从中可知，贸易便利化对企业出口持续时间的延长作用存在显著的滞后效应。具体地，贸易便利化滞后一期值、滞后两期值、滞后三期值和滞后四期值每提高 1%，会促使中国企业出口风险率分别降低 0.561 个、0.469 个、0.408 个和 0.382 个百分点。但是总体来看，贸易便利化对企业出口持续时间的延长作用表现出随着时间推移而逐渐降低的趋势（滞后一期＞滞后两期＞滞后三期＞滞后四期）。这是因为贸易便利化主要通过进口中间品延长企业出口持续时间，但在企业将进口中间品完全转化为生产资料之前，其需要对进口中间品展开吸收、学习、匹配等活动，这无疑会推迟企业全面利用进口中间品开展生产经营活动的时间，因此贸易便利化对企业出口持续时间的延长作用表现出明显的滞后效应。但是随着时间的推移，企业对进口中间品的转化、吸收等工作逐渐完成，贸易便利化对企业出口持续时间的滞后效应开始逐渐减弱。

表 7.16　贸易便利化对企业出口持续时间影响的滞后效应

变量	滞后一期 （1）	滞后两期 （2）	滞后三期 （3）	滞后四期 （4）
$\ln tf_{dt}$	-0.561*** (-50.91)	-0.469*** (-36.57)	-0.408*** (-28.46)	-0.382*** (-24.37)
$\ln size_{idkt}$	-0.059*** (-25.15)	-0.048*** (-18.12)	-0.046*** (-16.03)	-0.048*** (-15.48)
$\ln tfp_{idkt}$	0.048*** (16.45)	0.051*** (15.48)	0.048*** (13.32)	0.046*** (11.76)
$\ln age_{idkt}$	-0.499*** (-80.97)	-0.053*** (-73.54)	-0.536*** (-67.04)	-0.537*** (-61.39)
$\ln profit_{idkt}$	0.054** (1.99)	0.119*** (3.80)	0.172*** (4.93)	0.211*** (5.60)
常数项	-685.337*** (-163.76)	-713.237*** (-141.13)	-754.484*** (-129.84)	-793.830*** (-121.82)
企业固定效应	Yes	Yes	Yes	Yes
年度固定效应	Yes	Yes	Yes	Yes
似然比检验	34237.45***	25520.31***	21524.88***	18922.93***
L.likelihood	-291448.55	-230660.87	-191735.33	-163579.83
观测值	306813	243641	203886	175325

注：同表 7.5。

第五节　本章小结

本章侧重从进口中间品的视角考察贸易便利化对企业出口持续时间的影响。第一步，对企业出口持续时间的特征性事实进行统计分析，并理论分析贸易便利化对企业出口持续时间的作用机制。第二步，基于理论分析构建相应的基准回归模型，并交代研究所涉及的变量如何测度，在此基础上对本章涉及的各个变量进行描述性统计，分析各个变量的大概数据结构，利用生存函数和风险函数估计贸易便利化与企业出口持续时间的关系，还对资料来源和数据处理过程进行了详细说明。第三步，运用2007~2013年中国工业企业数据库与中国海关进出口贸易数据库对模型（7.3）进行实证分析，以检验贸易便利化对企业出口持续时间的影响。第四步，分析企业所有制和贸易方式异质性、企业所处地区异质性、企业所处行业技术水平异质性和企业出口产品异质性下贸易便利化对企业出口持续时间的影响，发现贸易便利化对企业出口持续时间的延长作用因上述特征的不同而存在差异。第五步，利用双边缩尾、双边截尾、变量替换法以及工具变量对本章的基准回归结果进行一系列稳健性检验，检验结果均为通过。第六步，利用中介效应模型检验理论分析是否合理。第七步，进一步分析贸易便利化对企业出口持续时间影响的技术匹配效应和滞后效应。本章的具体内容和研究结论如下所示。

第一，贸易便利化对企业出口持续时间总体上具有显著的延长作用，且该延长作用因企业所有制和贸易方式异质性、企业所处地区异质性、企业所处行业技术水平异质性和企业出口产品异质性而存在差异。就企业所有制异质性而言，无论是国有企业、私营企业还是外资企业，贸易便利化都能够延长其出口持续时间，但是作用力大小表现为私营企业＞外资企业＞国有企业。就企业贸易方式异质性而言，贸易便利化对一般贸易企业出口持续时间的延长作用大于加工贸易企业。就企业所处地区异质性而言，贸易便利化对企业出口持续时间的延长作用从大到小表现为：东部地区＞中部地区＞西部地区。就企业所处行业技术水平的异质性而言，无论行业技术水平高低，贸易便利化对企业出口持续时间都存在显著的延长作用，但是作用大小存在差异性：高技术行业＞低技术行业＞中技术行业。就企业出口产品异质性而言，贸易便利化对企业核心产品和非核心产品的出口持续时间都存在显著的延长作用，但是这种延长作用的大小存在差异：对企业核心产品出口持续时间的延长作用大于非核心产品。同时，贸易便利化对企业高质量产品的出口持续时间和低质量产品的出口持续时间均存在显著的延长作用，但是对高质量产品的作用大于低质量产品。

第二，通过三类稳健性检验发现本章的回归结果依旧是稳健的，第一类是利用连续时间风险模型（Cox 模型）、Probit 模型和 Logit 模型替换离散时间生存模型；第二类是分别采用加权算法和主成分分析法下贸易便利化的综合指标替换算术平均数下的贸易便利化综合指标；第三类是将贸易便利化的滞后二期值和省级地区邮电局数目作为工具变量，基于两步法进行内生性问题处理。

第三，通过对影响途径的中介效应检验发现，贸易便利化对企业出口持续时间的延长作用主要通过影响企业进口中间品价格、种类、数量与质量来实现。进一步分析表明，贸易便利化对企业出口持续时间的延长作用随着技术匹配度的提高而增大，且随着时间的推移而降低。

第八章 结论与政策建议

本书综合现有与主题相关的国内外文献最新研究成果，运用国际贸易学、区域经济学、微观经济学、产业经济学和计量经济学等相关学科的理论知识和研究方法，以中国制造业企业为主要研究对象，结合相关非平衡面板数据的计量分析方法，从 Melitz（2003）企业异质性贸易理论出发，深入研究提高中国企业出口绩效的影响因素，基于进口中间品视角，着重分析在"后关税时代"和中国国际贸易模式从"出口导向型"转向"优进优出型"的现实背景下，贸易便利化对中国企业出口绩效的影响，最终得出以下几个方面的结论，并在此基础上提出三个层面的政策建议。

第一节 结论与政策建议

一 主要结论

本书定量测算了中国省级地区贸易便利化的发展现状、进口中间品的四重维度、企业出口产品质量、企业出口二元边际和企业出口持续时间，在新新贸易理论的框架下，分析了贸易便利化对企业进口中间品四重维度的影响，并在此基础上从进口中间品视角分析贸易便利化对企业三个重要方面——企业出口产品质量、企业出口二元边际和企业出口持续时间的影响。随后，结合中国工业企业数据库与中国海关进出口贸易数据库的匹配数据，利用计量模型对理论分析中提出的研究假设 1 到假设 8 进行实证检验。本书主要研究结论有如下几点。

第一,贸易便利化对企业进口中间品种类、数量和质量均存在显著稳健的正向作用,但是对企业进口中间品价格存在负向作用,这也验证了我们提出的研究假设 1 是合理的。该结果通过了一系列稳健性检验,具体包含以下三方面。第一,异常值处理。对进口中间品价格、种类、数量和质量分别进行双边缩尾处理和双边截尾处理。第二,变量替换处理。一方面,借鉴 Wilson 等(2003)、方晓丽和朱明侠(2013)提出的权重度量本书研究所需的贸易便利化综合指标;另一方面,利用主成分分析法重新测算贸易便利化的指标,用它们替换算术平均数的贸易便利化指标。第三,内生性问题处理。利用滞后二期的贸易便利化指标和省级地区邮电局数目做工具变量,基于两阶段最小二乘法进行内生性问题处理。

异质性分析表明,贸易便利化对进口中间品的影响因企业贸易方式、企业所处地区、进口来源国、企业出口强度的不同而不同。就贸易方式而言,贸易便利化对一般贸易企业进口中间品价格的抑制作用大于加工贸易企业;对加工贸易企业进口中间品数量和质量的提升作用大于一般贸易企业;对企业进口中间品种类的影响并未随着贸易方式的不同而表现出异质性。就进口来源国异质性而言,贸易便利化对来自非发达经济体的进口中间品价格的抑制作用大于对来自发达经济体的中间品价格的抑制作用;对来自发达经济体的中间品种类、数量和质量的促进作用大于对来自非发达经济体的中间品的促进作用。就地区异质性而言,贸易便利化对东、中、西部地区企业进口中间品价格均存在显著的抑制作用,但是作用强度存在明显的地区差异性,对中部和西部地区企业的抑制作用大于东部地区企业,特别是对西部地区企业的抑制作用最大。同时,贸易便利化对各地区企业进口中间品种类和质量均存在显著的促进作用,且对东部和中部地区企业的促进作用大于西部地区企业。另外,贸易便利化对中部地区企业进口中间品数量的促进作用大于东部和西部地区企业。就企业出口强度异质性而言,贸易便利化对高出口强度企业进口中间品价格的抑制作用大于低出口强度企业,同时,对高出口强度企业进口中间品种类、数量和质量的促进作用也均大于低出口强度企业。

本书按照地区贸易便利化水平的高低将各地区分为贸易便利化地区和贸易不便利地区。在此基础上，分别对贸易便利化改善时中国企业在中间品进口市场的生存函数和风险函数进行总体估计，结果发现：①与贸易不便利地区的企业相比，贸易便利化地区的企业的中间品进口持续时间更长；②贸易便利化地区的企业在中间品进口市场的退出风险低于贸易不便利地区的企业。进一步，我们利用生存分析模型实证检验贸易便利化对中国企业中间品进口持续时间的影响，研究发现贸易便利化降低了企业中间品进口风险概率，从而延长了企业的中间品进口持续时间。

第二，贸易便利化对企业出口产品质量总体上具有提升作用，这也证明了研究假设4是合理的。该结果也通过了一系列稳健性检验，具体包含以下三方面。第一，异常值处理。对出口产品质量分别进行双边缩尾和双边截尾处理。第二，变量替换处理。分别用出口产品价格的指标来替换出口产品质量的指标，用主成分贸易便利化指标来替换算术平均数贸易便利化指标。第三，内生性问题处理。利用贸易便利化的滞后二期值和省级地区邮电局数目做工具变量，基于两阶段最小二乘法进行内生性问题处理。

基于进口中间品的机制检验表明，贸易便利化对企业出口产品质量的提升作用主要通过影响企业进口中间品价格、种类、数量与质量来实现。具体地，贸易便利化会提高企业进口中间品质量和降低进口中间品价格，从而对其出口产品质量产生促进作用，这证明了研究假设2是合理的；贸易便利化还会通过增加企业进口中间品种类和数量，从而对其出口产品质量产生抑制作用，这也证明了研究假设3是合理的。进一步分析表明，贸易便利化对企业出口产品质量的提升作用随着技术匹配度的提高而增大，且随着时间的推移表现出先增后减的变化趋势。

异质性分析表明，贸易便利化对企业出口产品质量的影响随着企业所有制、企业贸易方式、企业所处地区、企业所处行业技术水平和企业出口状态的不同而存在差异。就企业所有制异质性而言，贸易便利化对国有企业出口产品质量的提升作用大于私营企业，而对外资企业出口产品质量的影响不显著。就贸易方式异质性而言，贸易便利化对一般贸易企业出口产品质量的提升作用大于加工贸易企业。就企业所处地区异质性而言，贸易便利化对东中部地区企业的出口产品质量均存在显著提升作用，而对西部地区企业出口产品质量的影响不明显。就企业所处行业技术水平的异质性而言，贸易便利化对企业出口产品质量的提升作用随着行业技术水平的提高而增强。就企业与产品出口状态的异质性而言，贸易便利化对退出企业出口产品质量的提升作用大于新进入企业，因此，长期来看，贸易便利化会减缓企业退出出口市场的速度。同时，贸易便利化对退出产品出口质量的提升作用大于新进入产品，并且对持续企业的出口产品质量和持续产品的出口质量也都存在提升作用。

第三，贸易便利化对企业出口二元边际总体上具有提升作用，这也证明了研究假设7是合理的。该结果通过了一系列稳健性检验，具体包含以下三方面。第一，异常值处理。对企业出口二元边际分别进行双边缩尾和双边截尾处理。第二，变量替代。分别用企业出口市场范围和出口产品价格的指标来替换企业出口二元边际的指标，采用主成分贸易便利化指标来替换算术平均数贸易便利化指标。第三，内生性问题处理。将贸易便利化的滞后二期值和省级地区邮电局数目作为工具变量，基于两阶段最小二乘法进行内生性问题处理。

基于进口中间品的机制检验表明，贸易便利化对企业出口二元边际的促进作用主要通过影响企业进口中间品价格、种类、数量与质量来实现。具体地，贸易便利化会通过降低企业进口中间品价格，增加企业出口二元边际；会通过提高企业进口中间品质量，增加其出口集约边际以及抑制其出口扩展边际；会通过增加企业进口中间品数量，增加其出口集约边际以及抑制其出口扩展边际；会通过增加企业进口中间品种类，增加其出口二元边际。该机制检验结果也证明了研究假设5和研究假设6是合理的。进一步分析表明，贸易便利化对企业出口二元边际的促进作用随着技术匹配度的提高而增大，且随着时间的推移表现出增长趋势。

异质性分析表明，贸易便利化对企业出口二元边际的影响随着企业所有制、企业所处地区、企业所处行业通关时间敏感度和企业出口目的国的不同而存在差异。就企业所有制异质性而言，贸易便利化对私营企业出口扩展边际的促进作用大于外资企业和国有企业；对国有企业出口集约边际的促进作用大于私营企业，而对外资企业出口集约边际具有负向影响。就企业所处地区异质性而言，贸易便利化对东中部地区企业的出口二元边际存在显著的促进作用，而对西部地区企业的出口二元边际具有负向影响。就企业所处行业通关时间敏感度的异质性而言，无论是高时间敏感度行业还是低时间敏感度行业，贸易便利化对企业出口二元边际都存在显著促进作用，但是对高时间敏感度行业企业出口二元边际的促进作用大于低时间敏感度行业企业。就企业出口目的国异质性而言，企业无论选择发达经济体为出口目的国还是选择非发达经济体为出口目的国，贸易便利化对其出口二元边际均存在显著的促进作用。其中，对出口发达经济体企业的出口二元边际的促进作用大于出口非发达经济体的企业。

第四，贸易便利化对企业出口持续时间总体上具有延长作用。该结果通过了一系列稳健性检验，具体包含以下三方面。第一，回归方法替换。利用连续时间风险模型（Cox 模型）、Probit 模型和 Logit 模型替换离散时间生存模型。第二，变量替换。分别采用加权算法和主成分分析法下贸易便利化的指标替换算术平均数下贸易便利化的指标。第三，内生性问题处理。将贸易便利化的滞后二期值和省级地区邮电局数目作为工具变量，基于两步法进行内生性问题处理。

基于进口中间品的机制检验表明，贸易便利化对企业出口持续时间的延长作用主要通过影响企业进口中间品价格、种类、数量与质量来实现。具体地，贸易便利化会通过降低进口中间品价格、增加进口中间品种类、数量和提高进口中间品质量延长企业出口持续时间。该机制检验也证明了本书提出的研究假设 8 是合理的。进一步分析表明，贸易便利化对企业出口持续时间的延长作用随着技术匹配度的提高而增大，且随着时间的推移而逐渐降低。

异质性分析表明，贸易便利化对企业出口持续时间的影响会随着企业所有制、企业贸易方式、企业所处地区、企业所处行业技术水平和企业出口产品的异质性而存在差异。就企业所有制异质性而言，无论是国有企业、私营企业还是外资企业，贸易便利化都能够延长其出口持续时间，但是作用力大小表现为私营企业＞外资企业＞国有企业。就企业贸易方式异质性而言，贸易便利化对一般贸易企业出口持续时间的延长作用大于加工贸易企业。就企业所处地区异质性而言，贸易便利化对企业出口持续时间的延长作用从大到小表现为：东部地区＞中部地区＞西部地区。就企业所处行业技术水平的异质性而言，无论行业技术水平高低，贸易便利化对企业出口持续时间都存在显著的延长作用，但是作用大小存在差异：高技术行业＞低技术行业＞中技术行业。就企业出口产品异质性而言，贸易便利化对企业核心产品和非核心产品的出口持续时间都存在显著的延长作用，但是对企业核心产品的延长作用大于非核心产品。同时，贸易便利化对企业高质量产品的出口持续时间和低质量产品的出口持续时间均存在显著的延长作用，但是对高质量产品的作用大于低质量产品。

二　政策建议

中国的贸易便利化建设正处于快速发展阶段，贸易便利化整体水平有了极大的提高，但是与世界其他贸易便利化程度较高的国家或地区相比，中国贸易便利化发展水平仍然较低（王立强和张凤，2015），并且中国贸易便利化发展还存在严重的东、中、西部发展不平衡的问题。另外，根据本书的研究结论，随着企业使用进口中间品价格、种类、数量和质量的不同，贸易便利化对其出口绩效的影响也不尽相同。因此，我们认为，相应的政策调整不仅需要考虑贸易便利化层面，还要考虑贸易便利化与中国扩大进口战略的同步性与组合性。

第一，分地区、分领域地推动贸易便利化改革进程，从而有针对性地开展贸易便利化建设。国家需要继续推进贸易便利化改革进程，尤其是要提高中西部地区贸易便利化水平，缩小与东部地区的差距，这是

"后关税时代"促进企业出口产品质量升级、增加企业出口二元边际和延长企业出口持续时间的关键。结合本书的研究结论，我们认为，贸易便利化的推进应该注重"软""硬"设施的同步建设。首先，完善对外贸易相关法律法规，积极参加国际双边或多边贸易对话，以降低外部不确定事件发生的可能性，同时提高法律法规执行的透明度，为企业开展国际贸易营造一个稳定有序的环境。其次，简化海关程序，提高口岸效率，采用"单一窗口模式"，让该窗口统一管理进出口业务的办理，保证信息处理的时效性和准确性。此外，还可以将区域的"单一窗口模式"向全国的"单一窗口模式"推进，实现全国大通关。再次，提高基础设施建设水平，缩小区域间差距。东部地区在扩大交通运输存量的基础上，应该注重交通基础设施建设"质"的提升，加快交通区域一体化进程，而中西部地区目前交通运输量还比较小，应侧重交通基础设施"量"的提高。最后，推广电子商务普及范围，维护互联网安全。一方面，鼓励海关实施电子商检、电子通关等电子商务相关措施，加快信用支付和现代物流建设，完善电子商务结算清算系统；另一方面，加强互联网监管，参与互联网治理的国际合作，打击互联网国内或国际犯罪，促使电子商务安全健康发展。

第二，加强贸易便利化建设与进口政策制定对企业出口绩效提高的协同促进作用。在现阶段，质量和效益的提升成为中国经济向高质量发展迈进的重要着力点，企业使用进口中间品是实现出口二元边际增长、产品质量升级和出口持续时间延长的重要途径，本书研究表明，通过推动贸易便利化改革增加进口中间品种类和数量、提高进口中间品质量以及降低进口中间品价格是行之有效的方法。因此，在经济新常态下，积极提高贸易便利化水平是实现企业出口绩效提高的重要手段。这表明政府应该鼓励企业积极利用贸易便利化改革的"东风"开展进口贸易，支持其对先进技术设备和关键零部件的进口，从而通过影响企业进口中间品的四重维度来促进其出口产品质量升级以及增加其出口二元边际，进而吸引更多出口目的国的更多消费者，延长企业出口持续时间，最终把中国建设成为新型贸易强国。同时，还要通过丰富企业的进口贸易经验，推动中国企业实现引进吸收再创新，提高出口产品竞争力。政府可以通过实行税收减免、优化进口通关流程、清理不合理的管理制度和收费标准等激励企业积极开展进口贸易，帮助中国进口企业快速成长起来。针对有卖方垄断性质的高技术产品或资源禀赋，政府应该举行国家层面的谈判磋商以帮助企业提升进口定价权，从而优化企业进口技术结构，使企业在引进吸收的基础上实现再创新，而不是简单地依赖进口中间品开展加工装配等劳动密集型生产活动。此外，政府还应该为进口企业拓展更多的进口市场，实现进口市场多元化，这在一定程度上可以减少某些国家对中国的技术封锁，缓解国家间的贸易摩擦。在当前贸易摩擦频发的时期，政府不应该过度追求贸易顺差，应该鼓励企业开展进口贸易，以促进中国对外贸易平衡发展，降低贸易摩擦的发生概率，为中国企业营造一个和谐的出口环境。但需要特别注意的是，企业的进口贸易应该以进口国外优质产品为主，这就要求企业实行创新发展战略，而政府也应该为企业的技术创新活动提供政策上的保障（如：加大专利保护力度、降低专利交易成本、提高创新成果的市场转化效率等），促使企业提高自身技术水平、资本丰裕度、劳动力熟练度等，进而使其能够吸收更多种类、更高质量、更多数量的进口中间品，最终通过引进吸收再创新提高其出口绩效。

第二节 研究不足

本书在新新贸易理论的框架下，在中国国际贸易模式从"出口导向型"转向"优进优出型"的现实背景下，从进口中间品视角关注贸易便利化对中国企业出口绩效的影响，为"后关税时代"中国企业的出口贸易发展提供了新的政策启示。然而，企业的发展还有许多问题值得我们关注，如消费者偏好、对外直接投资、价值链等，囿于数据和精力，本书尚未予以关注。具体来看，本书研究主要存在以下几点不足。

第一，理论分析有待进一步拓展。本书仅从进口中间品视角分析了贸易便利化对企业出口绩效的影响，但是从直观上看，贸易便利化还会通过别的途径影响企业出口绩效，这有待在以后的研究中进一步识别。比如，贸易便利化会通过出口最终产品实现"出口干中学"，从而影响企业出口绩效；又如，贸易便利化会通过直接影响企业生产率、研发创新等来影响企业出口绩效。这些都是值得深入探讨的。

第二，囿于数据，本书采用的中国微观企业数据是 2014 年之前的，可能对当前贸易便利化改革和中国企业出口贸易发展的新阶段、新现象反映不足，有待在未来对数据进行更新。

第三，本书选取了企业出口产品质量、企业出口二元边际和企业出口持续时间来反映企业出口绩效，限于整体篇幅，未曾逐一检验企业出口交货值、企业出口国内增加值率、企业加成率等其他反映企业出口绩效的影响因素，有待后续研究进一步完善。

第四，囿于数据，本书对贸易便利化的研究是在省级地区层面进行的，而在省级层面开展研究会在一定程度上使本书研究过于宏观，所得到的研究结果的精确性低于微观层面的研究，如果未来能够获得更为微观（如地级市层面、行业层面或企业层面）的贸易便利化相关数据，那么可从微观层面进行更为精细的研究。

参考文献

[1] 白东北等，2019，《产业集聚与中国企业出口行为：基于企业劳动力成本的研究》，《世界经济研究》第11期。

[2] 包群等，2015，《外资竞争、产业关联与中国本土企业的市场存活》，《经济研究》第7期。

[3] CEES研究团队，2017，《中国制造业企业如何应对劳动力成本上升？——中国企业—劳动力匹配调查（CEES）报告（2015~2016)》，《宏观质量研究》第2期。

[4] 曹亮等，2020，《地理条件、集聚效应与中国制造业企业出口》，《宏观经济研究》第4期。

[5] 曹亮等，2012，《中间品进口能提高企业全要素生产率吗——基于倾向评分匹配的经验分析》，《宏观经济研究》第8期。

[6] 陈梅、周申，2017，《进口中间产品质量与企业生产率——基于广义倾向得分匹配的经验分析》，《经济经纬》第4期。

[7] 陈少铭、邱婉馨，2017，《基础设施对"一带一路"沿线国家出口高技术产品质量的影响》，《当代经济》第17期。

[8] 陈雯、孙照吉，2016，《劳动力成本与企业出口二元边际》，《数量经济技术经济研究》第9期。

[9] 陈勇兵等，2013，《中国进口持续时间及其决定因素》，《统计研究》第2期。

[10] 陈勇兵等，2012，《中国企业出口持续时间及其决定因素》，《经济研究》第7期。

[11] 陈勇兵、李燕，2012，《贸易关系持续时间的研究进展》，《国际

贸易问题》第 10 期。

[12] 程惠芳、詹淼华，2018，《基于中国多产品企业的中间品贸易自由化与出口多样化研究》，《社会科学战线》第 3 期。

[13] 程凯、杨逢珉，2019a，《FDI、OFDI 对出口产品质量的影响研究》，《经济经纬》第 3 期。

[14] 程凯、杨逢珉，2019b，《人民币汇率、产品质量与中国企业进口行为》，《金融经济学研究》第 5 期。

[15] 程凯、杨逢珉等，2020，《进口中间品质量升级与制造业全球价值链攀升》，《广东财经大学学报》第 5 期。

[16] 程锐、马莉莉，2019，《人力资本结构高级化与出口产品质量升级——基于跨国面板数据的实证分析》，《国际经贸探索》第 4 期。

[17] 楚明钦、陈启斐等，2013，《中间品进口、技术进步与出口升级》，《国际贸易问题》第 6 期。

[18] 崔鑫生，2017，《中国省域贸易便利化现状分析》，《国际贸易》第 4 期。

[19] 戴枫等，2020，《制造业进口与经济增长：基于国际空间关联的视角》，《郑州大学学报》（哲学社会科学版）第 4 期。

[20] 戴觅、余淼杰，2014，《中国出口企业生产率之谜：加工贸易的作用》，《经济学》（季刊）第 2 期。

[21] 戴翔、张二震，2010，《中间产品进口、出口多样化与贸易顺差——理论模型及对中国的经验分析》，《国际经贸探索》第 7 期。

[22] 单君兰、周苹，2012，《基于 APEC 的贸易便利化测评及对我国出口影响的实证分析》，《国际商务研究》第 1 期。

[23] 邓国营等，2018，《中间品进口、制度环境与出口产品质量升级》，《南方经济》第 8 期。

[24] 邓兴华、林洲钰，2016，《专利国际化推动了贸易增长吗——基于贸易二元边际的实证研究》，《国际经贸探索》第 12 期。

[25] 杜威剑、李梦洁，2015，《对外直接投资会提高企业出口产品质量吗——基于倾向得分匹配的变权估计》，《国际贸易问题》第8期。

[26] 杜运苏等，2017，《开拓"一带一路"沿线国家市场：基于贸易关系视角》，《国际经贸探索》第8期。

[27] 杜运苏、曾金莲，2016，《金融发展影响中国出口增长二元边际的实证分析——基于面板分位数模型》，《经济问题探索》第6期。

[28] 樊海潮等，2020，《进口产品种类、质量与企业出口产品价格》，《世界经济》第5期。

[29] 范剑勇、冯猛，2013，《中国制造业出口企业生产率悖论之谜：基于出口密度差别上的检验》，《管理世界》第2期。

[30] 范兆斌、张若晗，2016，《国际移民网络与贸易二元边际：来自中国的证据》，《国际商务》（对外经济贸易大学学报）第5期。

[31] 方晓丽、朱明侠，2013，《中国及东盟各国贸易便利化程度测算及对出口影响的实证研究》，《国际贸易问题》第9期。

[32] 冯等田等，2020，《异质性产品有效汇率与出口贸易关系稳定性——基于生存分析方法的研究》，《世界经济与政治论坛》第2期。

[33] 冯等田等，2017，《中国出口贸易关系生存分析：1992~2015》，《青海社会科学》第3期。

[34] 傅元海等，2014，《制造业结构优化的技术进步路径选择——基于动态面板的经验分析》，《中国工业经济》第9期。

[35] 高静等，2019，《关税、中间品进口与企业出口质量提升——基于质量阶梯理论的微观检验》，《国际商务》（对外经济贸易大学学报）第6期。

[36] 耿伟、廖显春，2016，《要素价格负向扭曲与中国企业进口中间品多样化》，《国际贸易问题》第4期。

[37] 耿晔强、史瑞祯，2018，《进口中间品质量与企业出口绩效》，

《经济评论》第 5 期。

[38] 耿晔强、郑超群，2018，《中间品贸易自由化、进口多样性与企业创新》，《产业经济研究》第 2 期。

[39] 何树全、张秀霞，2011，《中国对美国农产品出口持续时间研究》，《统计研究》第 2 期。

[40] 胡贝贝、靳玉英，2020，《限制性贸易壁垒对企业出口产品范围的影响效应研究》，《财贸经济》第 9 期。

[41] 胡春田等，2013，《进口中间品与一篮子货币最优权重》，《世界经济》第 2 期。

[42] 黄先海、卿陶，2020，《出口贸易成本与企业创新：理论机理与实证检验》，《世界经济研究》第 5 期。

[43] 黄远浙等，2017，《外资对中国企业出口影响的二元边际经验分析》，《国际贸易问题》第 5 期。

[44] 纪月清等，2018，《进口中间品、技术溢出与企业出口产品创新》，《产业经济研究》第 5 期。

[45] 姜青克等，2018，《进口中间品技术溢出与全要素生产率》，《产业经济研究》第 4 期。

[46] 蒋灵多、陈勇兵，2015，《出口企业的产品异质性与出口持续时间》，《世界经济》第 7 期。

[47] 蒋为、蒋柳，2015，《法制环境、契约执行与中国企业出口行为》，《当代财经》第 1 期。

[48] 康志勇，2015，《中间品进口与中国企业出口行为研究："扩展边际"抑或"集约边际"》，《国际贸易问题》第 9 期。

[49] 亢梅玲等，2017，《贸易自由化、产品组合与中国多产品出口企业》，《国际贸易问题》第 2 期。

[50] 蓝海林等，2018，《海外市场多元化对出口绩效的影响机制研究》，《管理科学学报》第 7 期。

[51] 雷日辉，2013，《金融发展与出口绩效》，博士学位论文，湖南大学。

[52] 黎谥，2016，《异质性视角下制造业出口持续时间分析研究》，博士学位论文，湖南大学。

[53] 李斌等，2014，《贸易便利化的测评及其对我国服务贸易出口的影响——基于跨国面板数据的实证研究》，《国际商务》（对外经济贸易大学学报）第1期。

[54] 李波，2016，《贸易便利化、产业集聚与企业绩效》，博士学位论文，云南大学。

[55] 李波、杨先明，2018，《贸易便利化与企业生产率：基于产业集聚的视角》，《世界经济》第3期。

[56] 李诚，2008，《老字号企业生存状态差异化的关键因素分析》，《华中科技大学学报》（社会科学版）第4期。

[57] 李春顶、唐丁祥，2010，《出口与企业生产率：新—新贸易理论下的我国数据检验（1997—2006年）》，《国际贸易问题》第9期。

[58] 李方静，2016，《中间产品进口与企业出口质量》，《世界经济研究》第10期。

[59] 李健等，2017，《产业集聚结构对企业出口参与的影响》，《云南社会科学》第2期。

[60] 李坤望、王有鑫，2013，《FDI促进了中国出口产品质量升级吗？——基于动态面板系统GMM方法的研究》，《世界经济研究》第5期。

[61] 李梦洁、杜威剑，2018，《环境规制与企业出口产品质量：基于制度环境与出口持续期的分析》，《研究与发展管理》第3期。

[62] 李平、郭娟娟，2017，《全球价值链背景下中间品进口对企业全要素生产率的影响》，《上海财经大学学报》第3期。

[63] 李胜旗、毛其淋，2017，《制造业上游垄断与企业出口国内附加值——来自中国的经验证据》，《中国工业经济》第3期。

[64] 李秀芳、施炳展，2016，《中间品进口多元化与中国企业出口产品质量》，《国际贸易问题》第3期。

[65] 李豫新、郭颖慧，2013，《边境贸易便利化水平对中国新疆维吾尔自治区边境贸易流量的影响——基于贸易引力模型的实证分析》，《国际贸易问题》第 10 期。

[66] 林常青、张相文，2014，《中国—东盟自贸区对中国出口持续时间的影响效应研究》，《当代财经》第 7 期。

[67] 林令涛等，2019，《进口中间品、技术匹配与企业出口能力》，《经济科学》第 5 期。

[68] 林正静、左连村，2018，《进口中间品质量与企业生产率：基于中国制造业企业的研究》，《南方经济》第 11 期。

[69] 刘斌等，2018，《贸易便利化是否提高了出口中的返回增加值》，《世界经济》第 8 期。

[70] 刘斌、王乃嘉，2016，《制造业投入服务化与企业出口的二元边际——基于中国微观企业数据的经验研究》，《中国工业经济》第 9 期。

[71] 刘秉镰、刘玉海，2011，《交通基础设施建设与中国制造业企业库存成本降低》，《中国工业经济》第 5 期。

[72] 刘灿雷、盛丹，2018，《房价上涨与企业出口绩效——基于抵押借贷的研究视角》，《中南财经政法大学学报》第 6 期。

[73] 刘晨阳、段文奇，2019，《贸易便利化与出口多样性——基于 APEC 的经验证据》，《国际经贸探索》第 1 期。

[74] 刘海洋等，2016，《中间品贸易自由化、技术溢出与企业生产率提升》，《现代财经》（天津财经大学学报）第 10 期。

[75] 刘海洋等，2017a，《进口中间品与出口产品质量升级：来自微观企业的证据》，《国际贸易问题》第 2 期。

[76] 刘海洋等，2017b，《地方官员变更与企业兴衰——来自地级市层面的证据》，《中国工业经济》第 1 期。

[77] 刘宏等，2020，《对外直接投资、创新与出口产品质量升级——基于中国微观企业的实证研究》，《国际商务》（对外经济贸易大学学报）第 3 期。

[78] 刘军，2019，《出口强度、产品价值链与企业信息化水平——学习效应还是规模经济效应？》，《产业经济研究》第 2 期。

[79] 刘铠豪、王雪芳，2020，《税收负担与企业出口行为——来自世界银行中国企业调查数据的证据》，《财经研究》第 9 期。

[80] 刘晓宁、刘磊，2015，《贸易自由化对出口产品质量的影响效应——基于中国微观制造业企业的实证研究》，《国际贸易问题》第 8 期。

[81] 刘竹青等，2014，《地理集聚是否影响了企业的出口决策？——基于产品技术复杂度的研究》，《产业经济研究》第 2 期。

[82] 吕冰、陈飞翔，2020，《CAFTA、贸易持续时间与企业出口国内附加值率》，《国际贸易问题》第 2 期。

[83] 吕越等，2018，《嵌入全球价值链会导致中国制造的"低端锁定"吗？》，《管理世界》第 8 期。

[84] 罗胜强、鲍晓华，2018，《反倾销对企业出口持续时间的影响》，《中南财经政法大学学报》第 4 期。

[85] 马淑琴等，2018，《基础设施对出口产品质量非对称双元异质性影响——来自中国省际数据的证据》，《财贸经济》第 9 期。

[86] 马述忠、吴国杰，2016，《中间品进口、贸易类型与企业出口产品质量——基于中国企业微观数据的研究》，《数量经济技术经济研究》第 11 期。

[87] 毛其淋，2013，《贸易自由化、异质性与企业动态：对中国制造业企业的经验研究》，博士学位论文，南开大学。

[88] 彭支伟、张伯伟，2017，《中间品贸易、价值链嵌入与国际分工收益：基于中国的分析》，《世界经济》第 10 期。

[89] 蒲艳萍等，2018，《出口二元边际、行业异质性与劳动生产率》，《重庆大学学报》（社会科学版）第 5 期。

[90] 钱学锋等，2013，《中国的多产品出口企业及其产品范围：事实与解释》，《管理世界》第 1 期。

[91] 钱学锋等，2010，《中国的贸易条件真的持续恶化了吗？——基

于种类变化的再估计》,《管理世界》第 7 期。

[92] 钱学锋等,2016,《中国贸易利益评估的新框架——基于双重偏向型政策引致的资源误置视角》,《中国社会科学》第 12 期。

[93] 钱学锋,2008,《企业异质性、贸易成本与中国出口增长的二元边际》,《管理世界》第 9 期。

[94] 钱学锋、熊平,2010,《中国出口增长的二元边际及其因素决定》,《经济研究》第 1 期。

[95] 邱斌等,2020,《进口竞争、多产品出口与企业内资源再配置》,《国际经贸探索》第 3 期。

[96] 茹玉骢、李燕,2014,《电子商务与中国企业出口行为:基于世界银行微观数据的分析》,《国际贸易问题》第 12 期。

[97] 邵军,2011,《中国出口贸易联系持续期及影响因素分析——出口贸易稳定发展的新视角》,《管理世界》第 6 期。

[98] 沈国兵、张勋,2018,《行业生产网络下进口中间品对中国企业创新的影响》,《广东社会科学》第 3 期。

[99] 盛斌、吕越,2014,《对中国出口二元边际的再测算:基于 2001—2010 年中国微观贸易数据》,《国际贸易问题》第 11 期。

[100] 盛丹等,2011,《基础设施对中国企业出口行为的影响:"集约边际"还是"扩展边际"》,《世界经济》第 1 期。

[101] 施炳展等,2013,《补贴对中国企业出口模式的影响:数量还是价格?》,《经济学》(季刊)第 4 期。

[102] 施炳展、邵文波,2014,《中国企业出口产品质量测算及其决定因素——培育出口竞争新优势的微观视角》,《管理世界》第 9 期。

[103] 施炳展、曾祥菲,2015,《中国企业进口产品质量测算与事实》,《世界经济》第 3 期。

[104] 施炳展、张雅睿,2016,《贸易自由化与中国企业进口中间品质量升级》,《数量经济技术经济研究》第 9 期。

[105] 施炳展,2010,《中国出口增长的三元边际》,《经济学》(季

刊）第 4 期。

[106] 施炳展，2014，《中国企业出口产品质量异质性：测度与事实》，《经济学》（季刊）第 1 期。

[107] 石峰等，2018，《汇率传递异质性、中间品贸易与中国货币政策》，《世界经济》第 7 期。

[108] 宋伟良、贾秀录，2018，《贸易便利化对中国产品出口的影响研究——基于 G20 国家的计算》，《宏观经济研究》第 11 期。

[109] 苏丹妮等，2018，《产业集聚与企业出口产品质量升级》，《中国工业经济》第 11 期。

[110] 苏理梅等，2016，《贸易自由化是如何影响我国出口产品质量的？——基于贸易政策不确定性下降的视角》，《财经研究》第 4 期。

[111] 苏素、宋云河，2011，《中国城乡收入差距问题研究》，《经济问题探索》第 5 期。

[112] 苏振东等，2012，《政府生产性补贴是否促进了中国企业出口？——基于制造业企业面板数据的微观计量分析》，《管理世界》第 5 期。

[113] 眭强、冯亚芳，2020，《进口中间品质量对企业生产率的影响——基于影响渠道的分析》，《国际商务研究》第 2 期。

[114] 孙楚仁等，2015，《集聚经济与城市出口增长的二元边际》，《国际贸易问题》第 10 期。

[115] 孙林、倪卡卡，2013，《东盟贸易便利化对中国农产品出口影响及国际比较——基于面板数据模型的实证分析》，《国际贸易问题》第 4 期。

[116] 孙林、徐旭霏，2011，《东盟贸易便利化对中国制造业产品出口影响的实证分析》，《国际贸易问题》第 8 期。

[117] 孙灵燕、李荣林，2011，《融资约束限制中国企业出口参与吗？》，《经济学》（季刊）第 1 期。

[118] 孙天阳、成丽红，2020，《协同创新网络与企业出口绩效——基

于社会网络和企业异质性的研究》，《金融研究》第 3 期。

[119] 田聪颖、肖海峰，2018，《FTA 背景下中韩双边出口增长的三元边际特征及前景分析》，《世界经济研究》第 4 期。

[120] 田巍、余淼杰，2013，《企业出口强度与进口中间品贸易自由化：来自中国企业的实证研究》，《管理世界》第 1 期。

[121] 佟家栋等，2016，《人民币汇率、企业出口边际与出口动态》，《世界经济研究》第 3 期。

[122] 佟家栋、李连庆，2014，《贸易政策透明度与贸易便利化影响——基于可计算一般均衡模型的分析》，《南开经济研究》第 4 期。

[123] 涂远芬，2020，《贸易便利化对中国企业出口二元边际的影响》，《商业研究》第 3 期。

[124] 万璐、李娟，2014，《金融发展影响中国企业出口二元边际的实证研究》，《南开经济研究》第 4 期。

[125] 汪建新等，2015，《国际生产分割、中间投入品进口和出口产品质量》，《财经研究》第 4 期。

[126] 汪建新，2014，《贸易自由化、质量差距与地区出口产品质量升级》，《国际贸易问题》第 10 期。

[127] 王苍峰，2007，《中间品进口对我国制造业行业人均产出的影响——对 1999—2003 年 28 个行业的实证研究》，《南开经济研究》第 4 期。

[128] 王海成等，2019，《国有企业改制是否会提升出口产品质量》，《世界经济》第 3 期。

[129] 王开科、王开泳，2019，《改革开放以来中国地区 R&D 资源增长及其区域分布特征分析》，《宏观经济研究》第 9 期。

[130] 王开、佟家栋，2019，《自由贸易协定、贸易稳定性与企业出口动态》，《世界经济研究》第 3 期。

[131] 王兰忠，2019，《进口中间品价格扭曲对中国制造业生产率影响研究》，博士学位论文，山东大学。

[132] 王立强、张凤，2015，《中国贸易便利化进程及国际比较》，《济

南大学学报》（社会科学版）第 2 期。

[133] 王明涛、谢建国，2019，《自由贸易协定与中国出口产品质量——以中国制造业出口产品为例》，《国际贸易问题》第 4 期。

[134] 王维薇，2015，《全球生产网络背景下中间品进口与最终品出口的二元边际——基于微观视角的解释》，《世界经济研究》第 10 期。

[135] 王雅琦等，2018，《出口产品质量与中间品供给》，《管理世界》第 8 期。

[136] 王永进、黄青，2017，《交通基础设施质量、时间敏感度和出口绩效》，《财经研究》第 10 期。

[137] 王永培，2016，《内需规模、集聚效应与出口二元边际——来自我国 267 个地级市制造业企业的微观证据》，《国际商务》（对外经济贸易大学学报）第 2 期。

[138] 魏浩等，2017，《中间品进口的来源地结构与中国企业生产率》，《世界经济》第 6 期。

[139] 魏浩、郭也，2016，《中国进口增长的三元边际及其影响因素研究》，《国际贸易问题》第 2 期。

[140] 魏浩、林薛栋，2017，《进口产品质量与中国企业创新》，《统计研究》第 6 期。

[141] 魏友岳、刘洪铎，2017，《经济政策不确定性对出口二元边际的影响研究——理论及来自中国与其贸易伙伴的经验证据》，《国际商务》（对外经济贸易大学学报）第 1 期。

[142] 魏悦羚、张洪胜，2019，《进口自由化会提升中国出口国内增加值率吗——基于总出口核算框架的重新估计》，《中国工业经济》第 3 期。

[143] 温雪等，2019，《贸易便利化对广西对外贸易流量影响的实证分析》，《统计与决策》第 1 期。

[144] 巫强、刘志彪，2009，《中国沿海地区出口奇迹的发生机制分析》，《经济研究》第 6 期。

[145] 武力超、刘莉莉,2018,《信贷约束对企业中间品进口的影响研究——基于世界银行微观企业调研数据的实证考察》,《经济学动态》第3期。

[146] 席艳乐、胡强,2014,《企业异质性、中间品进口与出口绩效——基于中国企业微观数据的实证研究》,《产业经济研究》第5期。

[147] 项松林,2015,《融资约束与中国出口增长的二元边际》,《国际贸易问题》第4期。

[148] 谢建国、章素珍,2017,《反倾销与中国出口产品质量升级:以美国对华贸易反倾销为例》,《国际贸易问题》第1期。

[149] 熊力治,2013,《中间品进口与中国本土制造企业生产率——基于中国企业微观数据的实证研究》,《宏观经济研究》第3期。

[150] 徐美娜等,2019,《出口加工区与企业出口产品质量升级——兼论"飞地型"经济功能区转型路径》,《国际贸易问题》第2期。

[151] 徐明君、黎峰,2015,《基于生产效率视角的全球价值链分工:理论解释及实证检验》,《世界经济与政治论坛》第6期。

[152] 许昌平,2013,《中国企业进出出口市场的持续时间及其决定因素》,《当代经济科学》第5期。

[153] 许和连等,2018,《出口信息网络对企业出口持续时间的影响》,《中南财经政法大学学报》第1期。

[154] 许和连等,2017,《创新补贴影响企业出口二元边际研究》,《湖南大学学报》(社会科学版)第2期。

[155] 许和连、王海成,2016,《最低工资标准对企业出口产品质量的影响研究》,《世界经济》7期。

[156] 许家云等,2015,《人民币汇率、产品质量与企业出口行为——中国制造业企业层面的实证研究》,《金融研究》第3期。

[157] 许家云等,2017,《中间品进口与企业出口产品质量升级:基于中国证据的研究》,《世界经济》第3期。

[158] 许家云、毛其淋,2016,《中国企业的市场存活分析:中间品进口重要吗?》,《金融研究》第10期。

[159] 许统生、方玉霞，2020，《进口产品种类与企业生产率》，《中南财经政法大学学报》第 1 期。

[160] 阳佳余、徐敏，2015，《融资多样性与中国企业出口持续模式的选择》，《世界经济》第 4 期。

[161] 杨逢珉、程凯，2019，《贸易便利化对出口产品质量的影响研究》，《世界经济研究》第 1 期。

[162] 杨继军等，2020，《贸易便利化、中间品进口与企业出口增加值》，《财贸经济》第 4 期。

[163] 杨军等，2015，《贸易便利化对中国经济影响分析》，《国际贸易问题》第 9 期。

[164] 杨媛，2014，《技术创新对我国出口二元边际的影响机制及实证分析》，浙江大学。

[165] 姚博、汪红驹，2019，《中间品进口与企业技术进步：影响机制及其检验》，《世界经济与政治论坛》第 3 期。

[166] 殷宝庆等，2016，《贸易便利化影响了出口技术复杂度吗——基于 2002—2014 年省级面板样本的检验》，《科学学与科学技术管理》第 12 期。

[167] 余淼杰、李乐融，2016，《贸易自由化与进口中间品质量升级——来自中国海关产品层面的证据》，《经济学》（季刊）第 2 期。

[168] 岳云嵩、李兵，2018，《电子商务平台应用与中国制造业企业出口绩效——基于"阿里巴巴"大数据的经验研究》，《中国工业经济》第 8 期。

[169] 曾铮、周茜，2008，《贸易便利化测评体系及对我国出口的影响》，《国际经贸探索》第 10 期。

[170] 张兵兵、田曦，2018，《目的国经济政策不确定性如何影响中国企业的出口产品质量?》，《世界经济研究》第 12 期。

[171] 张慧，2018，《企业电子商务价值创造过程模型》，《商场现代化》第 1 期。

[172] 张杰等，2010，《市场分割推动了中国企业出口吗?》，《经济研

究》第 8 期。

[173] 张杰等，2013，《中国出口国内附加值的测算与变化机制》，《经济研究》第 10 期。

[174] 张杰等，2014，《中国出口产品质量得到提升了么?》，《经济研究》第 10 期。

[175] 张杰等，2015a，《政府补贴、市场竞争与出口产品质量》，《数量经济技术经济研究》第 4 期。

[176] 张杰等，2015b，《进口与企业生产率——中国的经验证据》，《经济学》（季刊）第 3 期。

[177] 张杰、郑文平，2015，《政府补贴如何影响中国企业出口的二元边际》，《世界经济》第 6 期。

[178] 张俊美，2019，《出口产品质量、出口关系存续与增长》，《中南财经政法大学学报》第 4 期。

[179] 张鹏辉，2018，《异质性企业出口持续时间及影响因素分析》，《经济经纬》第 1 期。

[180] 张鹏杨等，2019，《产业政策如何影响企业出口二元边际》，《国际贸易问题》第 7 期。

[181] 张睿等，2018，《基础设施与企业生产率：市场扩张与外资竞争的视角》，《管理世界》第 1 期。

[182] 张胜满、张继栋，2016，《产品内分工视角下环境规制对出口二元边际的影响——基于两步系统 GMM 动态估计方法的研究》，《世界经济研究》第 1 期。

[183] 张文武等，2020，《产业政策激励的资源配置效率研究——基于企业异质性分解的准自然实验》，《中国科技论坛》第 3 期。

[184] 张夏等，2019，《汇率制度、要素错配与中国企业出口绩效》，《中南财经政法大学学报》第 6 期。

[185] 张先锋等，2019，《政府补贴与企业出口学习：基于政策外溢效应的视角》，《世界经济研究》第 5 期。

[186] 张洋，2017，《政府补贴提高了中国制造业企业出口产品质量

吗》,《国际贸易问题》第 4 期。

[187] 张翊等,2015,《中间品进口对中国制造业全要素生产率的影响》,《世界经济》第 9 期。

[188] 赵春明等,2017,《进口产品质量、来源国特征与性别工资差距》,《数量经济技术经济研究》第 5 期。

[189] 赵春明、张群,2016,《进口关税下降对进出口产品质量的影响》,《经济与管理研究》第 9 期。

[190] 赵瑞丽等,2017,《企业出口复杂度与贸易持续时间》,《产业经济研究》第 4 期。

[191] 赵瑞丽等,2016,《最低工资与企业出口持续时间》,《世界经济》第 7 期。

[192] 赵伟、钟建军,2013,《劳动成本与进口中间产品质量——来自多国(地区)产品—行业层面的证据》,《经济理论与经济管理》第 11 期。

[193] 赵永亮、唐姣美,2019,《贸易便利化、腐败与企业出口》,《国际经贸探索》第 9 期。

[194] 郑方辉、刘晓婕,2020,《商品质量、市场信心如何影响出口绩效？——基于 2013—2018 年广东出口消费品企业的抽样调查》,《南方经济》第 7 期。

[195] 郑亚莉等,2017,《进口中间品质量对企业生产率的影响:不同层面的实证》,《国际贸易问题》第 6 期。

[196] 钟建军,2016,《进口中间品质量与中国制造业企业全要素生产率》,《中南财经政法大学学报》第 3 期。

[197] 周长富、杜宇玮,2012,《代工企业转型升级的影响因素研究——基于昆山制造业企业的问卷调查》,《世界经济研究》第 7 期。

[198] 周定根等,2019,《贸易政策不确定性、关税约束承诺与出口稳定性》,《世界经济》第 1 期。

[199] 周世民等,2013,《中国企业出口生存率估计:2000—2005》,

《财贸经济》第 2 期。

[200] 诸竹君等,2018,《进口中间品质量、自主创新与企业出口国内增加值率》,《中国工业经济》第 8 期。

[201] 诸竹君,2017,《进口中间品能否提升中国工业企业加成率》,《中南财经政法大学学报》第 2 期。

[202] 祝树金、汤超,2020,《企业上市对出口产品质量升级的影响——基于中国制造业企业的实证研究》,《中国工业经济》第 2 期。

[203] 宗慧隽,2019,《中间品贸易自由化与企业加成率》,博士学位论文,山东大学。

[204] 宗毅君,2017,《进口中间品会影响出口二元边际吗?——基于 1996—2014 年我国制造业微观贸易数据的实证研究》,《南京财经大学学报》第 3 期。

[205] Aaby, N. E., Slater, S. F. 2013. "Management Influences on Export Performance: A Review of the Empirical Literature 1978 - 1988." *International Marketing Review* 6 (4).

[206] Agarwal, R., Sarkar, M. B., Echambadi, R. 2002. "The Conditioning Effect of Time on Firm Survival: An Industry Life Cycle Approach." *The Academy of Management Journal* 45 (5).

[207] Aghion, P., Howitt, P. 1992. "A Model of Growth Through Creative Destruction." *Econometrica* 60 (2).

[208] Ahsan, R. N. 2010. "Essays on Trade Policy, Institutions, and Firm Behavior." Syracuse University.

[209] Amin, M., Haidar, J. I., 2014. "Trade Facilitation and Country Size." *Empirical Economics* 47 (4).

[210] Amiti, M., Itskhoki, O., Konings, J. 2014. "Importers, Exporters, and Exchange Rate Disconnect." *American Economic Review* 104 (7).

[211] Amiti, M., Itskhoki, O., Konings, J. 2012. "Importers, Exporters, and Exchange Rate Disconnect." *Social Science Electronic Pub-*

lishing 104（7）.

［212］Amiti, M., Konings, J. 2007. "Trade Liberalization, Intermediate Inputs, and Productivity: Evidence from Indonesia." *American Economic Review* 97（5）.

［213］Amurgo-Pacheco, A., Pierola, M. D. 2007. "Patterns of Export Diversification in Developing Countries: Intensive and Extensive Margins." Policy Research Working Paper.

［214］Antras, P., Helpman, E. 2003. "Global Sourcing." *Social Science Electronic Publishing* 112（3）.

［215］Antras, P. 2003. "Firms, Contracts, and Trade Structure." *Quarterly Journal of Economics* 118（4）.

［216］Aristei, D., Franco, C. 2014. "The Role of Credit Constraints on Firms' Exporting and Importing Activities." *Industrial & Corporate Change* 23（6）.

［217］Artopoulos, A., Friel, D., Hallak, J. C. 2011. "Export Emergence of Differentiated Goods from Developing Countries: Four Argentine Cases." Working Papers 105（5）.

［218］Audia, P. G., Greve, H. R. 2006. "Less Likely to Fail: Low Performance, Firm Size, and Factory Expansion in the Ship-building Industry." *Operations Research* 46（6）.

［219］Augier, P., Cadot, O., Dovis, M. 2013. "Imports and TFP at the Firm Level: The Role of Absorptive Capacity." *Social Science Electronic Publishing* 46（3）.

［220］Aw, B. Y., Chung, S., Roberts, M. J. 2000. "Productivity and Turnover in the Export Market: Micro-level Evidence from the Republic of Korea and Taiwan（China）." *World Bank Economic Review* 14（1）.

［221］Baldwin, R. E., Forslid, R., et al. 2000. "Investment Creation and Investment Diversion Simulation Analysis of the Single Market Programme." NBER Working Papers 98 (3).

[222] Baldwin, R., Harrigan, J. 2011. "Zeros, Quality, and Space: Trade Theory and Trade Evidence." *American Economic Journal Microeconomics* 3 (2).

[223] Bas, M., Berthou, A. 2012. "The Decision to Import Capital Goods in India: Firms' Financial Factors Matter." Working Papers 26 (3).

[224] Bas, M., Strauss-Kahn, V. 2015. "Input-trade Liberalization, Export Prices and Quality Upgrading." *Journal of International Economics* 95 (2).

[225] Bernard, A. B., Grazzi, M., Tomasi, C. 2010. "Intermediaries in International Trade: Direct versus Indirect Modes of Export." Working Paper Research.

[226] Bernard, A. B., Jensen, J. B. 1999. "Exceptional Exporter Performance: Cause, Effect, or Both?" *Journal of International Economics* 47 (1).

[227] Bernard, A. B., Jensen, J. B., Lawrence, R. Z. 1995. "Exporters, Jobs, and Wages in U. S. Manufacturing: 1976 – 1987." Microeconomics: Working Papers on Economic Activity.

[228] Bernard, A. B., Jensen, J. B., Schott, P. K. 2009. "Importers, Exporters and Multinationals: A Portrait of Firms in the U. S. that Trade Goods." NBER Chapters.

[229] Bernard, A. B., Jensen, J. B. 2004. "Why Some Firms Export." *Review of Economics & Statistics* 86 (2).

[230] Bernard, C., Vanduffel, S., Ye, J. 2019. "A New Efficiency Test for Ranking Investments: Application to Hedge Fund Performance." *Economics Letters* 181 (8).

[231] Besedes, T. 2008. "A Search Cost Perspective on Duration of Trade." Departmental Working Papers 15 (5).

[232] Besedes, T., Blyde, J. 2010. "What Drives Export Survival? An

Analysis of Export Duration in Latin America." Mimeo, Inter-American Development Bank.

[233] Besedes, T., Prusa, T. J. 2006. "Ins, Outs, and the Duration of Trade." *Canadian Journal of Economics/Revue canadienne d'économique* 39 (1).

[234] Beverelli, C., Neumueller, S., et al. 2015. "Export Diversification Effects of the WTO Trade Facilitation Agreement." *World Development* (76).

[235] Békés, G., Muraközy, B. 2012. "Temporary Trade and Heterogeneous Firm." *Journal of International Economics* 87 (2).

[236] Blalock, G., Veloso, F. M. 2007. "Imports, Productivity Growth, and Supply Chain Learning." *World Development* 35 (7).

[237] Blaum, J. 2015. "The Gains from Input Trade in Firm-Based Models of Importing." Meeting Papers. Society for Economic Dynamics.

[238] Brandt, L., Biesebroeck, J. V., Zhang, Y. 2012. "Creative Accounting or Creative Destruction? Firm-level Productivity Growth in Chinese Manufacturing." *Journal of Development Economics* 97 (2).

[239] Bérubé, C., Mohnen, P. 2009. "Are Firms that Receive R&D Subsidies More Innovative?" *Canadian Journal of Economics* 42 (1).

[240] Bustos, P. 2011. "The Impact of Trade Liberalization on Skill Upgrading. Evidence from Argentina." Working Papers.

[241] Chaney, T. 2005. "Liquidity Constrained Exporters." Mimeo, University of Chicago.

[242] Chengyan Yue, Beghin, J. C. 2009. "Tariff Equivalent and Forgone Trade Effects of Prohibitive Technical Barriers to Trade." *American Journal of Agricultural Economics* 91 (4).

[243] Clerides, S. K., Lach, S., Tybout, J. R. 1998. "Is Learning by Exporting Important? Micro-Dynamic Evidence from Colombia, Mexico, and Morocco." *Quarterly Journal of Economics* 113 (3).

[244] Colantone, I., Crino, R. 2014. "New Imported Inputs, New Domestic Products." *Journal of International Economics* 92 (1).

[245] Cooper, R. G., Kleinschmidt, E. J. 1985. "The Impact of Export Strategy on Export Sales Performance", *Thunderbird International Business Review* 27 (3).

[246] Coviello, N. E., Munro, H. J. 1995. "Growing the Entrepreneurial Firm: Networking for International Market Development." *European Journal of Marketing* 29 (7).

[247] Crinò, R., Ogliari, L. 2015. "Financial Frictions, Product Quality, and International Trade." CEMFI Working Paper.

[248] Crozet, M., Head, K., Mayer, T. 2012. "Quality Sorting and Trade: Firm-level Evidence for French Wine." *Review of Economic Studies* 79 (2).

[249] Curzi, D., Olper, A. 2012. "Export Behavior of Italian Food Firms: Does Product Quality Matter?" *Food Policy* 37 (5).

[250] Démurger, S. 2001. "Infrastructure Development and Economic Growth: An Explanation for Regional Disparities in China?" *Journal of Comparative Economics* 29 (1).

[251] Donaldson, Z. R., Larry, J., et al. 2008. "Oxytocin, Vasopressin, and the Neurogenetics of Sociality." *Science* 322 (5903).

[252] Donthu, N., Kim, S. H. 1993. "Implications of Firm Controllable Factors on Export Growth." *Journal of Global Marketing* 7 (1).

[253] Dunne, P., Hughes, A. 1994. "Growth and Survival: UK Companies in the 1980s." *Journal of Industrial Economics* 42 (2).

[254] Dutt, P., Mihov, I. 2013. "Stock Market Comovements and Industrial Structure." *Social Science Electronic Publishing* 45 (5).

[255] Eaton, J., Eslava, M., Kugler, M., et al. 2008. "Export Dynamics in Colombia: Firm-Level Evidence." NBER Working Paper.

[256] Esteve-Pérez, S., Rodríguez, D. 2013. "The Dynamics of Exports

and R&D in SMEs." *Small Business Economics* 41 (1).

[257] Ethier, W. J. 1982. "Decreasing Costs in International Trade and Frank Graham's Argument for Protection." *Econometrica* 50 (5).

[258] Fan, C. S. 2005. "Increasing Returns, Product Quality and International Trade." *Economica (New Series)* 72 (285).

[259] Fan, H., Li, Y. A., Yeaple, S. R. 2017. "On the Relationship Between Quality and Productivity: Evidence from China's Accession to the WTO." *Journal of International Economics* 110 (1).

[260] Fan, H., Li, Y. A., Yeaple, S. R. 2015. "Trade Liberalization, Quality, and Export Prices." *Review of Economics and Statistics* 97 (5).

[261] Fauceglia, D. 2014. "Credit Constraints and Firm Imports of Capital Goods: Evidence from Middle-and low-income Countries." *International Economics* 140.

[262] Feenstra, R. C., Ma, H. 2014. "Trade Facilitation and the Extensive Margin of Exports." *Japanese Economic Review* 65 (2).

[263] Feenstra, R. C., Romalis, J. 2014. "International Prices and Endogenous Quality." *Quarterly Journal of Economics* 129 (2).

[264] Felbermayr, G. J., Kohler, W. 2006. "Exploring the Intensive and Extensive Margins of World Trade." *Review of World Economics* 142 (4).

[265] Felipe, J., Kumar, U. 2010. "The Role of Trade Facilitation in Central Asia: A Gravity Model." *Social Science Electronic Publishing* 50 (4).

[266] Feng, L., Li, Z., Swenson, D. L. 2016. "The Connection between Imported Intermediate Inputs and Exports: Evidence from Chinese Firms." *Journal of International Economics* 101 (7).

[267] Fontagne, L., Orefice, G., Piermartini, R. 2016. "Making (Small) Firms Happy. The Heterogeneous Effect of Trade Facilitation Measures." CESifo Working Paper.

[268] Francois, J., Manchin, M. 2007. "Institutions, Infrastructure, and Trade." *World Bank Policy Research Working Paper.*

[269] Francois, J., Meijl, H. V., Tongeren, F. V. 2005. "Trade Liberalization in the Doha Development Round." *Economic Policy* 20 (42).

[270] Fugazza, M., Molina, A. C. 2016. "On the Determinants of Exports Survival." *Canadian Journal of Development Studies* 37 (2).

[271] Gereffi, G., Humphrey, J., Sturgeon, T. 2005. "Aspects of Globalization: The Governance of Global Value Chains." *Review of International Political Economy* 12 (1).

[272] Goldberg, L. S., Campa, R. M. 2010. "The Sensitivity of the CPI to Exchange Rates: Distribution Margins, Imported Inputs, and Trade Exposure." *The Review of Economics and Statistics* 92 (2).

[273] Goldberg, P., Khandelwal, A., Pavcnik, N., et al. 2009. "Trade Liberalization and New Imported Inputs." *Social Science Electronic Publishing* 99 (2).

[274] Grossman, G. M., Helpman, E. 1992. "Protection for Sale." *American Economic Review* 84 (4).

[275] Grossman, G. M., Helpman, E. 1991. "Trade, Knowledge Spillovers, and Growth." *European Economic Review* 35 (2).

[276] Hallak, J. C. 2006. "Product Quality and the Direction of Trade." *Journal of International Economics* 68 (1).

[277] Hallak, J. C., Schott, P. K. 2011. "Estimating Cross-Country Differences in Product Quality." *The Quarterly Journal of Economics* 126 (1).

[278] Hallak, J. C., Sivadasan, J. 2009. "Firms Exporting Behavior Under Quality Constraints." *NBER Working Paper.*

[279] Halpern, L., Koren, M., Szeidl, A. 2015. "Imported Inputs and Productivity." *The American Economic Review* 105 (12).

［280］ Hausmann, R. , Klinger, B. 2006. "Structural Transformation and Patterns of Comparative Advantage in the Product Space. " CID Working Papers.

［281］ Head, K. , Ries, J. 2003. "Heterogeneity and the FDI versus Export Decision of Japanese Manufacturers. " *Journal of the Japanese & International Economies* 17 (4).

［282］ Helpman, E. , Rubinstein, M. Y. 2008. "Estimating Trade Flows: Trading Partners and Trading Volumes. " *Social Science Electronic Publishing* 123 (2).

［283］ Henderson, D. 1999. "The Changing International Economic Order: Rival Visions for the Coming Millennium. " *International Finance* 2 (3).

［284］ Hertel, T. W. , Walmsley, T. , Itakura, K. 2001. "Dynamic Effects of the 'New Age' Free Trade Agreement between Japan and Singapore. " *Journal of Economic Integration* 16 (4).

［285］ Hess, W. , Persson, M. 2012. "The Duration of Trade Revisited. " *Empirical Economics* 43 (3).

［286］ Hoekman, B. , Shepherd, B. 2015. "Services Productivity, Trade Policy and Manufacturing Exports. " *Social Science Electronic Publishing* 40 (3).

［287］ Hoekstra, K. 2013. "Early Modern Absolutism and Constitutionalism. " *Cardozo Law Review* 34 (1).

［288］ Hummels, D. , Klenow, P. J. 2005. "The Variety and Quality of a Nation's Exports. " *American Economic Review* 95 (3).

［289］ Hummels, D. L. , Ishii, J. , Yi, K. M. 2001. "The Nature and Growth of Vertical Specialization in World Trade. " *Journal of International Economics* 54 (1).

［290］ Hummels, D. L. , Rapoport, D. , Yi, K. M. 1998. "Vertical Specialization and the Changing Nature of World Trade. " *Federal Reserve*

Bank of New York Economic Policy Review 4 (6).

[291] Hwang, A. R. , Aw, B. Y. 1995. "Productivity and the Export Market: A Firm-level Analysis." *Journal of Development Economics* 47 (2).

[292] Ilmakunnas, P. , Nurmi, S. 2010. "Dynamics of Export Market Entry and Exit." *The Scandinavian Journal of Economics* 112 (1).

[293] Iwanow, T. , Kirkpatrick, C. 2010. "Trade Facilitation, Regulatory Quality and Export Performance." *Journal of International Development* 19 (6).

[294] Jenkins, S. P. 1995. "Easy Estimation Methods for Discrete-Time Duration Models." *Oxford Bulletin of Economics and Statistics* 57 (1).

[295] Kahneman, D. , Sarin, W. R. 1997. "In Memory of Amos Tversky (1937 – 1996). Back to Bentham? Explorations of Experienced Utility." *The Quarterly Journal of Economics* 112 (2).

[296] Kanes, C. 2007. "New Directions for the Theoretical Development of Activity Theory." *Social Science Collection* 1 (6).

[297] Kasahara, H. , Lapham, B. , 2013. "Productivity and the Decision to Import and Export: Theory and Evidence." *Journal of International Economics* 89 (2).

[298] Kasahara, H. , Rodrigue, J. 2008. "Does the Use of Imported Intermediates Increase Productivity? Plant-level Evidence." *Journal of Development Economics* 87 (1).

[299] Khandelwal, A. 2010. "The Long and Short (of) Quality Ladders." *Review of Economic Studies* 77 (4).

[300] Kremer, M. 1993. "The O-Ring Theory of Economic Development." *Quarterly Journal of Economics* 108 (3).

[301] Krugman, P. 1980. "Scale Economies, Product Differentiation, and the Pattern of Trade." *American Economic Review* 70 (5).

[302] Kugler, M. , Verhoogen, E. 2012. "Prices, Plant Size, and Product Quality." *The Review of Economic Studies* 79 (1).

[303] Lafferty, B. A., Goldsmith, R. E. 1999. "Corporate Credibility's Role in Consumers' Attitudes and Purchase Intentions When a High versus a Low Credibility Endorser Is Used in the Ad." *Journal of Business Research* 44 (2).

[304] Lall, S. 2000. "The Technological Structure and Performance of Developing Country Manufactured Exports." *Oxford Development Studies* 28 (3).

[305] Lee, H. Y., Kim, C. S. 2012. "The Impact of Trade Facilitation on the Extensive and Intensive Margins of Trade: An Application for Developing Countries." *Social Science Electronic Publishing* 16 (1).

[306] Liu, Q., Qiu, L. D. 2016. "Intermediate Input Imports and Innovations: Evidence from Chinese Firms' Patent Filings." *Journal of International Economics* 103 (11).

[307] Malmberg, A., Malmberg, B., Lundequist, P. 2000. "Agglomeration and Firm Performance: Economies of Scale, Localisation, and Urbanisation among Swedish Export Firms." *Environment & Planning A* 32 (2).

[308] Manova, I. 2008. "Francesco Petrarca on the Deadly Variety (Varietas Mortifera)." *Archive for Medieval Philosophy & Culture* 7 (14).

[309] Manova, K. B., Zhang, Z. W. 2009. "China's Exporters and Importers: Firms, Products and Trade Partners." NBER Working Papers.

[310] Manova, K. B., Zhang, Z. W. 2012. "Export Prices Across Firms and Destinations." *Quarterly Journal of Economics* 127 (1).

[311] Martincus, C. V., Carballo, J. 2008. "Is Export Promotion Effective in Developing Countries? Firm-level Evidence on the Intensive and the Extensive Margins of Exports." *Journal of International Economics* 76 (1).

[312] Martinez-Zarzoso, I., Marquez-Ramos, L. 2008. "The Effect of Trade Facilitation on Sectoral Trade." *The BE Journal of Economic*

Analysis & Policy 8 (1).

[313] Melitz, M. J., Ottaviano, G. I. P. 2008. "Market Size, Trade, and Productvity." *Review of Economic Studies* 75 (1).

[314] Melitz, M. J. 2003. "The Impact of Trade on Intra-Industry Reallocations and Aggregate Industry Productivity." *Econometrica* 71 (6).

[315] Moise, E., Sorescu, S. 2013. "Trade Facilitation Indicators: The Potential Impacts of Trade Facilitation on Developing Countries Trade." OECD Trade Policy Paper.

[316] Nitsch, V. 2009. "Die Another Day: Duration in German Import Trade." *Review of World Economics* 145 (1).

[317] Nunn, P. D. 2007. "Climate, Environment and Society in the Pacific During the Last Millennium." *Developments in Earth & Environmental Sciences* 6 (7).

[318] Olofsdotter, K., Persson, M. 2013. "Trade Facilitation and Foreign Direct Investment." Working Paper.

[319] Persson, M. 2013. "Trade Facilitation and the Extensive Margin." *Journal of International Trade & Economic Development* 22 (5).

[320] Piveteau, P., Smagghue, G. 2013. A New Method for Quality Estimation using Trade Data: An Application to French firms." Mimeo, Columbia University.

[321] Portugal-Perez, A., Wilson, J. S. 2012. "Export Performance and Trade Facilitation Reform: Hard and Soft Infrastructure." *World Development* 40 (7).

[322] Preece, J., Shneiderman, B. 1995. "Survival of the Fittest: The Evolution of Multimedia User Interfaces." *ACM Computing Surveys* 27 (4).

[323] Qiu, L. D., Yu, M. 2014. "Multiproduct Firms, Export Product Scope, and Trade Liberalization: The Role of Managerial Efficiency." HKIMR Working Paper.

[324] Rauch, J. E. 1996. "Networks Versus Markets in International

Trade." *Journal of International Economics* 48 (1).

[325] Rauch, J. E., Watson, J. 2003. "Starting Small in an Unfamiliar Environment." *International Journal of Industrial Organization* 21 (7).

[326] Roberts, M. J., Tybout, J. R. 1997. "Producer Turnover and Productivity Growth in Developing Countries." *The World Bank Research Observer* 12 (1).

[327] Roberts, P. W., Dowling, G. R. 2002. "Corporate Reputation and Sustained Superior Financial Performance." *Strategic Management Journal* 23 (12).

[328] Romer, P. M. 1990. "Endogenous Technical Change." *Journal of Political Economy* 98 (5).

[329] Rose, A. K. 2007. "The Foreign Service and Foreign Trade: Embassies as Export Promotion." *The World Economy* 30 (1).

[330] Samiee, S., Walters, P. G. P. 1990. "Influence of Firm Size on Export Planning and Performance." *Journal of Business Research* 20 (3).

[331] Schott, P. K. 2004. "Across-Product Versus Within-Product Specialization in International Trade." *The Quarterly Journal of Economics* 119 (2).

[332] Shepherd, B., Dennis, A. 2011. "Trade Facilitation and Export Diversification." *World Economy* 34 (1).

[333] Shepherd, B., Wilson, J. S. 2009. "Trade Facilitation in ASEAN Member Countries: Measuring Progress and Assessing Priorities." *Journal of Asian Economics* 20 (4).

[334] Staber, U. 2001. "The Structure of Networks in Industrial Districts." *International Journal of Urban and Regional Research* 25 (3).

[335] Tang, H., Zhang, Y. 2012. "Quality Differentiation and Trade Intermediation.", Development Working Papers.

[336] Thornhill, S., Amit, R. 2003. "Learning About Failure: Bankrupt-

cy, Firm Age, and the Resource-Based View." *Organization Science* 14 (5).

[337] Tomohiko, I., Keiko, I., Daisuke, M. 2017. "Export Experience, Product Differentiation and Firm Survival in Export Markets." *The Japanese Economic Review* 68 (2).

[338] Verhoogen, E. A. 2008. "Trade, Quality Upgrading, and Wage Inequality in the Mexican Manufacturing Sector." *Quarterly Journal of Economics* 123 (2).

[339] Walkenhorst, P., Yasui, T. 2009. "Quantitative Assessment of the Benefits of Trade Facilitation." *International Trade* 2 (3).

[340] Wilson, J. S., Mann, C. L., Otsuki, T. 2005. "Assessing the Benefits of Trade Facilitation: A Global Perspective." *World Economy* 28 (6).

[341] Wilson, J. S., Mann, C. L., Otsuki, T. 2003. "Trade Facilitation and Economic Development: A New Approach to Quantifying the Impact." *World Bank Economic Review* 17 (3).

[342] Yu, M. 2015. "Processing Trade, Tariff Reductions and Firm Productivity: Evidence from Chinese Firms." *China Economic Quarterly* 125 (585).

图书在版编目(CIP)数据

贸易便利化、进口中间品与企业出口绩效 / 程凯著. -- 北京：社会科学文献出版社，2023.5
 ISBN 978 - 7 - 5228 - 1821 - 4

Ⅰ.①贸… Ⅱ.①程… Ⅲ.①出口贸易 - 影响 - 企业经济 - 研究 - 中国 Ⅳ.①F279.24

中国国家版本馆 CIP 数据核字(2023)第 085702 号

贸易便利化、进口中间品与企业出口绩效

著　　者 / 程　凯
出 版 人 / 王利民
组稿编辑 / 高　雁
责任编辑 / 颜林柯
责任印制 / 王京美

出　　版 / 社会科学文献出版社·经济与管理分社（010）59367226
地址：北京市北三环中路甲 29 号院华龙大厦　邮编：100029
网址：www.ssap.com.cn
发　　行 / 社会科学文献出版社（010）59367028
印　　装 / 三河市尚艺印装有限公司
规　　格 / 开　本：787mm × 1092mm　1/16
印　张：18　字　数：267 千字
版　　次 / 2023 年 5 月第 1 版　2023 年 5 月第 1 次印刷
书　　号 / ISBN 978 - 7 - 5228 - 1821 - 4
定　　价 / 128.00 元

读者服务电话：4008918866

▲ 版权所有 翻印必究